Buch

Bei einer ihrer zahlreichen Reisen nach Afghanistan, dem Land unter dem Hindukusch, begegnet die Dokumentarfilmerin Siba Shakib in einem Flüchtlingslager Shirin-Gol. Sie ist spontan gefesselt von der Kraft und der Ausstrahlung dieser Frau, die ihr ihr Leben erzählt: ein Leben, das exemplarisch ist für das Schicksal der afghanischen Frauen. Shirin-Gol wird in einem abgelegenen Bergdorf geboren. Ihr Name bedeutet Süße Blume, doch ihr Alltag entbehrt jeder Süße. Er ist vielmehr bestimmt von jahrhundertealten Traditionen, von Armut, Korangläubigkeit und der Enge des islamischen Frauenbildes. Shirin-Gol ist ein kleines Mädchen, als die Russen einmarschieren. Ihr Vater und ihre Brüder ziehen in die Berge und schließen sich dem Widerstandskampf der Mujahedin an. Ihre Schwestern brechen die Regeln, legen den Schleier ab, verführen russische Soldaten, doch nur um sie zu ermorden. Als ihr Dorf zerstört wird, fliehen die Frauen nach Kabul. In der Hauptstadt muss Shirin-Gol in die Russenschule, vor der sie sich zunächst fürchtet, bis sie entdeckt, wie viel reicher ihr Leben durch Wissen und Bildung sein kann. In diesen wenigen Jahren gewinnt sie die innere Stärke für alles Kommende: für die Heirat mit einem Mann, dem sie zum Ausgleich für Spielschulden zur Frau gegeben wird, für die endlosen Verfolgungen und Vergewaltigungen und schließlich für die Flucht vor dem Taleban-Regime.

Autorin

Siba Shakib wurde im Iran geboren und wuchs in Teheran auf. Als Perserin sind ihr Religion, Tradition und Mentalität der Menschen in Afghanistan vertraut. Seit sechs Jahren arbeitet sie dort als Autorin und Filmemacherin. Ihre zum Teil preisgekrönten Dokumentationen, vor allem für die ARD, sind aufrüttelnde Belege für die verheerende Situation der Bevölkerung in Afghanistan. Siba Shakib lebt in Deutschland, New York und Italien. Von Siba Shakib ist bei C. Bertelsmann lieferbar Samira & Samir (684, geb. Ausgabe).

Siba Shakib

Nach Afghanistan kommt Gott nur noch zum Weinen

Die Geschichte der Shirin-Gol

GOLDMANN

Die Schreibweise aller afghanischen und persischen
Namen entspricht der ortsüblichen Aussprache und richtet
sich bewusst nicht nach westlicher Schreibart.

Umwelthinweis:
Alle bedruckten Materialien dieses Taschenbuches
sind chlorfrei und umweltschonend.

Der Wilhelm Goldmann Verlag, München, ist ein
Unternehmen der Verlagsgruppe Random House GmbH.

5. Auflage

Taschenbuchausgabe April 2003
Copyright © 2001 by C. Bertelsmann Verlag, München,
in der Verlagsgruppe Random House GmbH
Dieses Werk wurde vermittelt durch die
Literarische Agentur Thomas Schlück GmbH, 30827 Garbsen
Umschlaggestaltung: Design Team München
Umschlagfoto: dpa/AFP und AP Photo/John McConnico
Satz: DTP im Verlag
Druck: GGP Media, Pößneck
Verlagsnummer: 45515
KvD · Herstellung: Sebastian Strohmaier
Made in Germany
ISBN 3-442-45515-4
www.goldmann-verlag.de

Für Rahela.
Für meine Mutter.
Die Freien.
Die Unfreien.

»Peace can not be kept by force.
It can only be achieved by understanding.«

ALBERT EINSTEIN

آری این کلمات همه جا پراکنده شود،
زنان فرزندان خود را با نفرت از جنگ به دنیا اورند.
دنیا به دست قهرمانان خراب شده،
با ماست که بسازیمش!
نوای شادی و غم هر دو بسرائید.
دنیا تا بنگرید ویران است.
درود بر آن که بسازد،
درود بر آن که بیارد جهان آبادان!

بهرام بیضا یی

Es hat viele Kriege gegeben, viele Tote. Damit der Frieden
kommt, hat Aybanu sich geopfert.
Sie ist die Frau des mongolischen Anführers geworden.
Hast du eine Botschaft?
Ja, sagt Aybanu.

Ja, verbreitet diese Worte.
Frauen sollen ihre Kinder mit Hass auf Krieg gebären.
Die Welt ist zerstört durch die Hände von Helden.
Es ist an uns, sie erneut zu errichten!
Spielt Lieder der Freude, spielt Lieder der Trauer.
Soweit das Auge reicht, zerstörte Welt.
Gesegnet seien jene, die sie wieder aufbauen werden.
Gesegnet jene, die eine blühende Welt bringen werden!

BAHRAM BEYZAIE
Schriftsteller, Filmemacher

Wie es dazu kam

Wie heißt du?

Shirin-Gol.

Ist das dein Kind?

Bale. Ja.

Und das da?

Bale.

Das etwa auch? *surely*

Bale.

Die beiden Jungen da? Willst du sagen, das sind Brüder?

Ja. Meine Söhne, Navid und Nabi. Ich habe sie selber geboren.

Der Beamte Malek bleibt skeptisch, haut seinen Stempel trotzdem auf das dünne Papier, das von dem stundenlangen Schweiß aus Shirin-Gols Händen feucht und labberig geworden ist.

Geh da hinten hin, befiehlt Malek und macht sich wichtig. Zeig meinen Kollegen dort diesen Zettel, sag ihnen, Herr Malek schickt dich, dann wird es keine Probleme geben, und du bekommst deine Weizensäcke. Einen für deinen Mann, einen für dich selber und einen für jedes deiner Kinder. Verstanden? Jeweils einen Sack.

Das Gesicht der Frau ist vollkommen verschleiert, das feine Netz vor ihren Augen ist zu dicht, um auch nur den leisesten Eindruck von ihren Augen zu bekommen. Doch trotz ihrer Gesichtslosigkeit sind ihre Wut, ihre Scham, das Gefühl der Erniedrigung genau zu spüren. Auch wenn ich nicht weiß, ob sie mich ansieht, lächle ich, bringe meine Sympathie zum Ausdruck. Sie soll wissen, dass ich mich nicht mit Malek, sondern mit ihr verbunden fühle.

Hast du das gesehen?, fragt Malek, als wären wir alte Freunde oder verwandt oder verschwägert. Er tut, als seien wir Verbündete, Vertraute. Er und ich auf der einen Seite und die Menschen um uns herum auf der anderen Seite. Ich mache einen Schritt zurück, sehe ihn nicht an.

Malek weiß genau, dass er einfach nur Glück gehabt hat, nicht auf der anderen Seite des Schicksals zu stehen, da, wo er auf den Weizen hoffen muss. Da, wo er einen Stempel braucht, eine Genehmigung, die Gnade eines Landsmannes. Dieses Mal. Dieses Mal hat er Glück. Dieses Mal hat er Arbeit und gehört damit zu einer Hand voll Privilegierter.

Seit die Vereinten Nationen dieses Übergangslager für afghanische Rückkehrer aus dem Iran eingerichtet haben, verdient er jeden Monat umgerechnet ungefähr 60 Dollar und kann damit seine eigene Familie und die seines Bruders ernähren. Zumal mindestens einmal in der Woche der eine oder andere Sack Weizen, der den Heimkehrern die Rückkehr erleichtern soll, seinen eigentlichen Besitzer nicht findet und Malek ihn für gutes Geld verkauft.

Hast du das gesehen?, wiederholt er mit Wichtigstimme.

Ja, sage ich trocken, tue, als würde mich das Schicksal von Shirin-Gol, der Frau mit dem feuchten Zettel und den vier Kindern, die aussehen, als wären sie von unterschiedlichen Müttern und Vätern, nicht interessieren. Malek ist enttäuscht, sein lüsterner Blick weicht einem fast kindlichen Trotz.

Ich kann mir schon vorstellen, worüber Malek sich gerne mit mir unterhalten hätte, während seine Landsleute in einer endlos langen Schlange auf dem sandigen Boden in der prallen Sonne hocken und darauf warten, von ihm den Stempel zu bekommen.

Wahrscheinlich will er mir erklären, dass Shirin-Gol sich die Kinder nur ausgeliehen hat, um mehr Weizen zu bekommen, als ihr zusteht. Anschließend wird sie die Armen auf der Straße aussetzen, und er, Malek, wird sie dann aufsammeln und zusehen müssen, wo er sie unterbringt. Oder er wird mir erzählen, Shirin-Gol habe, wie viele andere afghanische Frauen auch, ihren Körper verkauft und sich von unterschiedlichen Männern schwängern lassen.

Herr Malek, komme ich ihm zuvor, bitte entschuldigen Sie mich. Mir ist es hier zu heiß und zu windig, ich werde mir einen schattigen Platz suchen. Vielen Dank, dass Sie mir erlaubt haben, Ihnen bei der Arbeit zusehen zu dürfen.

Sie haben doch noch gar nichts gesehen, protestiert Malek.

Ich komme später wieder, lüge ich und verschwinde zwischen den blauen Plastikzelten. Ich will nicht, dass Malek mitbekommt, wo ich bin und mit wem ich spreche.

Es ist, wie ich befürchtet hatte. Von den Kindern, die aussehen, als wären sie von unterschiedlichen Müttern und Vätern, fehlt weit und breit jede Spur, und ich habe mir Shirin-Gols Schuhe nicht angesehen. Die Schuhe der Frauen sind das einzige Erkennungsmerkmal. Ein blaues, plissiertes Tuch verdeckt die Frauen von Kopf bis Fuß, macht alle gleich, entmenschlicht sie. Wie soll ich Shirin-Gol finden? Hier wimmelt es nur so von den blauen *buqhras*, die sich im Wind mal an die dünnen Körper der Frauen pressen und mal aufblähen, als seien sie Ballone, als würden die Frauen gleich in den Himmel abheben und davonschweben. Immer wieder versuche ich, durch die feinmaschigen Netze vor den Augen der lebenden Gespenster menschliche Gesichter zu erkennen.

Unentschlossen stehe ich mitten zwischen den vielen Tüchern herum und starre vor mich hin. Ich will nicht mehr. Seit anderthalb Monaten bin ich schon wieder in Afghanistan. Ich bin müde, erschöpft. Der ständige, staubige Wind und die von der Sonne aufgeheizte, trockene Luft machen selbst das Atmen zum Kraftakt. Dann bin ich eben eine Memme. Na und? Ich will keine Geschichten mehr hören von Menschen, die alles verloren haben, alles, bis auf ihre Angst, ihren Hunger, ihren Schmerz, ihr Elend, ihre Armut, ihre Krankheiten und ihr bisschen Hoffnung, dass vielleicht doch noch alles gut werden wird.

Vielleicht sollte ich mich einfach irgendwo in den Schatten verziehen. Vielleicht sollte ich mir ein leeres Zelt suchen, mich hinlegen und schlafen. Ich könnte aber auch in einen der leeren Lastwagen steigen, die zurück zur Grenze fahren, um neue Flüchtlinge aufzuladen. Noch heute Abend wäre ich wieder in meiner eigenen Heimat Iran, da, wo ich geboren und aufgewachsen bin. Von dort könnte ich endlich wieder in meine bequeme, westliche Luxuswelt zurückkehren.

Unfähig, auch nur einen einzigen weiteren Schritt zu machen, stehe ich da, mit meinem Körper aus Blei, in der herzlosen Sonne, und starre einfach so vor mich hin, als mich ein blaues Tuch anherrscht.

La-elah-ha-el-allah. Was willst du von mir? Das sind meine Kinder. Lasst mich doch in Ruhe, in Gottes Namen.

Meine Sinne reagieren zeitverzögert, ich höre mich selber sprechen. Verzeihen Sie bitte. Mehr kann ich nicht sagen, meine Zunge klebt an meinem Gaumen fest. Ich starre das Tuch vor mir an, bis ich endlich weitersprechen kann. Ich stehe nur so hier herum. Ich arbeite nicht für die Vereinten Nationen, auch nicht für eine andere Hilfsorganisation. Ich bin nur hier, weil ich …

Weil ich was? Weil ich mir euer Elend ansehen, es filmen und darüber schreiben möchte? Weil wir, die Menschen im Westen, unser Herz nur noch spüren, wenn wir das weit entfernte Leid der Welt sehen? Weil ich denke, es könnte euch helfen, wenn irgendjemand erzählt, wie grausam das Leben ist, das ihr führt? Besonders wenn euer Herrgott euch als Mädchen in die Welt geschickt hat? Weil ich …

Geht es dir gut?, fragt das Tuch. Eine Hand kommt darunter hervor, schiebt meinen Ärmel hoch und legt sich auf meinen Arm.

Das kann nicht sein, denke ich. Ich stehe mitten in der Wüste, sehe zu, wie Hunderte und Tausende Menschen wie Vieh auf Ladeflächen von Lastwagen zusammengepfercht werden, und diese Frau fragt mich, ob es mir gut geht.

Ich sehe zu, wie Menschen aus einer Heimat kommen, die nie eine gewesen ist, und in eine Heimat zurückkehren, die nie eine werden wird. Frauen, Kinder, Männer, die nichts kennen, als immerzu auf der Flucht zu sein. Menschen, die Töchter und Söhne begraben haben, ihre Väter, Mütter, Männer, Frauen, Brüder, Schwestern. Menschen, die keine Häuser haben, keinen Platz zum Sitzen, zum Essen, zum Schlafen. Kleine Mädchen und Jungen, die nur noch einen Arm haben, ein Bein, überhaupt keine Arme und Beine. Menschen, die dünn und klapprig sind, krank, unterernährt, nur noch Haut und Knochen. Männer, die andere Männer getötet haben, selber dem Tod ins Auge gesehen haben. Frauen, die lieber selber tot sein möchten, als noch einmal den Tod eines ihrer Kinder sehen zu müssen.

Das habe ich mir schon gedacht, sagt Shirin-Gol mit ruhiger Stimme, die sich auf mein Herz legt wie weicher Samt.

Was? Ich bin noch immer nicht bei mir. Was hast du dir gedacht?

Dass du zu keiner Hilfsorganisation gehörst. Du sprichst unsere Sprache. Wer bist du? Was machst du hier?

Shirin-Gols kräftige Hand liegt noch immer auf meinem Arm. Sie hockt sich hin und zieht mich mit sich hinunter auf den sandigen Boden.

Ich schreibe ein Buch, sage ich und versuche durch das feinmaschige Netz die Augen der Frau unter dem Tuch zu erkennen. In meinem Kopf lege ich die üblichen Erklärungen bereit.

Ein Buch über Afghanistan, über uns?, lachen die Leute mich aus. Ein Buch über ein Land, in dem es nichts gibt als Hunger und Elend, Kriege und Tote? Was gibt es darüber schon zu schreiben? Wer will denn ein solches Buch lesen?

Ich kann auch lesen, sagt Shirin-Gol stattdessen. Damals, als die Russen hier waren, bin ich in die Schule gegangen und habe lesen gelernt. Außer meinen Schulbüchern habe ich auch schon dreieinhalb richtige Bücher gelesen. Das erste habe ich mir selber gekauft. Das zweite hat meine Lehrerin mir geschenkt, das dritte war nur ein halbes Buch. Ich habe es in den zerbombten Ruinen der Hauptstadt gefunden. Schade, dass ich die andere Hälfte nie gefunden habe. Ich hätte gerne die ganze Geschichte bis zum Schluss erfahren, es war eine so schöne Geschichte, von einem Mädchen, das … ach, ich weiß auch nicht mehr. Und das andere Buch hat meine Freundin mir geschenkt, die einzige, wirkliche Freundin, die ich je gehabt habe. Sie war Ärztin. Ich habe sie in einem der vielen Dörfer, in denen wir gelebt haben, kennen gelernt und für sie gearbeitet.

Das Shirin-Gol-Tuch sieht mich an, und ich habe das Gefühl, dass sie mich liest. Wie ein Buch. Dass sie meine Worte nicht braucht, um mich zu verstehen.

Endlich nimmt sie ihre Hand von meinem Arm. Eine feuchte Stelle bleibt auf meiner Haut zurück. Ich wische sie nicht weg, lasse sie von der Sonne trocknen.

Ein Buch, sagt Shirin-Gol, ohne ihren Tuchkopf zu bewegen.

Ich lächle den blauen Stoff an.

Soll ich dir für dein Buch meine Geschichte erzählen?, fragt das Tuch. Möchtest du das?

Ihre Frage klingt wie eine Warnung, hat etwas Bedrohliches. Während ich nicht weiß, warum ich nicht Ja sage, warum stattdessen mein Blick in die Ferne schweift, zu den Lastwagen, die staubige, afghanische Rückkehrer aus dem Iran zurückbringen und inmitten blauer Plastikzelte ausspucken, während meine Gedanken keinen Anfang haben und kein Ende, nimmt Shirin-Gol mein Kinn in ihre Hand, dreht meinen Kopf zu sich herum, zwingt mich, ihren Tuchkopf wieder anzusehen, und fragt abermals. Möchtest du das?

Erst Jahre später werde ich begreifen, dass Shirin-Gol schon damals gewusst hat, wenn ich jetzt *ja* sage, mich an diesem Morgen auf sie und ihre Geschichte einlasse, werden wir verbunden sein, auf Jahre. Vielleicht für immer.

Ja, das möchte ich, sage ich, lächle und lege meine Hand auf ihre, die noch immer mein Gesicht hält.

Ich bin froh, dass ich *ja* gesagt habe.

Shirin-Gol ist anders als die anderen Frauen, die ich in all den Jahren in Afghanistan getroffen habe. Shirin-Gol ist wie ein Baum. Wie eine kräftige, schlanke Pappel, die den stärksten Winden und Stürmen standhält, die alles sieht, alles versteht, alles weiß, alles erzählt.

Keine andere afghanische Frau, die ich kenne, hat so bereitwillig, so offen und so ehrlich über ihr Leben gesprochen und erst recht nicht über ihr Verhältnis zu ihrem Mann. Shirin-Gol spricht über alles, woran sie sich erinnern kann, präzise und detailliert, als wollte sie sichergehen, dass wenigstens ihre Geschichte übrig bleibt, wenn sie selber nicht mehr am Leben sein wird. Ob ich Fragen stelle oder nicht, spielt keine Rolle für sie. Shirin-Gol hat ihren eigenen Rhythmus, ihr eigenes Tempo, mit dem sie die Geschichten ihres Lebens erzählt. Shirin-Gols Worte sind wie das Wetter, mal fegen sie alles hinweg wie ein Sturm, mal legen sie sich auf die Herzen wie eine weiche, leichte Brise; mal wärmen sie kalte Herzen wie eine zarte Frühlingssonne, mal brennen sie wie die herzlose Sonne der Wüste; mal kühlen sie die Sinne wie ein kleiner Schauer; mal prasseln sie nieder wie ein heftiger Regen, werden zum wilden Strom und reißen alles mit, was sich ihnen in den Weg stellt.

Shirin-Gols Geschichte ist nicht ungewöhnlich, erzählt den ganz normalen Wahnsinn, den genauso oder so ähnlich Tausende Frauen und Menschen in Afghanistan erlebt haben und noch immer erleben.

Das Lager, in dem wir uns zum ersten Mal begegnet sind, die Städte, Dörfer, das ganze Land, ist voll von Frauen, Kindern und Männern, die wie Shirin-Gol immer wieder Hoffnung schöpfen, immer wieder von dort, wo sie leben, aufbrechen, immer wieder glauben, dass alles gut wird. Immer wieder sieht es am Anfang aus, als würde alles gut werden.

1. KAPITEL

Eine süße Blume und eine Muttermalschwester

In Afghanistan hat fast jeder Name eine Bedeutung. Shirin-Gol heißt Süße Blume. Zu behaupten, in dem Moment ihrer Geburt habe ihre Mutter eine süße Blume gesehen, den süßen Duft einer Blume gerochen oder gar an eine süße Blume gedacht, wäre erfunden und nichts als reine Sozialromantik verwestlichter Fantasie.

Wahrscheinlich hat Shirin-Gols Mutter, wie alle Mütter dieser Welt, bei der Geburt ihrer fünften Tochter, ihres neunten Kindes, große Schmerzen durchgestanden, und wahrscheinlich hat sie sich in diesem Moment überlegt, wie sie mit ihrem ohnehin geschwächten Körper und schlaffen Brüsten noch ein weiteres Kind stillen soll. Und wahrscheinlich ist sie froh gewesen, als sie das Kind aus ihrem Körper gezogen und gesehen hat, dass es nur ein Mädchen ist, denn wäre Shirin-Gol ein Junge gewesen, hätte er noch mehr Milch gebraucht, noch mehr Aufmerksamkeit. Die Mutter hätte ihn öfter auf dem Arm tragen müssen, sie hätte ein Fest zu seiner Geburt geben und ein Schaf schlachten, Geld für seine Beschneidung auftreiben und ihn zum Mullah schicken müssen, damit er den Koran lernt.

Nein, Allah ist gütig und hat ihr dieses Mal nur eine Tochter geschickt.

Genau genommen ist der Herrgott immer gütig gewesen zu Shirin-Gols Mutter. Er hat ihr als erstes Kind einen Sohn in den Bauch gelegt, sodass ihr Mann sich wie ein echter Mann fühlen konnte, ihr weder die Zähne ausschlagen noch sich von ihr scheiden lassen oder sie in ihr Vaterhaus zurückbringen musste.

Zur Sicherheit und damit alles bleibt, wie es ist, hat Gott ihr nach dem ersten gleich wieder einen Jungen geschickt. Und auch das dritte Kind ist ein Sohn.

Dann hat der Herrgott auch mal an Shirin-Gols Mutter gedacht und ihr dreimal hintereinander Töchter geschickt. So hat sie endlich Hilfe bekommen, bei der vielen Arbeit mit dem Ehemann und den drei Söhnen, dem Feldbestellen, Brotbacken, Kleidernähen, Schafehüten, Kühemelken, Essenkochen, Teppichknüpfen und was sonst noch an Arbeit anfällt.

Die nächsten beiden Kinder werden wieder Jungen, für jeden von ihnen schlachtet Shirin-Gols Vater ein Schaf, jeder der beiden muss beschnitten werden, aber zumindest müssen diese beiden nicht zum Mullah, weil ja schon die ersten drei Söhne der Familie den Koran gelernt haben.

Und im Jahr nach den beiden nicht mehr so wichtigen Brüdern kommt schließlich Shirin-Gol auf die Welt. Für den Vater ist das weder gut noch schlecht. Für die Mutter ist es gut.

Shirin-Gol ist ein ruhiges Kind, und sie hat es gut im Leben. Die meiste Zeit ihres Kleinmädchenlebens lassen alle sie in Ruhe. Sie sitzt im Schatten an der Ecke der Lehmhütte auf dem sandigen Boden, sieht zu, wie die Mutter und der Vater, die älteren Brüder und Schwestern das kleine Feld bestellen, die wenigen Schafe melken, den Esel tränken, den Staub aus der Hütte fegen, Teppiche knüpfen, Essen herbeischaffen, Brot backen, das Überleben der Familie jeden Tag und irgendwie von neuem hinbekommen.

Shirin-Gol wird von der Schwester mit dem Muttermal auf der Wange jeden Morgen an die Ecke gesetzt, bekommt ein Stück Brot in die Hand, hat keine andere Aufgabe, als sich möglichst ruhig zu verhalten, einfach nur zuzusehen, zu begreifen, worauf es im Leben eines Mädchens ankommt: nicht auffallen, arbeiten und den Befehlen der Jungen und Männer folgen.

Erst als sie etwa zwei Jahre alt ist, erhebt Shirin-Gol sich zum ersten Mal allein, kommt aus ihrer Ecke vor der Hütte, macht ein paar Schritte, geht zur Muttermalschwester, die vor der Hütte hockt und Wäsche wäscht, hockt sich neben sie, planscht mit ihrer kleinen Hand in der Seifenlauge herum, bekommt eine auf die Finger, pinkelt auf den Boden, wird von der Muttermalschwester wieder an ihren Platz getragen und hingesetzt.

Alles das sieht der Herrgott und erinnert sich in diesem Moment wieder an Shirin-Gols Mutter, und es fällt ihm auf, dass er zwei Jahre lang vergessen hat, Shirin-Gols Mutter ein neues Kind in den Bauch zu pflanzen. So beeilt der gütige Herrgott sich nachzuholen, was er versäumt hat, und als Shirin-Gol noch nicht ganz drei Jahre alt ist, bekommt sie gleich zwei Brüder auf einmal in ihren kleinen Mädchenschoß gelegt und ist von nun an tagein, tagaus beschäftigt mit den Zwillingen.

Sie hebt nur noch selten den Kopf, bekommt nicht mehr mit, was die Mutter und älteren Schwestern, der Vater und älteren Brüder den ganzen Tag lang treiben.

Das nächste Mal, als die kleine Shirin-Gol aufblickt und sieht, was in der Welt um sie herum geschieht, ist der Tag, an dem die Zwillinge ihre ersten Schritte machen, ohne dass Shirin-Gol sie an der Hand führt. Der eine läuft gerade von rechts nach links und der andere von links nach rechts, die beiden krachen mit den Köpfen zusammen, fallen um, fangen an zu schreien, sehen beide Hilfe suchend zu ihrer Schwester Shirin-Gol. Da schlägt ganz in der Nähe eine Rakete ein, die erste, aber durchaus nicht die letzte, die Shirin-Gol in ihrem Leben hören soll, die Zwillinge verstummen, torkeln beide verängstigt zu ihrer Schwester, vergraben die Köpfe in ihre Kleinmädchenröcke. Die Mutter blickt erschrocken auf, die älteren Brüder rennen vom Feld zurück, die älteren Schwestern kreischen, der Vater macht eine besorgte Miene und sagt, mehr zu sich selber, dann stimmt es also doch. Die Russen sind da.

Die Russen? Wer sind die Russen? Unsere Nachbarn? Warum sind sie gekommen? Was wollen sie von uns? Wir haben doch selber nichts, sagt die Mutter mit hoher und lauter Stimme.

Der Vater sieht seine Söhne an und sagt, wir müssen in die Berge. Früher haben die Engländer unser Land besetzt und über unser Schicksal bestimmt, jetzt versuchen es die Russen. Früher haben die Engländer ein Auge auf unsere Frauen und Töchter geworfen, jetzt sind es die Russen. Früher haben die Engländer unser Land und unsere Religion entehrt und beschmutzt, uns entmündigt und entmachtet, unsere Freiheit geraubt und den Boden unserer Heimat verunreinigt, jetzt sind es die Russen. Wir haben keinen anderen Weg, es ist Zeit, dass auch wir uns den Mujahedin anschließen, gegen die Russen in den Krieg ziehen und, wenn es sein muss, bis zum letzten Tropfen unseres Blutes gegen sie kämpfen.

Bis zum letzten Tropfen.

Das sind die letzten Vaterworte, an die Shirin-Gol sich erinnert, der Vater reiht sich mit den älteren Brüdern auf, betet, gibt jedem der Brüder ein Gewehr und Munition, verschwindet aus Shirin-Gols Leben und der Lehmhütte und hinterlässt eine Menge Platz. Zum Essen, zum Sitzen, zum Zwillingeaufpassen, zum Läuse-aus-den-Haaren-der-Zwillinge-Pulen, zum Wollespinnen, zum Kleidernähen, zum Teppichknüpfen, zum Zuckerkleinhacken, zum Kornmahlen, zum Zusammensitzen und Reden über den Krieg, die Verletzten, die Toten, die Russen, zum Ausbreiten der Schlafmatten und Decken in der Nacht.

Shirin-Gol und die Zwillinge schlafen fortan nicht mehr in der Ecke hinter der Feuerstelle im Boden, bekommen mehr zu essen und dürfen mehr reden. Nur noch die Schüsse, Raketeneinschläge und Bombenexplosionen in den Bergen erinnern an die Brüder und den Vater, die nur noch gelegentlich auftauchen, kurz bleiben und gleich wieder verschwinden.

Shirin-Gol sammelt gerade auf dem Feld die letzten mickrigen *katchalou*, Kartoffeln, ein, da geht ein Mann hastig an ihr vorbei. Er trägt einen anderen Mann auf der Schulter, der über und über voll ist mit Blut. Der mit dem Blutigen über der Schulter bleibt stehen und dreht sich zu ihr herum. Sie erkennt, dass es einer ihrer älteren Brüder ist, und lächelt. Der Bruder lächelt nicht zurück, fragt, warum trägst du kein Kopftuch?, geht weiter und verschwindet hinter der Lehmhütte.

Shirin-Gols Mutter kommt aus der Hütte, ohne die Farbe in ihrem Gesicht. *Madar*. Mutter.

Madar-ohne-Farbe-im-Gesicht steht vor der Hütte, hält mit beiden Händen den Wasserkrug aus Ton vor ihren Bauch und sagt viele kleine Worte, die Shirin-Gol nicht hören kann, weil Madar-ohne-Farbe-im-Gesicht auch ihre Stimme verloren hat.

Shirin-Gol steht da, starrt Madar-ohne-Farbe-im-Gesicht-und-ohne-Stimme-im-Mund an. Gerade überlegt Shirin-Gol, wer die Farbe aus dem Gesicht von *madar* und die Stimme aus ihrem Mund geklaut hat, ob es der Blutige gewesen ist oder ob *madar* selber sie in die Nische gelegt und vergessen hat, sie mit hinauszubringen. Gerade überlegt Shirin-Gol, da haut Madar-ohne-Farbe-im-Gesicht-und-ohne-Stimme-im-Mund den Wasserkrug aus Ton auf die Erde, dass er bricht und zu tausendundein kleinen Scherben aus Ton wird.

Farbe weg. Stimme weg. Wasserkrug weg.

Shirin-Gol nimmt die Zwillinge an die Hand, dreht sich um, ohne Madar-ohne-Farbe-im-Gesicht-und-ohne-Stimme-im-Mund-und-ohne-Wasserkrug-aus-Ton-in-der-Hand noch mal anzusehen und geht zurück ins Feld zu den mickrigen *katchalou*, die unter der Erde sind und es gut haben, weil es dort kühl ist und weil dort keine Mutter ist, die Wasserkrüge aus Ton zerbricht.

Nachts kommen noch mehr Männer, bekannte und unbekannte, der Vater und die anderen älteren Brüder. Shirin-Gol hört, wie sie den Boden hinter der Hütte aufhacken, geht hinaus, sieht, wie der Blutige, den ihr Bruder auf seiner Schulter angeschleppt hatte, in das ausgehobene Loch gelegt und das Loch zugeschaufelt wird. Die Männer weinen, schultern ihre Gewehre und Kalaschnikows und verschwinden wieder in die Dunkelheit der Nacht.

Am nächsten Morgen hockt nur noch Shirin-Gols Mutter an dem zugeschaufelten Loch. Sie hat ein schwarzes Tuch über dem Kopf, wiegt ihren Körper hin und her, als hätte sie Schmerzen, jammert und wimmert und hört selbst dann nicht auf, als Shirin-Gol ihr einen frischen Tee bringt.

Shirin-Gol dankt Gott, dass *madar* ihre Stimme wiedergefunden hat, betet ein schnelles Gebet, dass Gott machen soll, dass sie auch die Farbe in ihrem Gesicht wiedergefunden hat und dass sie das schwarze Tuch nicht über den Kopf gezogen hat, weil sie vielleicht auch ihre Augen, ihre Nase und ihren Mund verloren hat. Aber hätte sie ihren Mund verloren, dann könnte sie auch nicht jammern, denkt Shirin-Gol und beschließt zu tun, als hätte sie gestern Madar-ohne-Farbe-im-Gesicht-und-ohne-Stimme-im-Mund-und-ohne-Wasserkrug-aus-Ton-in-der-Hand nicht gesehen.

Was ist?, fragt das kleine Mädchen und legt so viel Unbekümmertheit in ihre Stimme, wie Gott gewillt ist ihr zu schenken.

Was soll schon sein?, schluchzt *madar*, nimmt das Tuch vom Kopf, um einen Schluck von dem Tee zu trinken, und da sieht Shirin-Gol es mit eigenen Augen. In der Nacht hat *madar* die Farbe aus ihrem Haar verloren.

Und dann erfährt Shirin-Gol, dass Gott den Blutigen in

dem Loch genau aus diesem einen Grund getötet hat, nämlich damit *madar* die Farbe in ihrem Gesicht verliert, die Stimme in ihrem Mund verliert, den Wasserkrug aus Ton verliert, die Farbe aus ihrem Haar verliert und damit das Mutterherz bricht und das Mutterhaar weiß wird.

Noch versteht Shirin-Gol nicht, wie das alles zusammenhängt, doch je weiter die Sonne wandert, um sich am Ende des Tages im Westen zu versenken, desto mehr erfährt Shirin-Gol über den Mann im Loch und darüber, was der mit den plötzlich weißen Mutterhaaren zu tun hat.

Der Mann auf der Schulter ihres Bruders, der Mann, der jetzt in dem Loch im Boden hinter der Hütte liegt, ist nämlich ein Märtyrer, gefallen im Namen des Propheten, des Koran und des Islam.

Shirin-Gol hat längst von Märtyrern gehört, sie hat aber immer fest geglaubt, Märtyrer würden bei Gott höchstpersönlich und damit im Paradies leben und nicht in Löchern in der Erde. Aber jetzt hat sie es ja mit eigenen Augen gesehen, in dem Loch hinter der Hütte liegt ein leibhaftiger Märtyrer. Ein *shahid*.

Shirin-Gol erfährt auch, dass dies durchaus nicht der letzte *shahid* in ihrem Leben bleiben wird und dass dieser *shahid* früher ein richtiger Mann gewesen ist, einer, den Shirin-Gol gekannt hat, sogar einer aus ihrer Familie, genau genommen einer ihrer Brüder, der zweite Sohn, den Gott ihrer Mutter geschenkt hatte, der erste, den er ihr wieder genommen und zu sich geholt hat, und genau aus diesem Grund nämlich hat ihre Mutter schreckliche Schmerzen, die sie vielleicht töten werden, und genau aus diesem und keinem anderen Grund nämlich hat sie über Nacht weiße Haare bekommen.

Shirin-Gol nimmt die Zwillinge an die Hand, hockt sich an das zugeschaufelte Loch im Boden und macht es wie ihre Mutter und alle anderen auch, weint, versteht nicht, schließt die Augen und fragt Gott, warum er das tut. Erst schickt er den

Müttern Söhne, die ihnen ans Herz wachsen, Söhne, an die sie sich gewöhnen. Dann lässt er die kleinen Söhne zu großen Söhnen werden, schickt die Russen in die Heimat und die Söhne in die Berge, wo sie sterben und zu *shahid* werden und den Müttern das Herz brechen – und alles das nur, damit sie am Ende weiße Haare bekommen? Es wäre doch viel einfacher, wenn er von vornherein keine Söhne schickt und den Müttern gleich weiße Haare gibt.

Und falls er vorhaben sollte, das Gleiche mit Shirin-Gol zu tun, wenn sie groß und Mutter ist, dann soll er das lieber gleich bleiben lassen, denn sie will weder die viele Arbeit mit den Jungen, schließlich erlebt sie bereits mit den Zwillingen, wie viel Aufwand und Aufmerksamkeit Jungen brauchen und wie viel Verantwortung sie bedeuten, noch will sie, wenn Gott vorhat, ihre Söhne auch als *shahid* sterben zu lassen, die Schmerzen aushalten müssen. Und die vom vielen Weinen verquollenen Augen und die weißen Haare will sie schon gar nicht haben.

Gottes Wege sind unerschöpflich, sagt Shirin-Gols älteste Schwester von nun an jeden Tag. Am vierzehnten Tag nach dem Brudertod malt sie sich die Lippen rot und die Augen schwarz und geht hinunter ins Dorf.

Wohin gehst du? Warum malst du deine Lippen an? Warum trägst du keinen Schleier? Was werden die Leute sagen? Sie werden hinter deinem Rücken reden. Du beschmutzt die Ehre unseres Vaters, unserer lebenden Brüder und unseres toten Märtyrerbruders. Im Namen des Propheten und des Islam, du bringst Schande und Unglück über uns.

Shirin-Gol sagt alles das und alles andere, was sie gelernt hat zu glauben und zu befolgen, doch die Schwester hört nicht auf sie, geht ins Dorf, kommt erst am nächsten Morgen zurück, hat vier Kalaschnikows dabei, eine Kiste mit Handgranaten, eine mit Munition, vier Hosen, vier Helme und ein Pferd, was alles das für sie getragen hat.

Wie viele waren es?, fragt die Mutter. Vier, sagt die Schwester und senkt den Blick.

Ich will mit, ruft Shirin-Gol, als die Schwester und jetzt auch die Nächstältere zwei Wochen darauf wieder die Lippen rot anmalen und wieder ins Dorf gehen. Nein, das willst du nicht, sagt die Älteste, zieht unter ihrem Rock ein Messer hervor, hält es Shirin-Gol an die Brust, sieht ihr dabei fest in die Augen und fragt, oder getraust du dich, russische Soldaten aufzuschlitzen?

Ich will mit, ruft Shirin-Gol, als die beiden Älteren und jetzt auch die Muttermalschwester nach weiteren Wochen wieder ins Dorf gehen und sie selber nichts anderes tut, als aufs Feld zu gehen, den Boden der Hütte zu fegen, Essen zu kochen, das Blut aus den Kleidern der Schwestern zu waschen, den Zwillingen zuzusehen und sie zu trösten, wenn sie mit den Köpfen gegeneinander rennen.

Das wirst du noch früh genug müssen, sagt die Muttermalschwester, sieht Shirin-Gol in die Augen, schluckt ihre Tränen hinunter, küsst sie auf die Stirn, zieht ihren Schleier übers Gesicht und verschwindet ins Dorf.

Ich will aber jetzt mit, jammert Shirin-Gol, die vor ihrer Waschschüssel hockt, als ihre Schwestern am Abend zurückkommen, ihre blutigen Röcke in die Lauge werfen, dass das Wasser und der Schaum hochspringen und Shirin-Gol patschnass wird. Die Schwestern beachten Shirin-Gol nicht, seufzen müde, hocken sich hin und sortieren und verstecken die russischen Kalaschnikows, Munition, Handgranaten, Minen, Stiefel, Helme und was sie den russischen Soldaten sonst noch abgenommen haben.

Dieses Mal waren es nur zwei, sagt die eine Schwester.

Sie sind vorsichtig geworden, sagt die andere. Es hat sich herumgesprochen, wie gefährlich es ist, in die Dörfer zu kommen und sich an afghanischen Frauen zu vergreifen. Allah sei Dank. Sie haben Angst.

Angst? Die russischen Soldaten? Die Feinde der Heimat, des Propheten, des Koran, des Islam und der Freiheit? Die, die ihren Bruder zu einem *shahid* im Erdloch gemacht haben? Die Männer in den Uniformen, mit den schweren Stiefeln, mit den Gewehren, den Minen, haben Angst vor ihren Schwestern? Das sind Märchen, die Schwestern erfinden sie nur, um sich wichtig und Shirin-Gol neidisch zu machen.

Shirin-Gol schleicht ihren Schwestern heimlich hinterher. Sieht alles mit eigenen Augen. Doch erst Jahre später wird sie verstehen, dass es keine Märchen waren.

Die Brüder, der Vater, die anderen Männer aus dem Dorf sind in den Bergen und kämpfen gegen die Russen und die Soldaten der Regierung. Andere russische Soldaten kommen in die Dörfer, plündern, rauben, stehlen, verschleppen Frauen und auch kleine Mädchen.

Die Soldaten sind selber noch Jungen, achtzehn, neunzehn, zwanzig Jahre alt, haben keine Ahnung vom Leben, vom Krieg, vom Töten, und vom Getötetwerden schon gar nicht.

Töten. Getötetwerden.

Zwei Tage vorher waren sie noch in ihren Kasernen, in Kasachstan, Leningrad, der Mongolei und Usbekistan, haben Borschtsch aus Messingschalen geschlürft und Briefe geschrieben, an ihre Mütter und die Mädchen, die versprochen haben, auf sie zu warten, bis sie aus dem Militärdienst entlassen werden, nach Hause kommen und sie heiraten.

Der Appell kommt plötzlich wie immer, Stiefel anziehen, Sturmgepäck auf den Rücken mit Kalaschnikow, Munition und Helm, alles festzurren, mit stampfenden Stiefeln rein ins Flugzeug, in der Dunkelheit fliegen, nichts sehen, mit dem Glauben, nach Sibirien und sonst wohin geflogen zu werden, um Kohle oder sonst was zu schaufeln. Aussteigen. Nicht wissen, wo sie sind.

Ringsherum nur Berge, gnadenlos felsig, unvorstellbar

hoch. Schneebedeckt ragt das Massiv des Hindukusch in den Himmel. Wie viel sind siebentausend Meter? Wer sind die Mujahedin? Wie viele haben sich in den Bergen verschanzt, was haben sie uns angetan, warum töten wir sie, warum sind sie Feinde des sowjetischen Volkes, des Sozialismus? Wie viele Feinde haben wir bereits getötet, wie viele werden wir noch töten müssen, wie lange werden wir bleiben, warum darf der Brief an die Mutter nicht abgeschickt werden?

Haschisch und Opium stillen die Fragen, die Angst, den Hunger. Afghanische Mädchen mit dunklen Haaren wie aus Seide, mit Augen wie Kohle, mit großen, weißen Zähnen wie Perlen, mit weichen Lippen wie Pflaumen wecken die Lust, besänftigen traurige russische Jungenherzen.

Was sie nicht freiwillig bekommen, nehmen sie sich mit Gewalt. Afghanisches Essen, Kleidung, Geld, afghanische Frauen, Mädchen, die Ehre afghanischer Männer, der Väter, der Söhne, die Würde und den Stolz der Nation, den Glauben und das Gottvertrauen.

Russische Jungen in Uniform befolgen Befehle, überwinden Angst, führen Kriegsrituale aus, machen sich Mut, beweisen Macht, Stärke und Überlegenheit. Sie fallen in Dörfer ein, verschleppen Frauen, vergewaltigen, schneiden Brüste ab, schlitzen Bäuche auf, schleudern mit einem Klatsch Föten in den Sand. Sie trennen Kinderhälse von Kinderkörpern, küssen Mädchenmünder, lecken Mädchenbäuche, grabschen Mädchenbrüste, befriedigen Russenjungenschwänze in jungfräulichen Afghanenmädchenscheiden.

Afghanische Lehrer, Bauern, Schuhmacher, Metzger, Brotbäcker, Händler, Schüler, Studenten werden zu Freiheitskämpfern, ziehen in die Berge, töten, werden getötet, legen Minen, bevor sie selber auf eine treten, schlitzen russische Soldaten auf, bevor sie selber aufgeschlitzt werden.

Hemdausziehen nennen es die Afghanen, wenn sie den Russen ringsherum die Taille aufritzen und die Haut über den

Kopf ziehen, die Gehäuteten in die Sonne setzen und afghanische Fliegen sich über rotes, nacktes Russenfleisch hermachen.

In Kasachstan, Leningrad, der Mongolei und Usbekistan bekommt die Russenmutter einen Stich im Herzen, zwei Wochen später kommt ein Brief, ein Offizier, zwei Soldaten, ein Zinksarg. Öffnen verboten.

Im Krieg ist eben alles anders, ist erlaubt, was Glaube und Tradition, uralte Werte und persönliche Moral verbieten, ist erlaubt, was sonst nur mit dem Tod gesühnt werden kann.

Ohne Schleier und mit roten Lippen stehen sittsame afghanische Mädchen an der Ecke, gleich dort, wo die Russen eine afghanische Hütte besetzt halten, geschenktes Haschisch rauchen, die Sinne verlieren, nichts mehr wollen, nur noch eins, die kichernden und tuschelnden Mädchen mit den Kohleaugen und den Körpern, die noch kein Mann gesehen oder gar berührt hat.

Shirin-Gol sieht es aus ihrem Versteck mit eigenen Augen, hört es mit eigenen Ohren, kann es dennoch nicht glauben.

Benebelte Russenjungen sehen mit blauen Augen ihre unverschleierten Schwestern an, geifern, lecken lüstern ihre Lippen, strecken ihre Hände aus, legen sie auf die Schwesterbrust, umfassen die Schwesterhüfte, küssen den Schwesterhals, ziehen den Schwesterhintern an sich heran, stöhnen immer lauter, sagen Worte in einer Sprache, die Shirin-Gol nicht versteht.

Ein Schrei, nicht der Erleichterung, sondern des Todes. Aufgeschlitzter Russenjunge in Uniform liegt vor den Schwesterfüßen, windet, krümmt sich, zappelt, will das Messer aus seinem Bauch ziehen, hat keine Kraft, krallt seine blutige Hand in den Schwesterrock, fleht mit blauen Russenaugen um Gnade und bekommt sie.

Er ist doch auch nur ein Mensch mit einer Mutter, die irgendwo auf dieser gottverdammten Erde auf ihren Sohn wartet, sagt die Schwester, wischt Tränen aus ihren afghanischen

Kohleaugen, beugt sich zu dem Sterbenden, zieht das Messer aus seinem Bauch und befreit ihn von seinen Qualen. Mit einem schnellen Gurgelschnitt.

Für die Freiheit, für die Ehre, für den Glauben und dafür, dass sie selber am Leben bleiben.

Zwanzig und mehr Jahre später sind diese Bilder noch immer nicht weg, liegen schwer und blutrot in Shirin-Gols Herzen und lassen sie nicht vergessen.

Shirin-Gols Muttermalschwester hat seit jener Zeit *djin*, böse Geister, in ihrem Körper. Sie sitzt irgendwo friedlich, spricht, isst, kocht, wäscht oder sieht nur so vor sich hin, da fängt sie plötzlich an nach Luft zu japsen, fängt an zu schreien, zu weinen, bekommt gelben Schaum vor den Mund, beißt die Zähne zusammen, dass sie krachen, reißt sich selber die Haare aus.

Noch eine, die der Krieg verrückt gemacht hat, sagen die Leute.

Auch Shirin-Gols Vater hat gewusst, was seine Töchter für die Ehre, das Heimatland, den Propheten, den Koran und den Islam getan haben. Jahr um Jahr hatte er immer weniger gesprochen, bis er schließlich stumm geblieben ist, gar nicht mehr gesprochen hat. Nie mehr und zu niemandem. Er hat keinem mehr in die Augen gesehen, seinen Töchtern nicht, seinen Söhnen nicht und seiner Frau auch nicht.

2. KAPITEL

Eine nackte Frau, ein Buchstabe und ein bisschen Freiheit

Die Zwillinge pinkeln noch immer in die Hose, nuckeln noch immer Muttermilch, hocken noch immer in Shirin-Gols Mädchenröcken, lassen sich noch immer die Happen in den Mund stopfen, sprechen längst, sagen Worte und ganze Sätze, Brot, Wasser, Hunger, Shirin-Gol, gib, lass mich, nein, komm, geh, müde, trag mich und viele Worte mehr, als Shirin-Gols Leben sich abermals verändert.

Gerade wirft die Sonne ihr erstes Licht über den Gipfel, der über dem Dorf thront, gerade schweigen die Waffen der Mujahedinbrüder, Väter und der Russen in den Bergen, gerade kräht der Hahn, einer der Zwillinge drückt seinen kleinen, schlafenden, strammen Körper gegen den seiner Schwester, der andere Zwilling legt seine kleine Hand liebevoll auf die Wange der Schwester, da zerreißt eine ohrenbetäubend laute Explosion Shirin-Gols Schlaf und die Stille der Morgendämmerung.

Im nächsten Moment ist der Himmel voll brummender, dröhnender, riesiger Eisenvögel, wie Shirin-Gol sie noch nie zuvor gesehen hat.

Gott hat die fliegenden Ungeheuer geschickt, sagt die Mutter, um uns für unsere Sünden zu bestrafen.

Welche Sünden?, fragt Shirin-Gol.

Alle Sünden, sagt die Mutter.

Das sind weder Vögel noch Ungeheuer, sagen die älteren Brüder, das sind Hubschrauber der Russen, und sie heißen Antonow.

gebet

Antonow, flüstert Shirin-Gol, ein schöner Name, schade, dass sie so gemein und bösartig sind.

Von ihrer Hütte aus, die außerhalb des Dorfes liegt, sieht Shirin-Gol, wie die feuerspeienden, bösartigen Ungeheuer mit dem schönen Namen tief über das Dorf hinwegfliegen, einen großen Bogen machen, umkehren, tiefer und tiefer fliegen, zum Anfassen nah kommen, mit lautem Getöse Stangen spucken und Feuer anrichten. In weniger Zeit, als ein halbes Gebet dauert, sind alle Lehmhütten in Ruinen verwandelt und mehr als die Hälfte der Dorfbevölkerung zu Märtyrern gemacht.

Shirin-Gol, die Zwillinge, ihre Mutter, der Bruder, der kurz vor Shirin-Gol aus dem Bauch ihrer Mutter gekommen war, und ihre drei älteren Schwestern raffen so viel von ihrem Zeug, wie sie tragen können, und fliehen in die Berge. Von dort sehen sie, wie die Russen mit Panzern, Lastwagen, Jeeps und zu Fuß auf der einen Seite ins Dorf einfallen, jeden, der noch lebt, ob Mensch oder Tier, töten, alles in Brand stecken und auf der anderen Seite das Dorf wieder verlassen.

Shirin-Gol, die Zwillinge und der Rest der Familie buddeln ein Loch in den Boden und verstecken die russischen Kalaschnikows, Gewehre, Minen, Helme und was sonst noch hier bleiben muss. Shirin-Gol überlegt, ob die Gewehre und was sonst noch hier bleiben muss jetzt auch Märtyrer sind, findet keine Antwort, beeilt sich, nicht zurückzubleiben, und zieht mit den anderen nach Norden Richtung Kabul, der Hauptstadt.

Wo ist Kabul? Warum Kabul? Warum nicht nach Süden? Warum nicht nach Osten, nach Westen, nicht zurück ins Dorf? Warum nicht die Hütte wieder aufbauen? Warum? Warum dieses, warum jenes?

Schweig, befehlen der Bruder, der Vater, die Mutter, als Shirin-Gol fragt.

Schweigt, befiehlt Shirin-Gol, als die Zwillinge fragen.

Lärm und Krach und Asphalt, Häuser aus Stein, so groß wie Berge, Menschen, die es eilig haben, Autos, die schwarzen Rauch auspusten, stinkende Luft, schmutzige Bäume, Frauen ohne Schleier, Mädchen mit nackten Armen, Jungen, die dummes Bergvolk rufen und damit Shirin-Gol und ihre Familie meinen. Shirin-Gols Vater, der geschrumpft und kleiner ist, als er in den Heimatbergen war, senkt verschämt den Blick. Shirin-Gols Brüder, die Steine aufheben, sie wieder fallen lassen. Shirin-Gols Schwestern, die heimlich unter ihren Schleiern hervorlugten. Shirin-Gols Mutter, die ihnen dafür mit flacher Hand eine auf den Hinterkopf haut. Kabul, die Hauptstadt.

Russische Administration. Shirin-Gol glaubt ihren eigenen Augen nicht mehr trauen zu können. Aber sie sieht es klar und deutlich vor sich. Eine Frau, eine afghanische Frau, mit toupiertem Haar und so viel Farbe im Gesicht, als sei sie eine Braut, sitzt ohne Schleier vor ihrem Vater. Die Haut und das Fleisch ihrer Arme, Beine, ihres Halses sind nackt und für jedermann zu sehen. Sie senkt nicht den Blick, sieht Shirin-Gols Vater dreist in die Augen, spricht ihn direkt an, dass man ihre Zähne und ihre Zunge sehen kann und stellt ihm tausendundeine Fragen, die sie nichts angehen.

Fragen, auf die sie Lügen zur Antwort bekommt. Beruf? Bauer. Nein, nie in den Bergen gekämpft. Mujahed? Was ist das? Russen? Gute Menschen. Sind hier, um der Heimat zu helfen. Geld? Nein, gar nichts. Besitz? Keinen.

Die einzigen wahren Worte, die der Vater an diesem Tag spricht, sind die, dass weder er noch seine Frau und auch keines seiner Kinder lesen oder schreiben können.

Die Nacktfrau gibt dem geschrumpften Vater einen Zettel und sagt, die Gesetze der neuen Regierung besagen, dass alle Männer, also auch Shirin-Gols Vater und ihre Brüder, sich unverzüglich bei der nächsten Kommandantur melden müssen, um in den Dienst der ruhmreichen Armee aufgenommen zu werden. Es sei erste und vorrangige Pflicht jedes heimatlieben-den Afghanen, gegen Staatsfeinde und Widerstandskämpfer dem Vaterland zu dienen. Des Weiteren sei es Pflicht eines je-den Afghanen, ob Mann oder Frau, ob alt oder jung, in die ge-liebte und ehrenhafte, neu gegründete Partei des Volkes einzu-treten. Des Weiteren besagen die Gesetze der neuen Regie-rung, wer eine Unterkunft oder ein Zelt wolle, müsse seine Kinder in die Schule schicken, wer zu essen wolle, müsse seine Kinder in die Schule schicken.

Kurzum, wer nicht ins Gefängnis wolle, müsse in die Armee und die Partei eintreten und seine Kinder in die Schule schi-cken und außerdem seiner Frau und seinen Töchtern verbie-ten, in der Öffentlichkeit den Ganzkörperschleier zu tragen.

Shirin-Gol wird es schwindlig unter ihrem Tuch, und sie ist froh, dass die Nacktfrau ihr Gesicht nicht sehen kann, sonst würde sie wahrscheinlich gleich im Gefängnis landen. Shirin-Gol ist gespannt, was ihr Vater wohl auf die gottesfeindlichen und unverschämten Worte der Nacktfrau antworten wird. Doch der Vater sagt nichts, erhebt sich von seinem Stuhl, wirft ihn, weil er Stühle nicht gewohnt ist, um und will gehen. Ein-fach so. Ohne die Nacktfrau mit auch nur einem Wort der Schelte für ihre gottlose Dreistigkeit zu strafen.

Und dann geschieht etwas, bei dem Shirin-Gol glaubt, sich alles das doch nur einzubilden und vielleicht doch nur zu träumen. Die Nacktfrau erhebt sich, streckt ihre Hand aus, blickt dem Vater in die Augen, hält ihre Hand so lange ausge-streckt in der Luft, bis der Vater seinerseits die Hand aus-streckt und tatsächlich die Fingerspitzen der Nacktfrau kurz berührt.

Shirin-Gol stößt einen leisen Schrei aus, bekommt von der Mutter mit flacher Hand eine auf den Hinterkopf, beeilt sich, die Zwillinge unter ihr Tuch zu ziehen, damit wenigstens de-ren unschuldige Kinderaugen nicht sehen müssen, welche un-glaublichen Dinge sich da abspielen. Doch es ist zu spät, sie haben alles gesehen und werden die Nacktfrau noch lange und gut in Erinnerung behalten und auch noch lange über sie sprechen.

Schule?, sagt der Vater, als sie wieder auf der lauten, schmutzigen, vollen, stinkigen Straße sind, spuckt aus, seine Spucke versinkt nicht, bleibt auf dem harten, grauen Boden, der Asphalt heißt, liegen. Während Shirin-Gol die Vaterspucke im Auge behält, um zu sehen, was damit geschieht, sagt der Vater, Armee? Niemals. Ich werde in die Berge zurückkehren, und meine Töchter werden nicht in die Schule gehen. Das ist Teufelswerk. Diese Ungläubigen wollen uns entehren. Mädchen, die in die Schule gehen, werden verwirrt, werden neugierig, wissen zu viel, sie werden habgierig, sie werden Dinge verlangen, sie werden wählerisch. Welcher Mann will so eine Frau noch heiraten? Und am Ende, Allah ist mein Zeuge, geht es diesen Ungläubigen nur darum, uns vom rechten Weg abzubringen, unsere Köpfe mit diesem gottlosen Zeug voll zu stopfen, unsere Würde und unseren Glauben zu zerstören und unsere Töchter zu dem zu machen, was diese, diese, diese – der Vater findet das Wort nicht, spricht aber immer weiter und sagt, meine Töchter sollen werden wie sie?, diese –, dann findet der Vater das Wort und sagt, wie diese HURE?! Niemals.

Schmach und Schande, hundertmal Schande, Gott verdamme alle Ungläubigen, murmelt Shirin-Gol unter ihrem Tuch, und es wird ihr beinahe übel bei der Vorstellung, in die Schule zu müssen, um dann so zu werden wie die Nacktfrau.

Was ist Schule eigentlich? Was ist Hure? Shirin-Gol beißt sich auf die Lippen, schließt die Augen, betet zu ihrem Gott, er möge sie vor diesem schrecklichen Schicksal bewahren. Shirin-Gol will etwas sagen, vielleicht so was wie, ich will lieber tot sein, statt zu werden wie die Nacktfrau, oder ich gehe auch in die Berge zurück und töte Russen, aber dann hält sie doch lieber den Mund, denn der Vater ist derart aufgebracht, dass sie wahrscheinlich gleich eine fangen würde, weil sie es gewagt hat, ungefragt und in der Öffentlichkeit ihre Mädchenstimme zu erheben und zu sagen, was sie denkt.

Die Unterkunft, in die Shirin-Gol, die Zwillinge und der Rest der Familie gebracht werden, ist aus Stein, die Wände und der Boden sind glatt und kalt, an der Wand ist ein Knopf, den man drücken kann, dann leuchtet eine Kugel unter der Decke und macht mehr Licht als vier Öllampen. In dem Raum sind zwei Türen, durch die eine kann man hinaus auf die Straße, durch die andere geht man in ein winziges Zimmer mit einem Loch im Boden. Zu ihrem Entsetzen erfährt Shirin-Gol, dass dieses Loch dafür da ist, seine Notdurft darin zu erledigen.

Langsam bekommt Shirin-Gol Mitleid mit den Menschen, die in der Stadt leben müssen. Das ist wirklich unglaublich, die Frauen laufen nackt und halbnackt herum, die Straßen sind so hart, dass einem die Füße schmerzen, die Spucke der Männer bleibt darauf liegen, es stinkt, ist laut, und dann soll man auch noch in seinem Haus pinkeln und scheißen, da, wo man schläft, isst, die Tage und Nächte verbringt?

Shirin-Gol lässt die Hände der Zwillinge nicht los, bleibt an der Tür stehen und wartet darauf, wieder in die Berge zurückzukehren. Doch statt zu gehen breitet die Mutter die Decken auf dem kalten, harten Boden aus, die Schwestern machen ein kleines Feuer, die Brüder gehen mit dem Kessel hinaus, bringen Wasser, irgendjemand macht Tee, ein anderer packt das trockene Brot aus, alle essen, die Mutter räumt alles beiseite, einer nach dem anderen legt sich hin, alle schlafen.

In der Nacht hat Shirin-Gol einen Traum. Sie träumt, ihre Brüder hätten sich geirrt, und die Hubschrauber der Russen seien keine Hubschrauber, sondern wundervolle Antonowvögel, die keine feuerspeienden Stangen werfen. In dem dicken Bauch der Antonowvögel sind kleine Schäfchen, die sie Shirin-Gol zum Geschenk machen und auf dem Feld vor ihrer Hütte absetzen. Kleine, weiße Schäfchen mit weichem, flaumigem Fell, dass es kitzelt, wenn Shirin-Gol sie umarmt.

Kleine, weiße Schäfchen, die zu großen Schafen werden und Milch geben. Milch, aus der die Schwestern Käse machen können. Milch, die Shirin-Gol trinken kann. Kleine, weiße Schäfchen, die man essen kann.

Schade, dass es nur ein Traum war, denkt Shirin-Gol, als sie aufwacht.

Am dritten oder vierten Tag in der Hauptstadt kommt ein Mann in Uniform, spricht vor der Tür mit dem Vater. Wieder vier Tage später kommt wieder ein Mann in Uniform, spricht dieses Mal nicht, schreit hinter der Tür mit dem Vater. In der Nacht raschelt es, Shirin-Gol hört im Halbschlaf Stimmen. Am Morgen, als sie aufwacht, sind die älteren Brüder nicht mehr da, der Vater ist nicht mehr da, die älteren Schwestern sind nicht mehr da, selbst die Muttermalschwester ist verschwunden. Sie alle sind zurück in die Berge, das zu tun, worüber Shirin-Gol niemals mit keiner Menschenseele sprechen darf, weil die Mutter ihr sonst die Zunge herausreißen und der gütige Herrgott ihr das Augenlicht nehmen wird.

Es klopft an der Tür, Shirin-Gol zuckt zusammen, eine Frau in Uniform kommt herein, spricht mit der Mutter, setzt sich auf den Boden, zu Shirin-Gol, der Mutter, den Zwillingen, lächelt, nimmt die Zwillinge an die Hand, fordert Shirin-Gol auf, ihr zu folgen, verabschiedet sich höflich von der Mutter und geht mit den drei Geschwistern auf die Straße.

Die Frau in Uniform ist nicht so nackt wie die Nacktfrau vom ersten Tag. Sie ist aber auch nicht so angezogen wie Shirin-Gols Mutter, die Schwestern, sie selber und alle anderen Frauen, die bisher in Shirin-Gols Leben gewesen sind.

Immerhin, die halbnackte Frau verdeckt wenigstens ihr Haar mit einem Kopftuch, ihr Gesicht ist nicht angemalt, ihre Arme sind bedeckt, ihr Rock ist lang genug, um ihre Knie zu bedecken, sie trägt Strümpfe, flache Schuhe, sie hält ihren Kopf gesenkt, blickt keinem Mann auf der Straße in die Augen, weicht ihnen, wie es sich gehört, aus, macht einen Schritt zur Seite, wenn sie auf sie zukommen. Wenn sie Shirin-Gol und die Zwillinge ansieht, lächelt sie stets. Das ist gut, denn das nimmt Shirin-Gol und den Zwillingen zumindest ein wenig ihrer Angst.

Die halbnackte Frau mit dem schönen Lächeln heißt Fauzieh, sie ist Lehrerin, und Shirin-Gol wird sie von nun an jeden Tag sehen.

Das ist eure Schule, sagt Fauzieh, das ist euer Klassenzimmer, das sind eure Mitschüler, eure Schuhe könnt ihr anbehalten, nimm deinen Schleier ab, setz dich dorthin auf den freien Platz, nein, nicht auf dem Boden, da auf die Bank, das ist ein Heft, das ist ein Buch, das ist ein Bleistift, das ist ein Buchstabe.

Sh – der Anfang von deinem Namen.

H-e-i-m-a-t.

R-u-s-s-e-n.

S-h-i-r-i-n-G-o-l, Süße Blume.

K-r-i-e-g.

M-u-j-a-h-e-d, nein, nicht Freiheitskämpfer, Widerstandskämpfer. Feinde des Volkes, Feinde der Partei und der ehrenwerten Regierung.

Wir leben in Kabul, der Hauptstadt Afghanistans. Kabul ist 3500 Jahre alt. Vor mehr als einhundertfünfzig Jahren haben die Briten versucht, unser Land zu erobern, sie haben es immer wieder versucht und sind immer wieder von tapferen Männern und Frauen unserer Heimat zurückgedrängt worden. Jetzt ist das freiheitsliebende Volk der Russen zu unserer Hilfe gekommen.

Dieses Bild zeigt den ehrenwerten Präsidenten und Vater unserer wunderschönen Heimat.

Shirin-Gol richtet sich auf, macht den Mund auf, will sprechen, schweigt und denkt, mein Vater heißt …

S-c-h-w-e-i-g-e-n.
L-ü-g-e-n.
A-n-g-s-t.
R-u-s-s-e-n.
N-a-c-k-t-f-r-a-u.

Shirin-Gol will zwar unter keinen Umständen werden wie die Nacktfrau vom ersten Tag und die vielen anderen Nacktfrauen, die sie seitdem auf der Straße sieht, aber noch schlimmer als eine Nacktfrau zu werden wäre, nicht in die Schule zu gehen und dafür ins Gefängnis zu kommen. Also versucht Shirin-Gol, so gut es geht, Fauziehs Anweisungen zu befolgen und es der Lehrerin recht zu machen, um nicht ins Gefängnis gehen zu müssen. Denn das eine weiß sie genau, im Gefängnis werden den Leuten die Zungen herausgerissen, die Nägel herausgezogen, die Arme und Beine mit heißen Stangen durchbohrt, die Finger abgeschnitten, die Knochen der Arme und Beine gebrochen, die Bäuche durchlöchert, die Zähne eingeschlagen, die Augen herausgerissen.

In jeder freien Minute hockt Shirin-Gol irgendwo, meist vor der Tür des Zimmers, in dem sie zusammen mit den Zwillingen und ihrer Mutter wohnt, liest, schreibt, übt Worte und Sätze.

In dem Zimmer nebenan lebt ein anderes Mädchen mit ihrer Mutter, ihren restlichen Brüdern und Schwestern, ohne Vater und ältere Brüder, die ebenfalls in die Berge zurück sind, worüber auch sie nicht reden darf, weil auch ihre Mutter ihr sonst die Zunge herausreißen und der Herrgott ihr das Augenlicht nehmen würde.

Das Mädchen heißt Malalai, und scheinbar macht es ihr nichts aus, wenn ihre Mutter ihr die Zunge herausreißt und der Herrgott ihr das Augenlicht nimmt, denn sie tut das Verbotene und erzählt Shirin-Gol von ihrem Vater und den älteren Brüdern, die in die Berge zurückgekehrt sind, sich den

Mujahedin angeschlossen haben und kämpfen. Gegen die verdammten Russen und die verdammte Marionettenregierung von Taraki und allen folgenden Präsidenten, die alle irgendwelche Namen haben, aber stets das Gleiche wollen, nämlich die geliebte Heimat an die Russen verraten und verschenken.

Woher weißt du das alles, und woher nimmst du den Mut, so zu reden, hast du gar keine Angst?, fragt Shirin-Gol mit großen Augen.

Nein, ich bin mutig, ich heiße nämlich Malalai, sagt das Mädchen, streckt ihren dünnen Körper, als wolle sie Shirin-Gol ihre kleinen, sprießenden Brüste zeigen, und dann fragt sie, weißt du, wer Malalai gewesen ist?

Shirin-Gol schüttelt den Kopf und sieht auf den Boden.

Das war eine Heldin, sagt Malalai, eine afghanische Heldin. Und es ist wichtig, dass wir wissen, wer sie war.

Wieder sagt Shirin-Gol nichts und nickt nur.

Malalai hat den grausamen König getötet, sagt Malalai, macht eine Pause und genießt die Wirkung ihrer wichtigen Worte.

Shirin-Gol hebt den Blick, sieht Malalai an und kann nicht glauben, was das Mädchen ihr erzählt. Eine Frau hat einen Mann, einen König getötet? Warum hat sie das getan?, fragt Shirin-Gol, und wie hat sie das getan?

Malalai ist zufrieden. Na ja, antwortet sie, das war nicht leicht, aber sie war eine mutige und starke Frau, mutiger als alle Männer und alle Krieger und sogar stärker als der grausame König.

Malalai deutet zum Hügel auf der anderen Seite des Kanals und fragt, siehst du die Mauer?

Shirin-Gol sieht die Mauer und wundert sich, warum sie eine so lange Mauer, die sich den ganzen Hügel bis zu seiner Spitze hochschlängelt, heute zum ersten Mal sieht.

Malalai schlägt ihr Schulbuch auf und sagt, hier, guck. Hier steht es geschrieben. Die Geschichte der mutigen Malalai.

Ich kann nicht lesen, sagt Shirin-Gol, schämt sich und sieht wieder auf den Boden.

Das macht nichts, sagt Malalai, du wirst es lernen. Wenn du willst, kann ich dir die Geschichte von Malalai vorlesen.

Shirin-Gol will, und Malalai liest.

Der grausame König fürchtet sich vor seinen Feinden, von denen er sehr viele hat, und will sich vor ihnen schützen. Also hat er alle Männer von Kabul angehalten, zu seinem Schutz diese hohe und dicke Mauer um die Stadt zu bauen. Und seine Soldaten hat er angewiesen, jeden Mann zu töten, der auch nur eine Hand voll Lehm auf den Boden fallen lässt. Malalai, die in der Nacht zuvor geheiratet hatte, zieht am Morgen die Sachen ihres Mannes an und geht an seiner Stelle zur Lehmmauer.

Warum hat sie das getan?, fragt Shirin-Gol.

Weil ihr Mann erschöpft war, antwortet Malalai.

Warum war er erschöpft?, fragt Shirin-Gol.

Das ist doch klar, antwortet Malalai, er war der Bräutigam, und wegen der Hochzeitsnacht war er erschöpft.

Shirin-Gol traut sich nicht zu fragen, warum der Bräutigam erschöpft war, die Braut aber nicht.

Der grausame König, fährt Malalai fort zu lesen, kommt jeden Tag an die Mauer, um zu sehen, wie die Männer arbeiten, ob sie fleißig sind und schnell genug mit dem Bau der Mauer vorankommen. Als der König an dem Morgen, an dem Malalai anstelle ihres Mannes die Mauer baut, auf den Hügel kommt und trotz ihrer Männersachen merkt, dass sie eine Frau ist, wundert er sich und schreit herum, was eine schwache Frau mit ihren unreinen Händen an seiner Mauer zu schaffen hat. Malalai, die Mutige, stellt sich vor den grausamen König und fragt ihn, was haben diese Männer uns Frauen denn schon voraus? Sie sind genauso schwach und feige wie wir auch. Wären sie mutig, würden sie dann deine Ungerechtigkeiten und Grausamkeiten einfach so hinnehmen, ohne sich gegen dich zur Wehr zu setzen? Die Männer hören, was Malalai sagt, und sind beleidigt. Noch nie hat eine Frau sie so sehr gedemütigt. Das können die Männer von Kabul sich nicht bieten lassen und wollen beweisen, dass sie keinesfalls schwach und feige sind, wie Malalai behauptet. Die Männer reißen ihren ganzen Mut zusammen, stürzen sich auf den König, töten ihn und begraben ihn unter seiner eigenen Lehmmauer. Der Lehmmauer von Kabul.

Ein König ist unter der Mauer begraben? Wo? An welcher Stelle der Mauer? Was ist aus Malalai geworden? Warum haben die Männer die Mauer trotzdem zu Ende gebaut? Shirin-Gol weiß gar nicht, welche ihrer tausendundeine Fragen sie zuerst stellen soll. Shirin-Gol weiß nicht so recht, ob sie ihrer Nachbarin glauben soll. Woher soll sie wissen, ob alles das tatsächlich in dem Buch geschrieben steht? Vielleicht hat Malalai die Geschichte von der mutigen Malalai, die den König getötet hat, einfach nur erfunden, um sich wichtig zu machen. Aber ob nun erfunden oder nicht, Shirin-Gol findet Malalais Geschichte schön, und sie bedauert, dass es in der afghanischen Geschichte keine Heldin mit dem Namen Shirin-Gol gegeben hat.

Bist du auch so mutig wie die Heldin?, fragt Shirin-Gol voller Bewunderung.

Natürlich bin ich das, antwortet Malalai, vielleicht werde ich eines Tages auch eine Heldin und töte einen grausamen König. Wieder streckt sie sich, zeigt ihre Mädchenbrüste und sagt, jede Malalai ist mutig.

Du hast es gut, sagt Shirin-Gol.

Malalai ist schon seit Monaten in der Stadt, sie geht gerne in die Schule, lernt gerne Worte, lernt gerne schreiben, lesen und rechnen.

Morgens klopft sie mit einem fröhlichen Lächeln an Shirin-Gols Tür, holt sie und die Zwillinge ab, nimmt sie an die Hand und geht mit ihnen in die Schule. Das heißt, eigentlich hüpft Malalai mehr, als dass sie geht, vorbei an fremden Menschen, Frauen, Männern, Soldaten, Panzern, Lastwagen. Vorbei am Kanal, der in der Sonne glitzert und glänzt, an rufenden Händlern, an Läden mit bunten Stoffen, an Männern, die aus Metall Kessel klopfen, dass es wie tausend Lieder klingt. Vorbei an Läden mit Säcken, die voll sind mit Reis, Weizen, Linsen, Bohnen. Vorbei an Männern, die Kräuter verkaufen, Pulver und Gewürze in allen Farben und Düften, die Shirin-Gol die Sinne betäuben. Vorbei an Droschken mit klimpernden und klingenden Glocken und Schellen. Vorbei an bunten Kutschen in leuchtenden Farben. Vorbei an Pferden, die stolz die Köpfe heben und wiehern. Vorbei an hupenden Autos. Vorbei an Tauben, die auf dem Boden nach Körnern picken und auffliegen, wenn Shirin-Gol, die Zwillinge und Malalai bei ihnen ankommen. Vorbei an alledem und an noch viel mehr, was bald auch für Shirin-Gol zum gewohnten und geliebten Anblick werden soll.

In ihren Stadtjahren lernt Shirin-Gol zu begreifen, dass sie noch ein Kind ist und dass zum Kinderleben viele Dinge gehören, die sie bislang nicht gekannt hat. Die wichtigsten sind: spielen, nicht nur mit Mädchen, auch mit Jungen, ungefragt sprechen dürfen, rennen, springen, keinen Schleier tragen, nicht immerzu die kleinen Geschwister an der Hand, auf dem Arm, am Rockzipfel haben, singen, albern sein, schreien. Shirin-Gol genießt es, Kind sein zu dürfen, und möchte es am liebsten für immer bleiben.

K-i-n-d, M-ä-d-c-h-e-n, schreibt Malalai.

K-i-n-d, M-ä-d-c-h-e-n, schreibt Shirin-Gol.

F-r-e-i-h-e-i-t, schreibt Malalai.

F-r-e-i-h-e-i-t, schreibt Shirin-Gol, findet, dass das ein besonders hübsches Wort ist, und erklärt es zu ihrem Lieblingswort. آزادى

Shirin-Gol lernt, dass eins und eins zwei ist, zwei und zwei vier. Sie lernt, dass Geld wertvoll ist und man damit Dinge kaufen kann. Sie lernt, dass es Länder gibt, die weit, weit weg sind, weiter, als sie sich vorstellen kann.

Shirin-Gol steht vor der Klasse, singt mit schöner, tiefer, voller Stimme ein Lied, die anderen Mädchen und Jungen klatschen. Shirin-Gol malt ein Wort an die Tafel, die Kreide kreischt und quietscht, dass ihre Haut sich zusammenzieht und winzige, lustige Kugeln sich darauf bilden. Shirin-Gol taucht den Lappen in Wasser und wischt die Tafel sauber. Shirin-Gol öffnet ihr Heft, schreibt Worte auf eine leere Seite, die weiß wie die Blüte einer Lilie ist. Shirin-Gol sagt ein Gedicht auf, in dem sie die Heimat preist, die Partei und den Vater des Landes und der Nation, und bekommt eine Medaille an die Brust geheftet, die anderen Kinder klatschen. Shirin-Gol lernt, dass es immer einen Mann gibt, der Chef des Landes ist, der verspricht, allen die Freiheit zu bringen, der früher Nur Mohammad Taraki genannt wurde, dann Babrak Karmal, dann Hafizulla Amin – oder hieß er zuerst Karmal und dann Amin? Dann hieß er Haji Mohammad Chamkani, dann Mohammad Najibullah. Jedenfalls gibt es immer irgendeinen Mann, der verspricht, die Freiheit zu bringen.

Komm mit, sagt Malalai und lächelt, wir gehen an den See.

Wir? Wer ist wir?

Die Jungen und ich und du.

Zum ersten Mal in ihrem Leben geht Shirin-Gol ohne die Zwillinge irgendwohin. Zum ersten Mal in ihrem Leben sagt sie ihrer Mutter nicht, wohin sie geht. Zum ersten Mal in ihrem Leben lügt sie ihre Mutter an. Zum ersten Mal in ihrem Leben fährt sie in einem Auto, das Taxi heißt. Zum ersten Mal sitzt sie neben einem Jungen, der weder ihr Bruder ist noch ihr Vater.

Shirin-Gol liegt auf dem Rücken, ihre nackten Füße spielen im Seewasser. Sie blickt in den blauen Himmel, summt ein

Lied, schweigt, hört die Stille, spürt die Hand des Jungen neben ihrer Hand, spürt, wie ihr Mädchenherz in ihrem ganzen Mädchenkörper herumhüpft, ihr Mädchenatem davonrennt, Blut in ihren Bauch schießt, dann in den Kopf, ihre Mädchenbrust hart wird. Shirin-Gols tuchloser Kopf liegt neben dem Jungenkopf, sie sieht in seine schönen, dunklen, heißen Augen, haucht seinen Namen, erschreckt, als sie ihre eigene Stimme hört, springt auf, kichert, läuft ins Wasser, ihr Rock wird nass, ihre Beine werden nass, sie kühlt ihre Hände, schöpft Wasser, trinkt von dem kühlen See.

An den Jungen erinnert Shirin-Gol sich später nicht mehr, aber an den See, sein Blau, seine dünne, kühle Luft, an den klaren Blick über das ruhige Wasser, in der Ferne die Berge, an den Gesang der Vögel, die kühle Luft unter den Tannen, den Geschmack des frischen Seewassers in ihrem Mund und wie es ihre Kehle hinunterläuft, in ihrem Magen ankommt, sie von innen kühlt. Shirin-Gol erinnert sich an den Wind, der durch ihr Haar weht, sie erinnert sich an das Wissen, wie einzigartig, kostbar und verboten dieser Moment ist. Alles das und noch viel mehr bleibt in Shirin-Gols Erinnerung.

Und sie weiß auch noch, dass sie damals dachte, Gott hat mich gesehen, ist zu meinem Bruder gegangen und hat ihm alles erzählt, was an diesem Nachmittag geschehen ist. Dass ich mit einem Jungen an diesem See war und mein Bauch sich gedreht und gewendet hat. Dass ich barfuß war und mir die Ärmel hochgekrempelt habe. Dass ich mich vor den Augen eines fremden Jungen auf die Wiese gelegt, ausgestreckt und gereckt habe. Dass meine Röcke und Beine nass geworden sind. Gott hat alles das gesehen und hat alles meinem Bruder erzählt, denn ansonsten gibt es keine Erklärung für das, was am nächsten Tag geschehen ist.

3. Kapitel
Morad und Licht-der-Sonne

Shirin-Gol versucht den vorwurfsvollen, misstrauischen Mutterblicken auszuweichen, zieht, so schnell sie kann, die Schuluniform über, flechtet sich im Gegensatz zu jedem anderen Morgen die Zöpfe nicht neu, zieht ohne Widerrede ihr Kopftuch über, verzichtet auf den heißen, frischen Zuckertee und das trockene Morgenbrot vom Vorabend, was einem die Zunge an den Gaumen klebt, rennt zur Tür, reißt sie auf, schimpft mit den Zwillingen, nicht zu trödeln, schlüpft rasch in ihre Schuhe, bückt sich, um sie zu schnüren, Blut läuft in ihren Kopf, sie erinnert sich an den See und den Jungen, an das unbekannte, wunderschöne, verbotene Gefühl, schämt sich dafür, hebt ihren blutroten Kopf und blickt in das Gesicht eines Mannes, der aussieht wie jene, die in den Bergen geblieben sind, um zu kämpfen für … für was eigentlich? Das fällt Shirin-Gol in diesem Moment nicht mehr ein.

Wie heißt du?, fragt der Mann und lächelt in Shirin-Gols blutrotes Gesicht.

Shirin-Gol.

Der Mann lächelt und fragt freundlich, wohin gehst du?

Nirgendwohin, sagt Shirin-Gol und lächelt ebenfalls.

Wo ist nirgendwo?, fragt der Fremde.

Die Schule, sagt Shirin-Gol und bereut, dass sie ihre Zöpfe nicht neu geflochten hat.

Der Mann sieht sie einfach immer weiter an und sagt nichts.

Irgendwie mag Shirin-Gol ihn. Wer bist du?, fragt sie und

sieht ihm geradewegs in die schönen, honigbraunen Augen, die an weiche, zarte Winter in den Heimatbergen erinnern.

Morad.

Morad, der Wunsch, das ist ein schöner Name. Was ist dein Wunsch und dein Begehren, warum bist du hier?, fragt Shirin-Gol.

Nichts, sagt Morad und lächelt.

Nichts gibt es nicht, antwortet Shirin-Gol, kichert, sieht erschrocken zur Mutter, die nicht mitbekommt, dass sie kichert, und fragt, was willst du von mir?

Woher weißt du, dass ich was von dir will?, fragt Morad.

Das weiß ich eben, antwortet Shirin-Gol.

Dein Bruder schickt mich, sagt Morad.

Noch mehr Blut schießt in Shirin-Gols Kopf, dass ihr schwindelig wird. Ihre Knie werden weich, und sie denkt, ein *shahid* mehr?

Mein Bruder?, flüstert sie erschrocken. Still. Sag jetzt nichts. Nicht hier vor der Mutter und den Kindern.

Die Zwillinge stehen, einer rechts, einer links, neben Shirin-Gol, starren den Fremden an, sehen ihre Schwester fragend an, zupfen an ihrem Rock. Gehen wir, sagen sie.

Geht vor, sagt Shirin-Gol und schiebt sie hinaus. Ich komme nach.

Nein, sagen die beiden, du sollst mitkommen.

Nein, sagt Shirin-Gol, ihr geht, und ich komme nach.

Nein, sagen die Zwillinge und bleiben stehen.

Komm mit, sagt Shirin-Gol zu Morad, schiebt ihn auf die Straße, nimmt wie an jedem Morgen die Zwillinge an die Hand, und zu viert machen sie sich auf den Weg.

Shirin-Gol lässt Morad und Morad lässt Shirin-Gol nicht einen Moment aus den Augen.

Warte hier, bittet Shirin-Gol Morad, als sie an der Schule ankommen. Sie bringt die Zwillinge hinein, kommt selber wieder zu Morad zurück.

Lass uns gehen, sagt Morad.

Was ist passiert? Ist jemand gestorben? Verletzt? Verwundet? Sag schon. Sprich.

Nein, beruhigt Morad sie, nichts Schlimmes, hab keine Sorge. Meine Nachricht ist eine erfreuliche.

Mit dem Zipfel ihres Kopftuches wischt Shirin-Gol den Schweiß von ihrer Stirn, atmet auf, geht hinter Morad her und hofft, dass er die Wahrheit gesagt hat.

In der Nähe des Bazars hält Shirin-Gol es schließlich nicht mehr aus. Mir ist übel, ich muss mich setzen, sag bitte endlich, weshalb mein Bruder dich schickt.

Morad holt ein Tuch aus seiner Tasche, klopft damit den Staub von einem Stein am Straßenrand, legt das Tuch auf den Stein, sagt, setz dich, hockt sich selber vor Shirin-Gol, sieht sie lange an, lächelt, berührt mit seinem Finger, als wäre er ein Schmetterling, sanft den Rücken ihrer Hand und wiederholt, freundlich und noch immer mit einem schönen Lächeln auf seinen vollen Lippen, dein Bruder schickt mich.

Das hast du schon gesagt, drängt Shirin-Gol und betrachtet ihre Hand, als hätte der Finger des fremden Mannes eine Spur darauf hinterlassen.

Moradspur auf ihrem Handrücken.

Dein Bruder und ich haben zusammen gekämpft, sagt Morad und bläht seine Brust auf. Wir haben in der Einheit gekämpft, die unter dem Kommando des tapferen Massoud stand, Massoud, der Löwe des Panj-Shir, des Tals der fünf Löwen.

Ja, sagt Shirin-Gol, ihr kämpft alle in irgendwelchen Einheiten.

Dein Bruder und ich sind Freunde geworden, sagt Morad. Ein paar Jahre haben wir Seite an Seite gekämpft, dann habe ich gesagt, ich will nicht mehr kämpfen, ich will heiraten. Dein Bruder und ich haben Karten gespielt, er hat verloren, er hatte kein Geld, um seine Schulden bei mir zu bezahlen, er hat gesagt, du willst doch heiraten, ich habe viele Schwestern. Und dann hat er gesagt, dass ich, statt das Geld zu bekommen, eine seiner Schwestern heiraten soll. Und ich habe ihn gefragt, welche seiner Schwestern er am liebsten mag, und dann hat er gesagt, dass er die Süße Blume am liebsten mag, und ich habe gesagt, dann heirate ich die Süße Blume.

Er hat mich am liebsten? Das wusste ich nicht, sagt Shirin-Gol, ohne Morad anzusehen, und malt mit dem Finger Worte in den Staub der Straße, a-m l-i-e-b-s-t-e-n.

Das tut er, sagt Morad und streift gedankenverloren mit dem Fuß über das Gekritzel auf dem Boden. Und jetzt bin ich gekommen, um dich zu heiraten.

Ich weiß nicht, ob ich heiraten will, sagt Shirin-Gol und sieht Morad an.

Dein Bruder hat es so entschieden, sagt Morad und lächelt noch immer.

Shirin-Gol schweigt und sieht auf den verwischten Staub der Straße.

Die Leute haben mir den Namen eines Mullah gegeben. Sie sagen, er nimmt nicht viel Geld, und er wird uns trauen, und es ist nicht weit von hier, und wir werden jetzt gleich zu ihm gehen.

Jetzt?

Jetzt oder später, was macht das für einen Unterschied?

Keinen, antwortet Shirin-Gol, gar keinen Unterschied.

Zwei Stunden später sitzen Shirin-Gol und Morad wieder irgendwo in der Nähe des Bazars, wieder malt Shirin-Gol Worte in den Staub der Straße, wieder lächelt Morad, wenn er spricht, wieder ist alles, wie es vor zwei Stunden gewesen ist, nur, dass Shirin-Gol und Morad jetzt getraut sind. Wieder denkt Shirin-Gol, es macht keinen Unterschied. Gar keinen Unterschied.

Was hat mein Bruder dir noch erzählt?, fragt sie.

Dein Bruder hat gesagt, dass du die stärkste von allen deinen Schwestern bist.

S-t-ä-r-k-s-t-e, schreibt Shirin-Gol in den Staub der Straße. Hat er dir auch gesagt, dass ich mich widersetzt habe und trotz des Vaterverbotes in die Schule gegangen bin?

Nein, das hat er nicht gesagt, antwortet Morad, und zum ersten Mal lächelt er nicht.

Das sind Worte, siehst du? Das ist M-o-r-a-d.

Dann kannst du also schreiben und lesen?

Bale. Albatah. Ja. Natürlich.

Das wusste ich nicht, sagt Morad und sieht auf das Gekritzel im Staub der Straße. Die Leute sagen, Mädchen, die lesen und schreiben können, sind frech und aufmüpfig. Die Leute sagen, je mehr ein Mädchen weiß, desto mehr fordert sie. Sie sagen, Mädchen, die in die Schule gehen, geben sich mit nichts und niemandem zufrieden. Die Leute sagen, diese Mädchen respektieren ihre Männer nicht. Die Leute sagen, Mädchen, die in der Schule gewesen sind, kann man nicht trauen.

Shirin-Gol sieht Morad an, lächelt und sagt, früher dachte ich, wenn ich nicht in die Schule gehe, stecken sie mich ins Gefängnis. Und ich dachte, wenn ich in die Schule gehe, werde ich eine Nacktfrau.

Nacktfrau? Wer ist das?

Shirin-Gol überlegt, sieht Morad an, sagt, das ist … ach, was weiß ich, das ist niemand. N-i-e-m-a-n-d, malt Shirin-Gol in den Staub der Straße.

Männer wollen keine Frauen, die schlauer sind als sie selber, sagt Morad und sieht die Straße hinunter bis zum Ende des Bazars.

Willst du mich jetzt nicht mehr?, fragt Shirin-Gol und verwischt mit dem Fuß das N-i-e-m-a-n-d im Staub der Straße.

Jetzt sind wir doch schon Mann und Frau, sagt Morad und lächelt wieder, lassen wir es, wie es ist. Wir werden sehen, was daraus wird.

Gut, sagt Shirin-Gol, lassen wir es, wie es ist, und sehen, was daraus wird.

Zwei Tage später ziehen Shirin-Gol und Morad in ein eigenes Zimmer. Alles in allem ist das Leben nach der Hochzeit weder besser noch schlechter als das davor. Morad ist nett zu Shirin-Gol, und immerhin muss sie jetzt nicht mehr ständig auf die beiden Zwillinge aufpassen und sich die Mutterklagen über ihr schreckliches Leben, ungerechtes Schicksal, die vielen Krankheiten und Sorgen anhören.

Von welchem Geld werden wir leben?, fragt Shirin-Gol Morad.

Das ist keine Frage, die eine Frau ihrem Mann stellen sollte, antwortet Morad.

Hast du Angst vor meinen Fragen?

Es geht nicht um Angst, es geht um die Ehre. Wenn du mich fragst, wovon wir leben werden, sagst du mir damit gleichzeitig, dass du befürchtest, ich könnte uns nicht ernähren.

Kannst du uns ernähren?

Ich werde Arbeit finden, antwortet Morad, mach dir keine Sorgen. Geldverdienen ist Männersache.

Ich will weiter in die Schule, sagt Shirin-Gol.

Das geht nicht, antwortet Morad, du bist jetzt eine verheiratete Frau, was sollen die Nachbarn denken? Es war von Anfang an ein Fehler, dass du in die Schule gegangen bist, du siehst ja, wohin das führt, die Schule und das ganze Zeug in deinem Kopf haben deinen Charakter verdorben.

Ich will Ärztin werden, sagt Shirin-Gol, ohne ihre Augen von ihrem Mann zu nehmen.

Morad lächelt freundlich, zündet sich eine Zigarette an, macht die Augen zu und döst vor sich hin.

Shirin-Gol setzt sich neben Morad, legt ihre Hand auf seinen Arm, summt ein Lied, denkt nach, schweigt, singt wieder, schweigt, spricht mit sanfter, tiefer Stimme. Morad öffnet die

Augen, schweigt, bläst den Rauch seiner Zigarette ins Zimmer, sieht Shirin-Gol freundlich an, mal mit seinem schönen Lächeln, mal ohne sein Lächeln, hört einfach nur zu.

Ganz früher in den Bergen, sagt Shirin-Gol, habe ich an meiner Ecke vor der Hütte gesessen, und ich war sicher, die Welt ist so groß oder so klein wie das, was ich jeden Tag mit meinen eigenen Augen sehe. Alles, was ich kannte, waren die Hütte, der freie Platz davor, meine Waschschüssel, die Hühner, die beiden großen Bäume auf der einen Seite, ihr Grün, das Rascheln der Blätter im Wind. Auf der anderen Seite konnte ich den Anfang des Weges sehen, die Büsche, den großen Stein, auf dem meine Mutter saß, der Pflock, an dem der Esel, die Kuh und das Schaf angebunden wurden, und vor mir in der Ferne sah ich die Gipfel der Berge. In meiner großen, kleinen Welt lebten meine Mutter, mein Vater, meine Brüder und Schwestern, und, kurz nachdem ich angefangen habe zu denken, kurz nachdem ich angefangen habe, alles das zu verstehen, Worte dafür zu kennen, sind die Zwillinge in mein Leben gekommen.

Irgendwann begriff ich, dass meine Brüder und mein Vater an jedem Tag, den Gott uns schenkt, meine Welt verlassen und erst am Abend wiederkommen. So habe ich langsam begriffen, dass es außer meiner Hütte und dem Platz davor auch noch andere Orte gibt in dieser Welt.

Langsam, Schritt für Schritt, habe ich mich in diese Welt hinaus getraut und habe die grünen, gelben, braunen Felder entdeckt, das Tal und die kleine Sandstraße. Ich habe gesehen, dass die Berge nicht nur aus Gipfeln bestehen und dass sie unten viel dicker sind als oben, dass es noch viel mehr Gipfel gibt als den einen, den ich von meiner Ecke vor der Hütte aus gesehen hatte. Ich habe die große Sandstraße gesehen, das Dorf, die Wüste, andere Menschen, Fremde, Freunde, Verwandte.

Dann sind die Russen gekommen, und ich habe begriffen,

dass es noch ein anderes Land gibt außer Afghanistan. Dann sind wir in die Hauptstadt gekommen. Am Anfang habe ich schreckliche Angst gehabt vor dieser entsetzlich großen, lauten Welt voller Krach und Gestank, voller Menschen, die ich nicht kannte, die es immer eilig hatten, sich gegenseitig nicht in die Augen gesehen haben.

Shirin-Gol lacht. Ich hatte Angst vor den Nacktfrauen, Angst davor, zu werden wie sie, Angst davor, ins Gefängnis zu kommen. Die Zeit ist vergangen, und ich habe Russen kennen gelernt und gelernt zu verstehen, dass sie Menschen sind wie du und ich. Ich habe gelernt, dass das Gute und Böse von Menschen nicht darin besteht, ob sie fünfmal am Tag beten oder ihre Gesichter mit Tüchern verdecken. Ich habe Frauen kennen gelernt, die stärker und klüger sind als alle Männer, die ich je gekannt habe. Ich habe gelernt, dass Frauen nicht weniger wert sind als Männer und dass sie all die Dinge tun können, die Männer tun.

Dein Kopf ist voller Russenzeug, sagt Morad freundlich und bläst den Rauch seiner Zigarette aus.

Shirin-Gol sieht ihren Seit-ein-paar-Tagen-Ehemann an, lächelt genauso freundlich wie er und sagt, nenn es, wie du willst, was macht das für einen Unterschied? Wichtig ist, alles das habe ich gesehen und gelernt, es ist in meinem Kopf, und ich möchte nicht mehr darauf verzichten. Ich kann nicht mehr darauf verzichten. Es ist da. Es hat sich in mein Gehirn eingebrannt, unauslöschlich. Selbst wenn ich wollte, würde ich es nicht mehr von dort wegbekommen. Es gibt noch so vieles auf der Welt, was ich nicht kenne, was ich noch kennen lernen möchte. Ich will es sehen, ich will es riechen, hören. Ich will meine Füße auf Boden setzen, den ich nicht kenne. Ich will Stimmen hören, die ich nicht gehört habe. In die Augen von Menschen sehen, die ich nicht kenne. Ich möchte andere Sprachen sprechen, andere Luft riechen.

Morad sieht seine Seit-ein-paar-Tagen-Ehefrau an, sieht die

Funken und das Leben in ihren Augen, richtet sich auf, legt seine Hand auf ihre, spürt, wie sein Atem schneller geht, spürt, wie etwas mit ihm geschieht, das er nicht kontrollieren kann, wie etwas tief in ihm drinnen, ein Teil von ihm, den er nicht mehr kennt, den er nur noch dunkel, leise, entfernt aus seiner Kindheit erinnert, zu neuem Leben wächst, in seinem Kopf hin und her rennt, in seinen Bauch rennt, ihm Angst macht, Angst, aber auch Lust.

Morad, ich bin deine Frau geworden, weil mein Bruder das so gewollt hat. Shirin-Gol sieht geradewegs in Morads schöne, honigbraune Augen, die an weiche, zarte Winter in den Heimatbergen erinnern, und sagt mit ruhiger Stimme, die voll zärtlicher Liebe ist, von der sie selber nicht weiß, woher sie kommt, Morad, ich mag dich. Ich mag dich, nicht, weil irgendjemand es mir vorschreibt, es zu tun, sondern weil ich es so will. Ich habe die Güte und die Klugheit in deinen Augen gesehen. Bitte, Morad, sag nicht Nein, ich möchte weiter in die Schule, aber ich möchte es mit deiner Einwilligung tun.

Morad schweigt.

Morad, magst du mich?

Bale.

Warum magst du mich?

Morad zuckt die Schultern.

Weil ich bin, wie ich bin. Und die bin ich, weil ich alles das gesehen und gelernt habe, was ich gesehen und gelernt habe. Weil ich in die Schule gehe. Weil diese Sehnsucht in mir brennt. Weil ich die Ecke vor der Hütte verlassen habe. Weil ich aus den Bergen herausgekommen bin. Weil ich Ärztin werden will.

Morad, du hast in den Bergen gekämpft und unserem Land geholfen und gedient, ich möchte Ärztin werden und unserem Land helfen und dienen.

Ich will schlafen, sagt Morad.

Wirst du über alles, was ich gesagt habe, nachdenken?

Bale.

Werden wir morgen weiter darüber reden?, fragt Shirin-Gol.

Bale.

Shirin-Gol nimmt ihr Kopftuch ab, dreht die Öllampe herunter, bläst die Flamme aus, legt sich neben ihren Seit-ein-paar-Tagen-Ehemann, legt ihre Hand auf seine Schulter, legt ihren Kopf auf sein Männerherz, zieht ihren Schenkel an, legt ihn auf Morads Bauch, schließt die Augen, lächelt in die Dunkelheit und sagt, gut, wir reden morgen darüber und sehen, was wird.

In der Nacht hämmert es an die Tür. Shirin-Gol öffnet. Vier bewaffnete Männer in Uniform wollen Morad abholen. Er soll zum Militär. Shirin-Gol lügt. Morad ist nicht da. Die Soldaten schieben Shirin-Gol beiseite, werden laut, reißen Morad aus seinen Decken, schleppen ihn hinaus und sagen zu Shirin-Gol, dein Mann ist ab heute Soldat der ruhmreichen Armee unserer Heimat, er wird weiter oben im Norden eingesetzt, um dort gegen die Mujahedin zu kämpfen. Warte nicht auf ihn. Bevor ein Jahr nicht um ist, wirst du ihn nicht wieder sehen.

Gott sei Dank im Norden, denkt Shirin-Gol, dann kämpft er wenigstens nicht gegen seine und meine Brüder, gegen meinen und seinen Vater.

Am nächsten Morgen zieht Shirin-Gol ihre Schuluniform über, flechtet ihre Zöpfe neu, bindet ihr Kopftuch um, geht in die Schule, setzt sich auf ihren Platz, sagt nicht, dass sie inzwischen verheiratet ist, dass sie inzwischen zur Frau gemacht wurde, lernt, was sie lernen kann, liest, was sie lesen kann, schreibt, rechnet, wird in die nächsthöhere Klasse versetzt, ihr Bauch wird dick, ihre Mutter zieht ein Kind aus ihrem Körper heraus. Es ist ein Mädchen. Shirin-Gol nennt sie ihren Sonnenschein, Nur-Aftab. Vier Tage nach der Geburt ihrer ersten

Tochter geht Shirin-Gol wieder in die Schule. Ein Jahr später kann ihre Tochter bereits laufen und spricht erste Worte, da geht die Tür auf, und Morad kommt herein.

Er umarmt Shirin-Gol, küsst seine Tochter auf die Stirn, setzt sich in die Ecke, trinkt Tee, starrt vor sich hin, weint, schüttelt sich, will sich nicht beruhigen lassen, schluchzt, stammelt Worte, beruhigt sich, umarmt Shirin-Gol wieder und wieder, lehnt seinen Kopf gegen ihre kräftige und starke Mädchenfrauenschulter.

Sprich, sagt Shirin-Gol mit sanfter, tiefer Stimme. Was haben sie mit dir getan? Was ist geschehen? Finde Worte dafür, sag sie mir, teile sie mit mir, dann trage ich die Hälfte deines Schmerzes für dich mit, und es wird nur noch halb so weh tun.

Morad sieht seine junge Frau an, wischt Tränen aus seinen Männeraugen und sagt, dein Bruder hat nicht gelogen, du bist stark.

Das bin ich, sagt Shirin-Gol. Du kannst dich auf mich verlassen. Jetzt und für immer.

Bist du in die Schule gegangen?

Ja.

Hör mir genau zu. Ich muss in zwei Tagen wieder zurück. Ich will ein Versprechen von dir.

Sag, was du von mir willst, und ich werde sehen, ob ich es dir geben kann, sagt Shirin-Gol.

Ich habe es mir überlegt, sagt Morad.

Was?

Du sollst Ärztin werden. Ärztin oder was sonst dein Herz begehrt.

Warum?

Meine Süße Blume, mein Herz, meine Königin, weil du Recht hattest. Der einzige Grund dafür, warum unsere eigene Regierung unser Land und uns verraten und an die Russen verkaufen konnte, unser Elend, dieser Krieg, alles das konnte nur passieren, weil wir dumm sind, weil wir nichts wissen, nichts verstehen, weder lesen noch schreiben können, weil wir jedem glauben, der sich vor uns stellt und klug redet, einen Zettel in der Hand hält und sagt, das ist ab heute das Gesetz. Wir sind ein Volk von Blinden. Jeder kann mit uns machen, was er will. In den Brunnen werfen, uns einfach irgendwo stehen lassen, uns auf den falschen Weg führen oder sogar umbringen. Wer sehen kann, erkennt selber, wo er ist, und er kann selber entscheiden, ob er dort sein will, und er sieht selber, wohin er geht. Du hattest Recht, meine Süße Blume. Du hattest immer Recht. Für mich ist es zu spät, aber ich will, dass du und auch meine Kinder lesen und schreiben lernen. Ich will, dass sie lernen, selber zu entscheiden, was gut und was böse ist, wer lügt und wer die Wahrheit spricht, wer Feind und wer Freund ist.

Du redest klug, sagt Shirin-Gol und küsst Morad auf die Stirn.

Nach zwei Tagen und zwei Nächten, in denen Shirin-Gol und Morad sich lieben, wie sie sich nie zuvor geliebt haben und nie wieder lieben werden, wird Morad von einem russischen Jeep abgeholt, geht zurück in die Berge, in den Norden des Landes, um unter dem Kommando der Russen weiterzukämpfen, gegen seine eigenen Landsleute, die Mujahedin, gegen seine eigenen Glaubensbrüder. In einem Krieg, den weder er noch sie gewollt, den weder er noch sie begonnen haben. Für einen Sieg, den weder die einen noch die anderen jemals haben werden. Für ein Ziel, das sie weder kennen noch verstehen. In einem Krieg, der anhält bis heute.

Zwei Tage und zwei Nächte weint Shirin-Gol um die fünfzehn, sechzehn oder vielleicht auch nur vierzehn – wer weiß das schon so genau, wie viele – Jahre ihres Lebens, die kein Leben gewesen sind, um ihren Mann, den sie lieben gelernt hat, von dem sie nicht weiß, ob sie ihn je wiedersehen wird, um ihre Tochter, die ihren Vater nicht kennt.

Am dritten Tag wäscht Shirin-Gol ihre verquollenen Augen, zieht ihre Schuluniform an, flechtet sich die Zöpfe neu, zieht ihr Kopftuch über, bringt ihre Tochter zu ihrer Mutter, geht in die Schule, setzt sich auf ihren Platz, liest, schreibt, rechnet und hat tausendundeine Fragen, die sie nicht stellt.

Für wen war und ist dieser Krieg gut? Wann werden genügend Soldaten getötet, gehäutet, zerstückelt sein? Wer erzählt den Soldatenmüttern, Soldatenfrauen, Soldatentöchtern, was die letzten Worte der Soldaten gewesen sind? Wer hält dem Sterbenden die Hand? Wer hält die Hand der trauernden Mutter, Frau, Tochter? Wer gewinnt? Und wie viel ist das wert, was der Gewinner gewinnen wird? Gibt es in allen Ländern dieser Erde Kriege? Sterben in allen Ländern dieser Erde Kinder, werden zu Märtyrern, brechen Mutterherzen und machen weiße Mutterhaare?

Shirin-Gol, du hast dein glückliches Lächeln verloren, sagt Fauzieh, die Lehrerin. Deinen Biss, die unschuldige Glut in deinen Augen und die Freude, deine Fragen und deine Neugierde. Du bist eine Frau geworden.

4. KAPITEL

Eine Kapitulation und der
Abmarsch der Russen

Shirin-Gol, Malalai, die Zwillinge, andere Mädchen und Jungen, Frauen, Männer, Kinder, Krüppel, Soldaten, Einarmige, Einbeinige, Verrückte, Hungernde stehen am Straßenrand, in der einen Hand eine rote Nelke und in der anderen eine rote Fahne aus Papier, die im Wind flattert und mit ihrem klack, klack klingt, als würden die Leute leise und schnell in die Hände klatschen.

Riesige, russische Panzer rattern an ihnen vorbei, ihre schweren Ketten bringen die Straße unter Shirin-Gols Füßen zum Beben, russische Lastwagen brummen und spucken schwarzen Rauch auf Shirin-Gols unverdecktes Haar, russische Musik weht ihr um die Ohren. Müde, blaue, russische Soldatenaugen blicken zu ihr hinunter, russische Soldatenhände fangen ihre rote Nelke auf, winken mit kleinen, russischen Fahnen zurück. Die ruhmreiche Armee des friedliebenden Nachbarlandes kapituliert und verlässt Shirin-Gols Heimat. 7 Jahr

Zehn Jahre haben Russen, Georgier, Kasachen, Kirgisen Raketen abgeschossen, Bomben geworfen, Minen gelegt, Dörfer überfallen. Zehn Jahre haben sie Afghanen getötet und sind selber getötet worden. Zehn Jahre haben russische und afghanische Mütter und Frauen geweint um ihre Söhne, Männer, Brüder, Väter.

Zehn Jahre lang hat Shirin-Gol gedacht, die Russen werden nie mehr gehen, der Krieg wird nie mehr ein Ende haben.

5. Kapitel
Die Mujahedin, ein Bruderkrieg
und noch eine Flucht

Ich will nirgendwohin, schreit Shirin-Gol. Ich will hier bleiben, auf den Vater meiner beiden Kinder warten und Ärztin werden. Sie sieht ihrer Mutter direkt in die Augen, auch als *madar* ihr die zweite Ohrfeige verpasst. Shirin-Gol schweigt, packt alle Sachen zusammen, nur ihre eigenen und die ihrer Tochter und ihres Sohnes nicht.

Du kannst nicht bleiben, der Krieg tobt, schreit die Mutter.

Dumme, ungebildete Mutter, die Russen sind weg. Der Krieg ist vorbei.

Dummes, kleines Schulmädchen, das vom Leben keine Ahnung hat. Du denkst, das, was du die letzten zehn Jahre erlebt hast, ist Krieg? In den Bergen war Krieg. In den Dörfern war Krieg. In der Wüste war Krieg. Die Hauptstadt haben sie bisher verschont. Mein armes, kleines Mädchen, du denkst, der Krieg ist vorbei? Der Krieg geht erst richtig los. Komm mit. Tu es deinen beiden kleinen, unschuldigen Kindern zuliebe. Sei nicht dumm, kleine Süße Blume, pack die Sachen. Lass uns gehen. Allein schaffe ich es nicht. Ich brauche dich.

Wofür brauchst du mich? Wohin willst du überhaupt?, fragt Shirin-Gol ihre Mutter. Wenn hier in der Hauptstadt der Krieg weitergeht, wird er auch in den Bergen und überall anders weitergehen.

Gott im Himmel, Gerechter, schreit die Mutter und rauft sich die Haare, was tust du mit uns? Was hast du vor mit uns? Was soll aus uns werden?

Shirin-Gol nimmt ihre Mutter in die Arme, streicht mit

kräftiger Hand sanft ihren Rücken. *Madar.* Liebe, arme *madar.* Beruhige dich. Ich bin bei dir. Gott ist groß. Er wird es richten. Alles wird gut. Der Krieg ist zu Ende. Glaube mir. Du verstehst es nicht. Du bist immer nur hier in deinen vier Wänden gewesen. Draußen wissen es alle. Die Russen sind weg. Wir sind frei. Jetzt wird das Leben beginnen. Der Krieg ist zu Ende.

Shirin-Gol packt die Muttersachen wieder aus, die Zwillinge ziehen ihre Schuluniformen an, gehen in die Schule, Shirin-Gols Tochter sitzt in der Ecke des Zimmers, ihr Bruder liegt in ihrem Schoß, Shirin-Gol legt feuchte Tücher auf die fiebrige Stirn ihrer Mutter, summt eine Melodie, lächelt und wundert sich, warum draußen die Waffen nicht schweigen. Jetzt, da der Krieg zu Ende ist.

Auch am nächsten Tag, am darauffolgenden und an vielen weiteren Tagen bleibt die Tür des Zimmers geschlossen. Die Zwillinge gehen nicht mehr in die Schule, Shirin-Gol geht nicht mehr in die Schule. Es klopft an der Tür, die Nachbarn bitten um Tee, Weizen, Brot, die Geschäfte haben geschlossen. Es wird geschossen, schlimmer denn je. In der Dunkelheit der Nacht klopft es abermals, die mutige Malalai schlüpft hinein, sagt, wir werden die Hauptstadt verlassen, sobald es möglich ist.

Shirin-Gols ungebildete Mutter, die nichts kennt als die vier Wände ihres Zimmers, die, seit sie in Kabul ist, nur viermal und nicht mehr auf der Straße war, die weder lesen noch schreiben kann, hat es gewusst. In Kabul, der Hauptstadt, geht jetzt erst der Krieg richtig los.

Auf der einen Seite der Straße kämpfen die einen Mujahedin, auf der anderen Seite die anderen, jeder kämpft gegen jeden. Hekmatyar gegen Gailani, Ahmad Shah Massoud gegen Dostam, der eine moslemische Bruder gegen den anderen. Straßenschlachten, Raketenangriffe, Minen, Panzer und wieder aufgeschlitzte Menschen, herausgerissene Föten, die mit einem Klatsch auf der Straße landen. Wieder vergewaltigte Frauen, wieder Schleier, wieder alles das, was Shirin-Gol schon einmal gesehen hat, und vieles mehr, nur dass es dieses Mal in der Hauptstadt ist, nur dass dieses Mal alles gnadenloser ist, nur dass es dieses Mal die eigenen Leute sind, nur dass es dieses Mal der eigene Krieg ist. Der Bruderkrieg.

Was die Russen nicht zerstört haben, verwandeln die afghanischen Kriegsherren in Schutt und Asche. Jahrelang kämpfen sie, bis eines Tages eine neue Macht, die Bewegung der Taleban, in die Stadt kommt. Najibullah, der gefürchtete frühere Kopf der Geheimpolizei, ist inzwischen der letzte russentreue Präsident. Zusammen mit seinem Bruder verschanzt er sich im Gebäude der Vereinten Nationen. Die Taleban zerren die beiden heraus, verprügeln sie, beschimpfen sie, schleppen sie durch die Stadt. Najibullah und sein Bruder werden öffentlich bespuckt, erschossen, ihre Leichen werden durch die Stadt geschleift. Am nächsten Morgen sehen die Leute die toten Körper ihres Präsidenten und seines Bruders an einem Straßenpfosten hängen.

Shirin-Gol hat Glück. Sie ist zu dieser Zeit längst nicht mehr in Kabul und muss alles das nicht mehr mit ansehen und erleben.

Shirin-Gol, ihre Tochter Nur-Aftab, ihr erster Sohn Nasser, die Zwillinge, Shirin-Gols Mutter, die Nachbarin Malalai, ihre Mutter, Schwestern und Brüder, andere Mädchen und deren Mütter, Schwestern und Brüder raffen so viel von ihrem Zeug, wie sie tragen können, und fliehen dorthin, wohin bereits viele ihrer Landsleute vor ihnen geflohen sind. Nach Pakistan.

Mit Autos, Droschken, Karren, Pferden, Kamelen. Shirin-Gol, ihre Tochter, ihr Sohn, die Zwillinge, die Mutter zu Fuß. Sie fliehen vor den Bomben und Raketen, die Afghanen auf Afghanen werfen. In einem grausamen Bruderkrieg zwischen Ahmad Shah Massoud, Hekmatyar, Dostam, Khalili, Gilani und wie die Anführer der verschiedenen Gruppen der Muja-hedin sonst noch heißen. Die Frauen, Kinder, Männer fliehen vor Arbeitslosigkeit und Hunger, vor Minen und Schüssen, davor, ausgeraubt und vergewaltigt zu werden.

Tagsüber fliegen Hubschrauber und schießen auf alles, was sich bewegt. Tagsüber sind die Mujahedin unterwegs, nehmen Wegegeld, Schafe, Decken, Essen, Jungen, die alt genug sind zu kämpfen, Frauen, Mädchen.

Lasst uns in Ruhe, schreit Shirin-Gol, mein Vater und mei-ne Brüder sind auch Mujahed.

Wo sind sie?, fragen die Wegelagerer.

In den Bergen.

In welchen Bergen?

Da, wo sie kämpfen.

Auf welcher Seite kämpfen sie?

Auf der Seite des Vaterlandes, des Propheten, des Koran und des Islam.

Die Männer lachen, nehmen, was sie nehmen wollen, ver-schwinden.

Tage und Wochen wandern sie durch die Wüste, durch Dörfer, über Berge und durch Täler, durchqueren ausgetrock-nete Flüsse und verminte Felder. Immer wieder müssen sie sich vor Posten der Mujahedin verstecken, werden dennoch immer wieder angehalten, müssen dennoch Wegegeld bezah-len.

Einmal will ein Posten Geld, dann sagt er, er will Shirin-Gol. Ihre Mutter sagt, meine Tochter? Du willst meine Toch-ter? Nimm sie. Ich schenke sie dir. Sie ist verrückt. Sie ist krank. Du würdest mir einen Dienst erweisen. Nimm sie, sagt Shirin-Gols Mutter und schubst sie so heftig, dass sie dem Mujahed vor die Füße fällt.

Shirin-Gol bleibt auf dem Boden liegen, gibt komische Laute von sich, schreit, krallt ihre Hände in die Hose des Mu-jahed und tut, als wolle sie sich an ihm hochziehen.

Angewidert und erschrocken stößt der Mujahed Shirin-Gol mit dem Fuß von sich, spuckt aus, wickelt sich in sein *patu* und verschwindet.

Shirin-Gols Mutter kniet sich zu ihrer Tochter auf den Boden, schließt sie in die Arme, sagt nichts, drückt sie nur fest an ihr Herz.

Von nun an bewegt sich der kleine Treck von Frauen und Kindern nur noch nachts. In der zwölften Nacht zählt Shirin-Gol die Tage und Nächte nicht mehr. In der vierzehnten Nacht hat sie keine Kraft mehr weiterzugehen. In der fünfzehnten schleppt sie sich und ihre Kinder dennoch weiter, und in allen weiteren Nächten ebenso.

Sie gehen auf der gleichen Straße, den gleichen Pfaden und Wegen wie Hunderte, Tausende, Millionen Afghanen. Seit über zwei Jahrzehnten, bis heute. Die gleichen Wege und Straßen, auf denen Könige und Krieger ihr Heer geführt haben. Dariush, der König der Perser. Alexander, der König der Griechen. Die Mongolen waren hier, die Briten, die Russen, die Amerikaner, Bin Laden war hier, der KGB und der CIA und jetzt Shirin-Gol und ihre Familie. Es ist die Straße, die von Kabul Richtung Jalalabad führt und sich von dort in steilen und engen Serpentinen weiter durch die freien Stammesgebiete, die Tribal Areas, über den legendären Khyberpass nach Pakistan schlängelt.

Je näher sie an die Grenze kommen, desto belebter wird die Straße. Rechts und links stehen Autos, Lastwagen, Militärtransporter, Leichen von Panzern. Immer mehr Menschen klettern die Hügel hinab. Vor der Grenze haben Händler ihre Buden aufgebaut. Manche Männer sitzen hinter Kästen aus Glas, in denen sie Berge von Geld verstaut haben, das sie zu Wucherkursen tauschen. Andere hocken vor alten Containern, verkaufen Seile, Reifen, Eisen, Schrott, Radkappen, Motorhauben, Autotüren, Glas, Holz, Balken, Waffen.

Shirin-Gol weiß nicht mehr, wie sie sich eine Grenze vorgestellt hat. Vielleicht hat sie gedacht, eine Grenze ist ein sauberes, großes Haus, in das sie hineingeht, einen Tee gereicht bekommt, von den Menschen des anderen Landes begrüßt und willkommen geheißen wird. Vielleicht hatte sie gedacht, eine Grenze ist eine große, hohe Mauer mit einer Tür. Vielleicht hat sie gedacht, eine Grenze ist eine Schranke. Jedenfalls hat sie nicht gedacht, dass eine Grenze zwei kleine Türme sind mit einem Tor dazwischen. Obwohl sie jetzt, wo sie davor steht, findet, dass es eigentlich sehr praktisch ist, ein Tor zur Grenze zu machen, man kann es öffnen und schließen, hindurchgehen und zurückkommen.

Shirin-Gol streift ihren Schleier und ihre Röcke glatt, stopft ihre Locken unter ihr Tuch, streift die Kleider ihrer Kinder glatt, richtet sich auf und bereitet sich darauf vor, zum ersten Mal in ihrem Leben eine Grenze zu überqueren.

Rechts und links vom Tor stehen Männer ohne Bart und mit dunkler Haut, in hübschen Uniformen, mit Kappen, die sie sich schräg auf den Kopf gesetzt haben. Sie tragen Stiefel und haben einen Stock in der Hand. Mit ihren Stöcken hauen sie auf jeden ein, der durch das Tor kommt, und treiben ihn an, schneller zu gehen. Shirin-Gol steht eine Weile da und beobachtet ihre Landsleute, die durch das Tor gehen, um herauszubekommen, wie schnell man gehen muss, um nicht geschlagen zu werden. Scheinbar spielt es aber gar keine Rolle, wie schnell oder langsam man ist. Einfach jeder, der durch das Tor geht, wird verprügelt.

Ihr braucht keine Angst zu haben, sagt Shirin-Gols Mutter zu ihren Kindern und Enkelkindern. Im Grunde ihres Herzens sind das gute Menschen. Sie tun nur ihre Pflicht. Ihr werdet sehen, das tut nicht weh. Seht, wie dünn ihre Stöcke sind. Ihr seid doch keine Feiglinge. Wir haben schon Schlimmeres durchgestanden. Das werden wir auch schaffen.

Ich will nicht nach Pakistan, sagt Shirin-Gol.

Wo willst du dann hin?, fragt die Mutter.

Die Soldaten mit der dunklen Haut und den dünnen Körpern, dünner und kleiner als die der Männer, die Shirin-Gol bisher in ihrem Leben gesehen hat, prügeln auf Shirin-Gol, ihre Tochter, ihren Sohn, die Zwillinge, ihre Mutter ein, sie sollen sich beeilen, ihr Geld herausrücken, den Weg freimachen. Einer der Männer fasst Shirin-Gol an den Hintern, leckt sich die Lippen, ein anderer lacht, zieht sie zu sich heran, tritt sie, schubst sie.

Zieh deinen Schleier übers Gesicht, schimpft der frechere der beiden Zwillinge. Shirin-Gol gehorcht.

Auf der pakistanischen Seite der Grenze ist es genauso voll und laut wie auf der afghanischen.

Shirin-Gol, ihre Kinder, ihre Mutter und die Zwillinge stehen herum, springen zur Seite, um nicht überfahren zu werden. Menschen, Landsleute, Afghanen rempeln sie an, schimpfen, dass sie aus dem Weg gehen sollen, ein Soldat peitscht mit seiner dünnen Rute in der Luft, dass es zischt.

Eine Mädchenfrau in Shirin-Gols Alter, die zwei Töchter bei sich hat, die etwa das gleiche Alter haben wie Shirin-Gols Kinder, bleibt stehen und fragt, wie heißt du?

Shirin-Gol.

Sind das deine Kinder?

Ja, antwortet Shirin-Gol, und das ist meine Mutter, und das sind meine Brüder.

Komm her, Shirin-Gol, wenn du da im Weg herumstehst, wirst du verprügelt, oder du wirst von einem Auto überfahren. Komm, setz dich hierher zu mir in den Schatten. Bist du das erste Mal hier?, fragt die Mädchenfrau.

Ja.

Nimm dein *hejab* ab, damit ich dich sehen kann, sagt die Mädchenfrau. Du bist nicht mehr in Afghanistan, hier kann dich niemand zwingen, dein Gesicht zu bedecken.

Ich weiß, sagt Shirin-Gol, schlägt ihr Tuch zurück und strahlt die Mädchenfrau an. Hier ist es so voll, sagt Shirin-Gol.

So viele Menschen, so viele Lastwagen und Autos habe ich noch nie in meinem Leben gesehen, nicht einmal in der Hauptstadt.

Ich war schon oft hier, sagt die Mädchenfrau und schlägt das eine Bein über das andere. Ich bin immer wieder in die Heimat zurückgegangen, dann ist immer wieder etwas passiert, und ich musste wieder fliehen. Mal von Afghanistan nach Pakistan, dann wieder von Pakistan nach Afghanistan.

Shirin-Gol macht es der Mädchenfrau nach und schlägt ein Bein über das andere, bekommt von ihrer Mutter einen Hieb in die Seite und nimmt das eine Bein wieder von dem anderen herunter.

Die Mädchenfrau wirft den Kopf in den Nacken, lacht und sagt, das erste Mal, als ich geflohen bin, bin ich vor den Russen geflohen, da war ich noch ein kleines Mädchen. Dann haben die Leute gesagt, das Leben in Kabul ist nicht schlecht, und wir sind zurückgegangen. Dann haben die Russen meinen Vater erschossen, und wir sind wieder hierher geflohen. Dann habe ich geheiratet, und mein Mann hat gesagt, wir gehen in die Heimat. Dann ist er auf eine Mine getreten und zum Krüppel geworden, und nach ein paar Wochen ist er gestorben. Dann bin ich wieder hierher geflohen, und der Vater von meinem Mann hat mich zur Frau genommen, der war aber so alt, dass er auch bald gestorben ist. Die erste Frau von meinem zweiten Ehemann, die früher meine Schwiegermutter war, für die ich zur Nebenfrau geworden bin, als mein Schwiegervater mich zur Frau genommen hat, wollte nicht, dass ich in ihrem Haus blieb. Sie hat mich ihrem jüngsten Sohn zur Frau gegeben, dem Bruder von meinem ersten Mann, dem Sohn von meinem zweiten Mann. Er war ein Kommandant der Mujahedin, der hat mich wieder nach Afghanistan gebracht, er selber ist an die Front gegangen. Dann ist unser Dorf angegriffen worden, alles ist zerstört worden, und ich musste wieder fliehen. Ich habe auf meinen Mann gewartet, aber der ist nicht gekommen. Und als ich nichts mehr zu essen hatte, bin ich wieder hierher nach Pakistan geflohen. Die Alte, die das erste Mal meine Schwiegermutter war und jetzt wieder meine Schwiegermutter ist, wollte mich noch immer nicht in ihrem Haus haben, und meine Töchter auch nicht. Sie hat nur meinen Sohn zu sich genommen, aber meine Töchter und mich nicht. Deshalb bin ich hierher an die Grenze gekommen. Hundert Schritte und ein ganzes Leben entfernt von der Heimat hocke ich und hoffe jeden Tag, dass mein Mann vielleicht kommt und mich findet.

Wovon lebst du?, fragt Shirin-Gol.

Ich mache dies und das, damit meine Kinder und ich nicht verhungern.

Was ist dies und das?, fragt Shirin-Gol.

Dies und das ist eben dies und das, sagt die Mädchenfrau.

Verdienst du gutes Geld mit dies und das?, fragt Shirin-Gol.

Die Mädchenfrau lacht, dass Shirin-Gol ihre Zunge, ihre Zähne und die kleine Zunge hinten in ihrem Rachen sehen kann, die vor und zurück hüpft. Sieh mich an, sagt die Mädchenfrau, ich bin schön, ich bin jung, und hier an der Grenze gibt es viele pakistanische Beamte, viele afghanische Männer. Männer, die lange keinen Frauenkörper gehabt haben und denen das Wasser im Mund zusammenläuft, wenn sie meinen Körper sehen. Im Großen und Ganzen verdiene ich genügend, manchmal sogar mehr als genügend.

Shirin-Gol macht den Mund auf, will etwas sagen, aber ihre Spucke springt in ihren Hals, bleibt dort stecken, dass sie sich verschluckt und husten muss.

Die Mädchenfrau sieht Shirin-Gol an, lacht nicht mehr und sagt, was soll ich machen? Verhungern und meine Kinder auch verhungern lassen? Soll ich uns sterben lassen?

Shirin-Gol sieht auf den Boden, sagt nichts, ihre Augen bleiben an den nackten Füßen eines Mädchens kleben, die an ihnen vorbeigehen. Auf dem Kopf trägt die Kleine eine riesige

Platte aus Eisen, ihre verfilzten Haare stehen in allen Richtungen von ihrem Kopf ab. Ihre Kleider hängen in Fetzen, und während sie geht, lutscht sie an ihren Fingern, sieht mit ihren dunklen Augen, die weder traurig noch glücklich sind, einen nach dem anderen an, die Mädchenfrau, Shirin-Gol, Nur-Aftab, den kleinen Nasser, Shirin-Gols Mutter, die Zwillinge. Geht weiter.

Die Mädchenfrau setzt ihre beiden Töchter neben Shirin-Gol, küsst sie auf die Stirn und sagt, bleibt hier bei der Tante, ich komme gleich wieder.

Bevor Shirin-Gol begreift, was die Mädchenfrau vorhat, springt sie auf und verschwindet hinter einem der vielen Teehäuser.

Die beiden Mädchen bleiben sitzen, halten sich an den Händen, sehen ihrer Mutter nach.

Shirin-Gol streicht den beiden über den Kopf, zieht sie näher zu sich heran und fragt, wie heißt ihr?

Die beiden sehen Shirin-Gol an, lächeln, schweigen.

Bleiben wir hier?, fragt Nur-Aftab und zwängt sich auf den Platz zwischen die Mädchen und ihre Mutter.

Nein, sagt Shirin-Gol, hier ist kein Ort, an dem man bleiben sollte.

In Gottes Namen, das ist wirklich kein Ort, an dem man bleiben sollte, sagt Shirin-Gols Mutter.

Was schleppen all die Leute?, fragt der schüchterne Zwilling.

Es sieht aus wie Schrott und Müll, sagt der frechere Zwilling.

Die Leute sind doch nicht blöd, sagt Shirin-Gol. Warum sollten sie Schrott und Müll schleppen?

Das ist Schmuggelware, sagt die Mädchenfrau, die genauso plötzlich, wie sie verschwunden war, wieder auftaucht.

Schmuggelware?, fragt Shirin-Gol.

Die Mädchenfrau lacht und wiederholt, Schmuggelware.

Was immer eine Person tragen kann, muss nicht verzollt werden. Die Leute schleppen Öl, Benzin, Teile von Autos, von Panzern, Reifen, Opium, Hühner, Radios, Kabel, Geld, Weizen, Reis, Obst, einfach alles, was sie tragen können, von Afghanistan hierher nach Pakistan und verkaufen es. Sie verkaufen es an Händler, und die verkaufen es wieder an andere. Ein Mann, den ich kenne, kauft altes Eisen, er verkauft es weiter an einen anderen, der es schmilzt und zu neuem Eisen gießt.

Wie viel bekommt man für eine Platte wie die, die das Mädchen in dem grünen Kleid auf ihrem Kopf trägt?, fragt Shirin-Gol.

Wenn du das den ganzen Tag machst, sagt die Mädchenfrau, hast du am Abend so viel verdient, dass du für dich und deine beiden Töchter zwei oder drei Brote und eine Kanne Tee kaufen kannst.

Das ist traurig, sagt Shirin-Gol.

Das ist nicht traurig, das ist gut. Mit dieser Arbeit werden viele Menschen satt, und wir sind den pakistanischen Grenzbeamten dankbar dafür, dass sie uns passieren lassen, sagt die Mädchenfrau und sieht zum Tor, wo gerade ein Mädchen an den Grenzbeamten vorbeirennt und von einem der Soldaten einen Schlag mit seiner dünnen Rute auf ihren kleinen Hintern bekommt. Sie zieht den Hintern ein und balanciert trotzdem gekonnt die schwere Last auf ihrem Kopf und geht weiter.

Wer ist das Mädchen?, fragt Nur-Aftab.

Eine Afghanin wie du und ich, antwortet die Mädchenfrau.

Was hat sie auf dem Kopf?, fragt Nur-Aftab.

Sosehr Shirin-Gol sich auch bemüht, sie kann nicht erraten, was die Kleine auf dem Kopf trägt.

Ich weiß nicht, was sie trägt, sagt Shirin-Gol, was immer es ist, es ist verdammt schwer.

Es ist hübsch, sagt Nur-Aftab. Und dann sagt sie, ich weiß, was es ist. Sie trägt die Mondsichel.

Shirin-Gol lächelt, streicht ihrem Kind über den Kopf und sagt, ja, vielleicht ist es die Mondsichel.

Shirin-Gols Mutter sagt, es ist ein kleines, dünnes Mädchen, mit einem dünnen, bunten, wehenden Kleid. Sie trägt ein riesiges, schweres Monster auf dem Kopf, und sie kommt aus Afghanistan wie wir und geht nach Pakistan wie wir.

Das ist ein schönes Märchen, ruft Nur-Aftab, erzähl weiter.

Das ist kein Märchen, sagt die Großmutter, und schön ist es auch nicht.

Erzähl trotzdem, bettelt Nur-Aftab.

Shirin-Gol zieht ihre Tochter auf den Schoß, lächelt und erzählt.

Also, ich glaube, du hast Recht. Es ist eine Mondsichel. Es war Tag, der Mond hatte nichts zu tun. Es war ihm langweilig. Deswegen ist er an den Rand des großen, unendlich weiten Himmels gekommen. Eigentlich wollte er sich nur über den Rand des Himmels beugen und uns Menschen auf der Erde zusehen, da ist er ausgerutscht und ist runter auf die Erde gefallen. Das Mädchen da hat ihn gefunden, hat Mitleid mit ihm gehabt, hat ihn aufgehoben und auf seinen Kopf geladen und bringt ihn jetzt zurück zum Rand des Himmels, damit er wieder hineinklettern, emporsteigen und heute Nacht für uns Menschen leuchten kann. Für dich und für Nasser, für die Zwillinge, für die Großmutter, für unsere neue Freundin und ihre Töchter, für ihren Sohn und ihren Mann und alle guten und gläubigen und nichtgläubigen Menschen auf Gottes Erde.

Das nächste Mal, wenn der Mond vom Himmel fällt, finde ich ihn, ruft Nur-Aftab, und bringe ihn zurück an den Rand des Himmels.

Nur-Aftab klettert von dem Schoß ihrer Mutter herunter, nimmt eines der Bündel, die sie aus Afghanistan mitgebracht haben, auf den Kopf und balanciert damit vor ihrer Familie, der Mädchenfrau und ihren Töchtern hin und her.

Ein schwer beladener Lastwagen brummt und kracht laut

vorbei und legt seinen schwarzen, stinkenden Rauch Shirin-Gol auf den Kopf und Körper. Als der Lastwagen mit seinen riesigen schwarzen Reifen, die so groß sind wie ein Mensch, an Shirin-Gol vorbeifährt, erkennt sie, dass die Mondsichel auf dem Kopf des Mädchens ein Kotflügel ist. Der eiserne Kotflügel eines Lastwagens.

Der Lastwagen ist beladen mit Decken, Stühlen, Tischen, riesigen Säcken, Hühnern, Kindern, Frauen, Männern, die in ihre Heimat Afghanistan zurückkehren.

Eine Frau, die einen Kanister auf ihrem Tuchkopf trägt, bleibt vor Shirin-Gol stehen, streckt ihre Hand aus. Shirin-Gol sieht das Tuch an, lächelt.

Kannst du mir helfen?, fragt die Frau, hast du Geld?

Shirin-Gol schüttelt den Kopf.

Hast du vielleicht ein Stück Brot?

Shirin-Gol schüttelt den Kopf.

Die Mädchenfrau zieht einen Schein aus ihrer Tasche und schenkt ihn der Frau.

Die Frau geht weiter.

Bist du reich?, fragt Shirin-Gol.

Die Mädchenfrau lacht nicht, sagt, keiner hier ist reich, jeder hilft jedem. Heute helfe ich ihr, morgen hilft jemand anderer mir.

Gott beschütze dich, sagt Shirin-Gol.

Das war eine schöne Geschichte, die du erzählt hast, sagt die Mädchenfrau, kannst du uns noch eine erzählen?

Shirin-Gol schließt die Augen, überlegt, öffnet sie wieder und sagt, seht ihr die Frauen in ihren blauen, weißen, orangen und grünen *buqhras*? Seht ihr, wie sie alle stolz und aufrecht mit der schweren Last auf ihren Köpfen an uns vorbeischreiten?

Ja, ja, ja, ruft Nur-Aftab und hüpft auf und ab.

Leise, du erschreckst sie, setz dich und hör zu, sagt Shirin-Gol und zieht ihre Tochter wieder auf ihren Schoß. Seht ihr sie? Das sind Königinnen und Prinzessinnen. Sie sind von edlem Blut und stolz und wohlhabend. Und sie sind auf dem Weg von einem ihrer Paläste zum nächsten.

Was schleppen sie auf ihren Köpfen?, flüstert Nur-Aftab.

Weißt du das nicht?, fragt Shirin-Gol.

Nur-Aftab schüttelt den Kopf und sieht ihre Mutter voller Erwartung an.

Das sind ihre Schätze.

Warum lassen sie ihre Schätze nicht von Dienern tragen?, fragt Nur-Aftab.

Shirin-Gol überlegt und sagt, das sind gerechte Königinnen und Prinzessinnen, sie wollen ihre Last selber tragen, damit ihre Diener sich auch mal ausruhen können. Außerdem müssen sie wegen der ganzen Last den Kopf immer schön aufrecht halten, und so verlieren sie ihren stolzen Gang nicht.

Und der alte Mann da, ruft Nur-Aftab und deutet auf einen Weißbärtigen, der einen riesigen, schweren Sack schleppt, dass sein Rücken sich biegt. Ist der ein König?

Ich weiß nicht, sagt Shirin-Gol.

Und die Jungen mit den glitzernden Kappen auf dem Kopf und den Kisten auf dem Rücken?, fragt Nur-Aftab, sind das Prinzen?

Ich weiß nicht, sagt Shirin-Gol.

Warum tragen Männer ihre Lasten auf dem Rücken und Frauen auf dem Kopf?, fragt Nur-Aftab.

Ich weiß nicht, sagt Shirin-Gol.

Damit sie die Hände frei haben und ihre Kinder festhalten können, sagt Shirin-Gols Mutter.

Gerade will Shirin-Gol etwas sagen, da gibt es plötzlich Geschrei am Tor. Ein Haufen Kinder in Lumpen kreischen, weinen, versuchen der Wut, den Stöcken und Schlägen der Grenzbeamten auszuweichen. Sie halten schützend ihre Hände über ihre verlausten Köpfe, sie rennen, stürzen. Die Kinder sehen aus wie kleine, müde Skelette, als sie sich neben dem

Tor, zwischen dem Schrott, den sie schleppen, erschöpft fallen lassen.

Ohne dass sie weiß, warum, fängt die Mädchenfrau an zu weinen. Ohne dass sie wissen, warum, schweigen Shirin-Gol, ihre Mutter, die Kinder, sehen zu, wie die Frauen, Kinder und Männer die Lasten schleppen. Sie sehen das Mädchen, das halb so groß ist wie Nur-Aftab und ein verbogenes Rohr aus Eisen auf ihrem Kopf trägt. Sie sehen das ölverschmierte, schwere, eiserne Teil eines Motors auf dem Rücken des winzigen Jungen, der selber von Kopf bis Fuß verschmiert ist. Sie sehen, wie er mit letzter Kraft wankt, wie er mit krummen Knien geht, wie er seine Last immer wieder absetzt, damit das Gewicht ihm die Knochen nicht bricht. Sie sehen die Kinder, die keine Namen haben, kein Alter, keine Wünsche, keine Vergangenheit, keine Zukunft. Sie sehen die Kinder, für die Leben nur noch bedeutet, sich mit heiler Haut über die Grenze zu schummeln und zurückzukommen. Für ein Stück Brot, so klein wie ihre Hände, schleppen sie ein neues, verschmiertes, schweres Teil, was immer es ist, auf ihren krummen Rücken, auf ihren kleinen Köpfen, schleifen es an Leinen über den Boden. Am Grenztor warten sie, bis der Beamte wegsieht, hoffen, dass er nicht nur ein Spiel mit ihnen treibt, und rennen los. Sie sehen den Jungen mit den Krücken, den Krüppel, der wie Hunderttausende anderer Afghanen auch auf eine Mine getreten ist, die sein Bein zerfetzt, seinen Arm abgerissen hat. Der Einarmige, Einbeinige auf der Krücke hat sich ein Seil um die Taille gebunden und schleift zwei Kanister voll mit Öl oder Benzin oder sonst was hinter sich her. Sie sehen den Krüppel, der von den Grenzbeamten verprügelt wird, weil er nicht schnell genug ist und den Verkehr aufhält.

Das sind keine Prinzen und Königinnen, sagt die Mutter von Shirin-Gol.

Ich weiß, sagt Nur-Aftab, schiebt die Unterlippe über die Oberlippe, sieht ihre Großmutter an und wiederholt, ich weiß, aber es ist schöner, wenn ich denke, dass sie Königinnen und Prinzessinnen sind.

Du und deine Kinder riechen nach Hunger, sagt die Mädchenfrau.

Shirin-Gol schweigt.

Wieder springt die Mädchenfrau auf und verschwindet.

Wir sollten gehen, sagt Shirin-Gols Mutter, das ist kein guter Umgang für uns.

Sie ist ein guter Mensch, sagt Shirin-Gol.

Ich würde lieber tot sein und wüsste lieber meine Kinder tot, als dass ich meinen Körper …, weiter spricht die Mutter nicht, zieht ihren Schleier über ihr Gesicht und starrt mit ihrem Tuchkopf zum Grenztor.

Als die Mädchenfrau zurückkommt, hat sie zwei Kannen Tee dabei, für jeden ein Fladenbrot, eine Schale Joghurt und sogar Zucker für den Tee.

Ihr habt noch einen weiten Weg vor euch, sagt sie, bitte nehmt, esst, so viel ihr könnt, und dann müsst ihr los, damit ihr nicht in der Dunkelheit durch die Stammesgebiete geht. Auf der Straße haben die pakistanischen Soldaten überall ihre Posten, sie werden euch nicht passieren lassen. Am besten, ihr schlagt euch gleich in die Berge, in die Gebiete der Freien Stämme, da haben die Pakistaner nichts mehr zu bestimmen.

Shirin-Gol und die Mädchenfrau umarmen und küssen sich zum Abschied, und jede wünscht der anderen ein langes, gesundes und friedvolles Leben.

Sobald Shirin-Gol und ihre Familie sich aus dem Grenzgebiet entfernen, machen sie es, wie die Mädchenfrau ihnen geraten hat. Sie verlassen die asphaltierte Straße. Es ist, wie die Mädchenfrau gesagt hat. Es ist leicht, den Weg zu finden, überall sind Landsleute. Vor ihnen, hinter ihnen, so weit das Auge reicht. Aus der Ferne sehen sie aus wie winzige, bunte Ameisen, die in einer langen Reihe hintereinander hergehen. Manche überholen sie, andere bleiben zurück. Manche schleppen schwere Lasten, andere haben leere Hände und sind in Lumpen gekleidet. Manche tragen Kinder, andere sind allein.

Unterhalb der Pfade, in den Hügeln und Bergen schlängelt sich die asphaltierte Straße den Berg hinauf zum legendären Khyberpass.

In den Tribal Areas, den Stammesgebieten nicht weit von der pakistanischen Grenzstadt Peshawar, kommen Shirin-Gol, ihre Kinder, ihre Mutter, die Zwillinge an langen, hohen Mauern entlang, hinter denen herrschaftliche Häuser, richtige Paläste stehen, in denen gesunde, satte, reiche Menschen leben, die den Geruch von Hunger nicht kennen. Es sind Drogenhändler, erzählen die Leute. Männer, die mit Opium handeln, die so viel Geld haben, dass sie es nicht einmal mehr zählen können. Einer von ihnen soll dem Präsidenten Pakistans angeboten haben, die Staatsschulden des Landes zu übernehmen, wenn der Präsident ihm und seiner Familie Asyl gewährt. Die Leute sagen, der pakistanische Präsident sei beglückt gewesen über das Angebot des reichen Drogenhändlers, durfte es aber nicht annehmen, weil sein Freund, der amerikanische Präsident, dagegen gewesen sei. So hat der Drogenhändler seinen Palast in den Tribal Areas gebaut, einem Gebiet, das weder so richtig zu Pakistan noch zu Afghanistan gehört, in dem kein Präsident, keine Regierung und kein König etwas zu sagen haben. Der Reiche kann tun und lassen, was er will. Hier ist entweder jeder sein eigener Herr oder wird von einem Herrn bezahlt, für den er arbeitet, als Wächter, als Schmuggler, als sonst was. Jeder Mann trägt eine, zwei oder mehr Waffen.

In den Geschäften des Bazars werden Waffen jeder Art hergestellt und verkauft. In anderen Geschäften werden Opium und Heroin gewogen und für den Verkauf portioniert. Und überall werden sowohl Opium als auch Haschisch geraucht.

Shirin-Gol mag den Geruch, der aus den Läden und Buden

kommt, sich mit dem Duft von frisch gegrilltem Hammelfleisch aus den Kebabständen vermischt und zu ihr unter den
Schleier kriecht.

Lasst uns ausruhen, sagt sie und hockt sich am Straßenrand
vor einen Laden, schließt die Augen und atmet den Duft tief
in ihren leeren Bauch ein.

Was wollt ihr hier, geht weiter, ruft ein Junge aus dem Laden hinter ihr. Der Junge ist kaum älter als die Zwillinge. Er
hockt auf dem Boden vor seiner kleinen Werkbank und
schraubt an einer Pistole mit einem schönen Griff aus Perlmutt herum.

Bitte, Bruder, ich bin müde, meine Kinder sind müde, meine Mutter ist krank, und meine Brüder sind erschöpft, wir haben Durst.

Habt ihr auch Hunger?, fragt der Junge aus dem Laden.

Shirin-Gol sieht den Jungen durch das Netz vor ihren Augen an und nickt mit ihrem Tuchkopf.

Der Junge lässt die Pistole mit dem Perlmuttgriff auf dem
Boden liegen, nimmt die Krücke, die neben ihm liegt, stützt
sich darauf und kommt aus dem Laden heraus. Sein Stumpf
baumelt wie ein Stück totes Fleisch an seinem Körper. Der
Einbeinige hockt sich neben Shirin-Gol und sagt, kommt in
den Laden, da seid ihr ungestört, ihr könnt eure Tücher vom
Gesicht nehmen und euch ausruhen. Es ist ohnehin Zeit für
das Gebet, und ich wollte ohnehin etwas zu essen kaufen, seid
meine Gäste.

Wir wollen dir nicht zur Last fallen, du bist zu gütig, sagt
Shirin-Gol, lass uns einen Moment hier ausruhen, wir gehen
gleich weiter.

Ihr seid keine Last, ihr würdet mir eine Freude machen. Bitte, kommt herein, sagt der Junge. Bitte. Hier draußen ist es viel
zu gefährlich für euch. Ihr hättet in den Bergen bleiben sollen.
Es wird bald dunkel. Bitte, kommt herein.

Bitte, *madar*, lass uns hineingehen, bettelt Nur-Aftab, steht auf und geht, ohne auf eine Antwort von ihrer Mutter zu warten, in den Laden voraus und hockt sich auf den Boden, neben die Pistole mit dem Griff aus Perlmutt.

Der Junge erhebt sich, schiebt die Zwillinge in den Laden, nimmt Nasser auf den Arm, trägt ihn hinein und setzt ihn neben seine Schwester auf den Boden. Dann humpelt er zu dem Kebabstand auf der anderen Straßenseite hinüber, kauft gegrilltes Fleisch, Reis und Brot, breitet ein Tuch aus Plastik auf dem Boden seines Ladens aus, verteilt das Essen, hockt sich hin und sagt, möge Gott uns immer gnädig sein, bitte esst, es ist genügend für alle da.

Gott schickt dich, sagt Shirin-Gol, die mit dem Rücken zur Straße sitzt und ihr Tuch zurückgeschlagen hat.

Der Junge schweigt, sieht Shirin-Gol lange an und sagt, meine eigene Schwester ist zusammen mit ihren beiden Kindern, die im Alter deiner Kinder sind, zusammen mit meiner Mutter und meinen jüngeren Geschwistern auf der Flucht. Keiner weiß, wo sie sind. Möge Gott geben, dass auch sie einer gütigen Seele begegnen, die Erbarmen mit ihnen hat und ihnen hilft.

Der Junge hockt auf dem Boden, auf seinem gesunden Bein, der Stumpf seines anderen Beines liegt wie ein kleines Kissen vor ihm. Er sieht Shirin-Gol an, knetet mit den Fingern Reis, reißt ein Stück Fleisch ab, schiebt sich beides in den Mund, kaut, sieht Shirin-Gol immer weiter an und sagt, sie sind bestimmt am Leben, ich spüre es.

Bestimmt sind sie am Leben, sagt Shirin-Gol.

Baust du mir auch eine Pistole?, fragt Nasser.

Nein, Pistolen sind nichts Gutes, sagt der Einbeinige, Pistolen töten Menschen.

Hat eine Pistole dein Bein getötet?, fragt Nasser und schiebt sich ein dickes Stück Fleisch in den Mund.

Nein, eine Rakete, sagt der Einbeinige, eine Rakete hat mein Bein getötet. Wir waren auf der Flucht, wir waren in der

Wüste, es war Nacht, da ist eine Rakete eingeschlagen, alle haben geschrien und sind in alle Richtungen losgerannt, und dann waren überall Mujahedin. Sie haben meine Schwester, ihre Kinder und meine Mutter eingefangen, in ihre Jeeps gezerrt und sind mit ihnen abgefahren. Ich habe gerufen und geschrien, ich wollte mit, aber sie haben mich nicht gehört.

Was hast du dann gemacht?, fragt der schüchterne Zwilling.

Dann bin ich aufgestanden, aber ich bin gleich wieder hingefallen, und dann habe ich gesehen, dass ich hingefallen bin, weil mein Bein abgerissen ist und ich nur noch ein Bein habe. Dann habe ich schnell mit meinem Hemd den Stumpf abgebunden, das hatte ich in der Schule gelernt. Der Lehrer hat gesagt, wenn ihr auf eine Mine tretet oder von einer Rakete getroffen werdet und euer Arm oder euer Bein abreißt, müsst ihr den Stumpf sofort abbinden, damit ihr nicht verblutet. Ja, das habe ich getan, und dann bin ich ohnmächtig geworden.

Und dann?, fragt der frechere der beiden Zwillinge.

Ich hatte Glück, sagt der Einbeinige. Ein Mann hat mich gefunden und viele Tage und viele Nächte auf seinem Rücken geschleppt, und er hat immer wieder meine Wunde gewaschen, bis wir endlich in Pakistan angekommen sind und einen Arzt gefunden haben. Der Arzt hat noch ein Stück von meinem Bein abgesägt, er hat gesagt, es muss weg, weil es verfault ist. Den Rest hat er zugenäht.

Hat das wehgetan?, fragt der schüchterne Zwilling.

Ich weiß nicht mehr, sagt der Einbeinige.

Und dann? Was ist dann passiert?, fragt der freche Zwilling.

Der Mann, der mich gefunden und tagelang geschleppt hat, ist sehr nett. Er hat gesagt, sein Sohn ist bei einem Raketenangriff gestorben, und wenn ich will, kann ich bei ihm wohnen und für ihn arbeiten, und er hat den Arzt bezahlt und mir jeden Tag etwas zu essen gegeben. Und seitdem bin ich bei ihm und baue Pistolen für ihn.

Wie lange bist du in die Schule gegangen?, fragt Shirin-Gol.

Zwei Jahre.

Ich war auch in der Schule. In der Russenschule.

Wenn der Krieg vorbei ist, sagt der Einbeinige, gehe ich zurück in die Schule.

Ich auch, sagt Shirin-Gol. Ich gehe auch wieder in die Schule, ich will Ärztin werden.

Insha-allah, sagt der Einbeinige.

Insha-allah, sagt Shirin-Gol.

Torkham, liest Shirin-Gol am nächsten Morgen auf einem Schild links vom Tor der Grenze von Pakistan in die Tribal Areas.

Kannst du lesen?, fragt eine afghanische Frau, die Shirin-Gol beobachtet.

Bale, sagt Shirin-Gol.

Was steht da?, fragt die Frau.

Shirin-Gol liest laut und deutlich.

ACHTUNG
Ausländern ist es verboten weiterzugehen
Anordnung der Regierung
Willkommen am Khyberpass
Links halten

Und was steht da sonst noch?, fragt die Frau.

Nichts, das ist alles, sagt Shirin-Gol.

Ach so, sagt die Frau, nimmt zwei ihrer sechs oder acht Kinder, mit denen sie gerade über die Grenze gekommen ist, an die Hand und geht weiter. Shirin-Gol überlegt, was Torkham bedeutet, und kommt nicht drauf. Es erinnert an *gham*, das persische Wort für Trauer, Leid.

Steh nicht hier herum, brüllt ein Polizist und haut mit seinem Stock die Luft, dass es zischt.

Salam, wir sind Besucher, sagt Shirin-Gol.

Ihr seid Flüchtlinge, sagt der Polizist, hau ab.

Wo ist dein Vater, fragt ein Landsmann bei der Registrierung im pakistanischen Flüchtlingslager.

In der Heimat, antwortet Shirin-Gol.

Dich habe ich nicht gefragt, erwidert der Mann, du bist wahrscheinlich auch eine von denen, die in die Finger der gottlosen Russen geraten sind und in einer ihrer Schulen Scham und Anstand verloren haben. Schande, Schande, tausendmal Schande, flucht der Landsmann und spuckt Grüngelbes vor Shirin-Gols Füße in den Sand, wo es versinkt und trocknet.

Shirin-Gol will etwas sagen. Die Mutter haut mit der flachen Hand auf ihren Hinterkopf. Shirin-Gol schweigt.

Mein Vater ist in der Heimat, beeilt sich der frechere der beiden Zwillinge zu sagen.

Was macht er dort?

Kämpfen.

Auf wessen Seite?

Auf Seiten der Mujahedin.

Welcher Mujahedin?

Das weiß ich nicht.

Allah-o-akbar, sagt der Landsmann, wird abermals wütend.

Er kämpft auf der richtigen Seite, fällt dem Zwilling ein zu sagen, er ist in den Bergen und kämpft zusammen mit meinen Brüdern.

Und meinen Schwestern, sagt Shirin-Gol. Die kämpfen auch, sie kämpfen Seite an Seite mit meinen Brüdern und meinem Vater.

Der freche Zwilling wirft Shirin-Gol einen wütenden Blick zu und sagt, mein Vater und meine Brüder kämpfen für das Vaterland, den Propheten, den Koran und den Islam.

Los, brüllt der Landsmann. Los, los, los! Beweg dich! Nimm diesen Zettel, führe die *ssia-ssar* dort hinten hin, da bekommst du ein Zelt zugeteilt. Und merkt euch, die Russen sind weg. *Tamam.* Und merkt euch noch eins, dieses Stück Land heißt zwar Pakistan, das spielt aber keine Rolle, denn die Engländer haben uns verraten, es uns gestohlen und den Pakistanern geschenkt, aber das ist afghanischer Boden, er gehört uns, wir werden ihn zurückerobern, es ist unser Land, und es gelten die Gesetze des Islam und des Propheten. Wir sind Afghanen, gläubige Afghanen, die ihre Religion, den gütigen Islam und den weisen Propheten achten und ehren und unsere Heimat lieben. Hier gelten unsere Gesetze und sonst keine.

Der Landsmann sieht den frechen Zwilling an und sagt, du bist ab sofort verantwortlich, verstanden? Sorg dafür, dass die *ssia-ssar* deiner Familie in der Öffentlichkeit die Stimme nicht erheben, das ziemt sich nicht. Verstehst du mich?

Jawohl, mein Herr, das tue ich. Ich verstehe.

So? Du verstehst? Also, dann erklär mir mal, du Rotznase, was sollst du tun?

Die Schwarzköpfigen, die mit den schwarzen Köpfen, die *ssia-ssar* irgendwohin bringen.

Und wer sind die *ssia-ssar*?

Weiß nicht, mein Herr, das verstehe ich nicht, mein Herr, sagt der freche Zwilling.

Allah-o-akbar, schnauzt der Landsmann. Siehst du, auch dein Kopf ist voll von gottlosem Russenzeug, das musst du loswerden, dafür werden wir sorgen. Dein Bruder und du werdet in die Koranschule gehen. Hier nimm. Mit diesem Zettel gehst du morgen in die *madressa* und meldest dich beim Mullah.

Du kleiner Dummkopf, was denkst du denn, was *ssia-ssar* bedeuten könnte?

Weiß nicht, antwortet der freche Zwilling kleinlaut und zuckt die Schultern.

Das sind die Frauen, die noch keine weißen Haare haben, schnauzt der Landsmann weiter, jene, die noch all ihre schönen, schwarzen Locken haben, mit denen sie dir und mir und unseresgleichen den Kopf verdrehen und mich und dich nicht mehr klar denken lassen. Damit wir schwach werden und der Feind und der Teufel uns besiegen können. Verstanden? Das ist Teufelszeug. Verstanden?

Verstehe, mein Herr. Der freche Zwilling dreht sich zu seiner Schwester herum und schnauzt sie in dem gleichen Ton an wie der Landsmann. *Ssia-ssar.* Schwarzköpfige. Das bist du. Und ich habe jetzt das Sagen.

Zufrieden grinst der Landsmann, spuckt aus und tätschelt den Kopf des frechen Zwilling.

Auf dem Weg zum Zelt zieht Shirin-Gol dem frechen Zwilling das Ohr lang und faucht ihn an, bilde dir bloß nichts ein. Für dich gilt das Gequatsche von diesem stinkenden, ungebildeten Mullah nicht. Heute nicht und in hundert Jahren nicht. Wer hier das Sagen hat und wer nicht, das bestimme noch immer ich. Verstanden? *Ssia-ssar*, das bin ich, aber ich sehe, ich spreche, ich antworte, ich frage und ich schlage dich, wenn es sein muss. Und das tue ich, wann ich will. Verstanden?

Ich verstehe, sagt der freche Zwilling artig und grinst das Tuch an, unter dem seine Schwester steckt. *well behaved*

Das Zelt, in dem Shirin-Gol, ihre Tochter, ihr Sohn, die Zwillinge, die Mutter unterkommen, ist aus Plastik und von dem gleichen Blau wie die Kuppeln der schönsten Moscheen.

Mach die Tür zu, kommandiert der frechere Zwilling.

Das ist keine Tür, du Rotznase. Und wenn wir das Zelt nicht offen lassen, sterben wir in der Hitze.

Aber die fremden Männer können dich sehen.

Welche Männer? Ich sehe keine Männer. Ich sehe nur Feiglinge, die aus ihrer Heimat geflohen sind, um nicht kämpfen zu müssen.

Klatsch macht es, und zum ersten Mal wagt es der freche

Zwilling, seiner älteren, geliebten Schwester eine Ohrfeige zu verpassen.

Shirin-Gol wirft sich auf ihn, reißt ihm die Arme auf den Rücken, haut ihm auf den Hinterkopf, verprügelt ihm den Hintern, schubst ihn in die Ecke und sagt, wage das noch einmal, und …

Und was?, faucht der freche Zwilling. Hier habe ich das Sagen.

Das ganze Blut aus ihrem Körper ist in ihren Kopf gerast, Shirin-Gol reißt ihr Kopftuch herunter, stellt sich vor ihren Bruder und schreit, ach ja? Du hast das Sagen? Dann los. Geh uns was zu essen besorgen. Wir haben Hunger.

Tue ich, sagt der freche Zwilling und verschwindet.

Sobald er weg ist, zieht Shirin-Gol ihr Kopftuch wieder über und geht ebenfalls hinaus.

Draußen zwischen den Zelten riecht es nach Pisse und Kot. Überall steht schmutziges, stinkendes Wasser. Überall laufen Kinder herum, die statt Hosen, Hemden, Kleidern nur noch Fetzen an ihren kleinen Körpern hängen haben. Kinder, deren Nasen laufen, die schreien, die teilnahmslos irgendwo herumsitzen. Ihre Mütter hocken daneben, haben ihre dünnen Arme auf die Knie gelegt, den Kopf in die Hände gestützt und starren einfach nur vor sich hin.

Dir wird der Stolz auch noch vergehen, sagt eine Frau, die auf dem Boden vor ihrem Zelt hockt, als Shirin-Gol an ihr vorbeigeht.

Sie haben ihren Stolz und ihre Würde verloren, denkt Shirin-Gol, senkt den Kopf und geht weiter.

Was suchst du hier?, schreit plötzlich eine hysterische Stimme aus einem Zelt heraus.

Shirin-Gol erschreckt sich, dreht sich herum, eine junge Frau in ihrem Alter kommt aus dem Zelt gerannt, packt sie am Arm und zieht sie weg. Bitte, verzeih, sagt das Mädchen, das ist mein Vater, er ist verrückt geworden, er ist nur noch normal, wenn er Opium oder Morphium hat, aber ich habe kein Geld, ich weiß nicht, wie ich es ihm besorgen soll.

Opium? Morphium? Was ist das?, fragt Shirin-Gol sich selber und geht, so schnell sie kann, weiter. Auf dem Weg zurück zu ihrem eigenen Zelt gibt es Geschrei und Krach. Männer, Frauen, Kinder laufen durcheinander, schubsen und stoßen sich gegenseitig, zanken miteinander. Ein Mann, von dem die Leute sagen, er sei ein Ordner, haut mit einem Stock um sich, brüllt und verjagt die Leute. Angeblich hat irgendjemand jemand anderem Geld geklaut, und es ist zu einer Prügelei gekommen.

Shirin-Gol fragt eine Frau, wo sie etwas zu essen bekommt. Die Frau sieht Shirin-Gol an, deutet mit dem Kopf in eine Richtung und sagt, du brauchst eine Karte, sonst bekommst du nichts. Shirin-Gol will die Frau fragen, wo sie die Karte bekommt, die Frau bleibt aber nicht stehen.

An der Essensausgabe stehen Hunderte Menschen mit Töpfen, Schüsseln, Schalen, drängeln, schubsen sich gegenseitig, Männer mit Stöcken brüllen, schlagen, prügeln. Shirin-Gol drängt sich nach vorne, schubst ebenfalls, wird geschoben, gezogen, umgestoßen, bis sie sich schließlich durch die Tür zwängt, hinter der es angeblich das Essen gibt.

Auf einer Art Podest stehen drei riesige Töpfe, so groß, dass in jedem drei Menschen hocken könnten. Hinter jedem Topf steht ein Mann, der mit einer riesigen Kelle in der Brühe herumrührt. Wer an der Reihe ist, hält seine Schüssel hoch, die Männer schöpfen die rote Brühe aus dem Topf, kippen es in die Schüssel, die Schale, den Eimer oder was sonst die Leute ihnen entgegenhalten.

Wo ist deine Schüssel?, brüllt der Mann, oder soll ich die Suppe in deinen Rock schütten?

Wo ist deine Essenskarte?, brüllt ein anderer Mann.

Shirin-Gol will etwas sagen, bekommt aber den Mund nicht auf, und im nächsten Moment hat irgendjemand sie auf der anderen Seite des schmalen Ganges mit dem erhöhten Podest und den drei Töpfen schon wieder aus einer anderen Tür hinausgeschoben.

Die Frau, die vor Shirin-Gol in die Essensausgabe gegangen war und alles mitbekommen hat, sagt, du brauchst Essenskarten, frag deine Nachbarn, die schon länger hier sind, die werden dir alles erklären.

Shirin-Gol weiß nicht mehr, wie sie sich ein Flüchtlingslager vorgestellt hat. Vielleicht hat sie gedacht, ein Flüchtlingslager sei ein freundlicher Ort, in dem es Menschen gibt, die sich um die Flüchtlinge kümmern, die sie willkommen heißen und trösten und ihnen sagen, dass alles gut wird. Vielleicht hat sie gedacht, ein Flüchtlingslager sei ein sauberer Ort, in dem jede Familie eine Hütte oder ein Zimmer hat, in dem es Straßen gibt, die gereinigt werden, in dem es Schulen gibt, Ärzte, Krankenschwestern. Vielleicht hat sie gedacht, dass man im Flüchtlingslager alles bekommt, was man im Krieg verloren hat, Kleider, Betten, Decken, Töpfe, Schuhe, Kämme, Hefte, Bücher und was Menschen, die aus ihrer Heimat geflohen sind, sonst noch brauchen. Jedenfalls hatte Shirin-Gol nicht gedacht, dass ein Flüchtlingslager ein Ort ist, in dem geschrien und gespuckt wird, ein Ort, in dem sie in einem Zelt leben muss, das löchrig ist, Risse hat, stinkt, keinen Boden hat, sodass man auf der nackten Erde Gottes sitzen und schlafen muss. Jedenfalls hat Shirin-Gol nicht gedacht, dass es im Flüchtlingslager kein Essen, kein Wasser, keine Lebensmittel, keine Töpfe und sonst auch nichts gibt, es sei denn, man bezahlt dafür, es sei denn, eine Hilfsorganisation registriert einen und gibt einem eine Essenskarte, eine Deckenkarte, eine Matratzenkarte, eine Topfkarte, eine Arztkarte, eine Sonstnoch-was-Karte.

Shirin-Gol hat Glück. Die Zwillinge dürfen in den Koranunterricht, dafür bekommen sie Decken, Matratzen und Karten für einen Sack Kartoffeln.

Irgendwo im Lager soll es eine Frau geben, die sich um Neuankömmlinge kümmert, sagen die Leute. Shirin-Gol hat Glück und findet die Frau, sie schenkt Shirin-Gol einen Topf, eine Tasse und etwas Fett.

Warum tust du das?, fragt Shirin-Gol, du hast doch selber kaum etwas.

Jeder hilft jedem, und wenn du eines Tages so viel hast, dass du anderen helfen kannst, dann brauche ich vielleicht deine Hilfe, sagt die Frau. Und wenn du willst, komm morgen zu mir. Ich laufe jeden Tag herum. Viele Frauen haben Ärger mit ihren Männern oder in der Familie, sie haben es mit den Nerven zu tun bekommen. Die Männer sitzen ohne Arbeit und tatenlos herum. Da kommt es schnell zu Verdruss und Streitereien.

Wie kann ich da helfen?, fragt Shirin-Gol.

Ganz einfach, sagt die Frau, ganz einfach. Wir hören ihnen einfach nur zu. Mehr nicht. Damit helfen wir den anderen Frauen, aber wir helfen auch uns selber. Du wirst sehen. Sobald man anderen hilft, hat man das Gefühl, dass das eigene Leben nicht vergeudet ist, dass es zu irgendetwas nütze ist.

Vielleicht komme ich, sagt Shirin-Gol und bedankt sich für den Topf, die Tasse und das Fett.

Hast du keinen Mann in deinem Zelt?, raunt ein Landsmann, als Shirin-Gol die Essenskarte durch den Schlitz in dem Büdchen steckt.

Geh nach Hause und schick deinen Bruder, sagt ein anderer Landsmann, als Shirin-Gol zum Wasserholen in der Schlange steht.

Zieh deinen Schleier übers Gesicht, sagt ein weiterer Landsmann, als Shirin-Gol in der prallen Sonne vor ihrem Zelt sitzt und Worte in den Sand malt.

Ich habe Durst, jammert ihre Tochter Nur-Aftab.

Mir ist heiß, weint ihr Sohn Nasser.

Wo ist unser Essen, wir haben Hunger, plärren die Zwillinge, als sie von ihren pakistanischen und arabischen Lehrern, bei denen sie den Koran lernen, zurück ins Zelt kommen.

Ich will sterben, sagt die Mutter.

Shirin-Gol hält sich die Ohren zu, sitzt in ihrer Ecke im heißen Zelt aus Plastik, hat die Augen geschlossen und hört nur noch und sieht nur noch, wenn jemand sie direkt anspricht. Shirin-Gol, mach das, mach jenes, geh hierhin, geh dorthin.

In der Nacht hat Shirin-Gol einen Traum. Sie träumt, in Afghanistan herrscht ein gerechter Mann. Weder ist er ein König noch ein Russe, weder ist er ein Mujahed noch ein Taleb. Er ist einfach nur ein guter Mann, der Gutes für die Menschen will. Der gute Herrscher schickt seine Gesandten im ganzen Land herum und lässt alle Frauen und Mädchen wissen, dass sie ihre Gesichter nicht mehr mit Schleiern bedecken müssen und fortan ohne *hejab* durch die Welt gehen können. Und dann schenkt er jeder von ihnen so viel zu essen, dass es bis ans Ende ihres Lebens reicht, für sie selber, ihre Kinder und Ehemänner und für ihre Brüder und Väter, die in den Bergen kämpfen und jetzt auch nicht mehr kämpfen müssen.

Schade, dass es nur ein Traum war, denkt Shirin-Gol, als sie aufwacht.

Als Shirin-Gol aufhört, sich die Ohren und die Augen zuzuhalten, weiß sie nicht, ob Tage, Wochen oder Monate vergangen sind.

Ein Mann steht vor dem Zelt und spricht mit dem frechen Zwilling.

Shirin-Gol, komm her, ruft der. Los, mach schon. Dein Mann Morad ist hier.

6. Kapitel

Ein Unfall und ein großzügiger Schmuggleranführer

Morad findet Arbeit als Schmuggler. Jeden Tag geht er über die Grenze nach Afghanistan, in das Gebiet der freien Stammesherren, die Tribal Areas, wo weder die Regierung Afghanistans noch die von Pakistan etwas zu sagen haben.

Ob afghanische Könige, die Engländer, die Russen oder die kommunistische Regierung in Afghanistan an der Macht sind, ob in Pakistan ein Despot die Regierung führt oder ein gewählter Präsident, der sich mit Korruption an der Macht hält, in den Tribal Areas herrschen seit eh und je unabhängige Stammesherren.

Morad schmuggelt Medikamente, Drogen, Waffen in die Tribal Areas hinein. Und aus den Tribal Areas schmuggelt er Eisschränke, Fahrräder, Fernseher, Teppichböden, Computer, bespielte und unbespielte Videos, Videorekorder und andere glückversprechende und nützliche Erzeugnisse, die die westliche Welt den Armen dieser Welt zu bieten hat.

Die Ware wird im Hafen von Karachi und sonstwo gelöscht, auf Lastwagen umgeladen, quer durch Pakistan und nach Afghanistan in die Tribal Areas gefahren, ausgeladen, auf den Rücken von Morad und Hunderten und Tausenden anderer Schmugglerinnen und Schmuggler gepackt, mit Seilen an ihre Körper festgezurrt, damit sie die kostbare Fracht unterwegs nicht verlieren, denn die Pfade, auf denen sie die Ware zu Fuß wieder zurück nach Pakistan bringen, sind schmal, steil und steinig.

Aus der Ferne sehen Morad und die anderen aus wie tausend kleine, bunte Ameisen, die schwer beladen den Berg hinauf- und hinunterklettern, und das den ganzen Tag lang.

Weil die Ware nicht in Pakistan bleibt, braucht der Händler keinen Zoll dafür zu bezahlen. Ein Gesetz, das aus der Zeit der Engländer stammt, besagt, dass auf Ware, die auf nicht befestigten und asphaltierten Wegen und Straßen und zu Fuß nach Pakistan kommt, kein Zoll anfällt. Die Ware kommt aus Japan, England, Frankreich, aus Korea, Bulgarien, Deutschland, aus den USA, aus der gesamten Welt. Die Pakistaner haben nichts dagegen, dass die Afghanen dieses Geschäft für sie übernehmen. Im Gegenteil, sie sind den Afghanen auch noch dankbar dafür. Die Pakistaner lieben es nicht nur, billige Artikel aus der gesamten Welt kaufen zu können, sie selber würden niemals in die freien Stammesgebiete gehen, in den Bergen herumklettern und ihr Leben riskieren. Zudem kassieren die Pakistaner teure Mieten für ihre Läden und Buden, in denen die Afghanen die Schmuggelware verkaufen.

Am schlimmsten findet es Morad, wenn er Eisschränke schmuggeln muss, am liebsten schmuggelt er Zigaretten. Die sind leicht, und es fällt niemandem auf, wenn er unterwegs die eine oder andere Packung verliert, sie selber raucht, tauscht oder verkauft.

Shirin-Gol verbringt derweil den ganzen Tag im Flüchtlingslager, zusammen mit ihrer Tochter Nur-Aftab und ihrem Sohn Nasser, die sie über alles liebt. An jedem Tag, den Gott ihr schenkt, schenkt sie ihren Kindern tausend Küsse, tausendundein liebevolle Blicke, und immer, wenn sie die beiden ansieht, schenkt sie ihnen ein Lächeln. Ihre Kinder sollen es gut haben, sie sollen weder Hunger noch Angst kennen, ihre Augen sollen den Krieg nicht sehen, ihre Ohren keine Explosion zu hören bekommen, sie sollen in keinen Hausecken sitzen und auf ihre Geschwister aufpassen müssen, sie sollen lesen und schreiben lernen, und sie sollen eines Tages der Heimat dienen, das Land aufbauen, es in eine glückliche Zukunft führen und ihre Mutter und ihren Vater stolz machen.

Nachts, wenn Morad schläft, schleicht Shirin-Gol sich heimlich an seine Jacke, nimmt ein paar Scheine heraus und versteckt sie.

Tagsüber, wenn Morad in den Bergen unterwegs ist und Eisschränke, Videorekorder, Fahrräder oder Zigaretten schmuggelt, versammeln sich die Kinder aus den Nachbarzelten in Shirin-Gols Zelt, wo sie ihnen und ihren eigenen Kindern lesen und schreiben, rechnen und malen beibringt, mit ihnen singt und spielt, ihnen erzählt, was Fauzieh ihr selber erzählt hat, als sie ein kleines Mädchen war, gerade aus den Bergen gekommen war und Angst gehabt hat, eine Nacktfrau zu werden.

Die Eltern der Kinder bezahlen Shirin-Gol dafür, so viel sie können. Ein wenig Geld, Fett, Tee, Reis und was sie sonst noch entbehren können.

Lange geht das mit der heimlichen Schule nicht gut, denn der stinkende Mullah, der selbsternannte Lagerleiter, seine Lakaien und seine Kalaschnikow, die er offiziell nicht besitzen darf, in Wirklichkeit aber stets einsatzbereit hält, wollen weder, dass Mädchen in die Öffentlichkeit gehen, noch dass sie in die Schule gehen, noch dass Frauen arbeiten.

Sie beschimpfen Shirin-Gol, schwingen den Stock, treffen sie versehentlich absichtlich damit. Sie schnauzen Morad an, beleidigen ihn, hauen ihm den Stock absichtlich auf die Schulter und auf den Kopf, spucken ihm vor die Füße und werfen ihm vor, er könne nicht auf seine Frau Acht geben.

Sie macht, was sie will, schreien die Männer Morad an, treibt sich bei den Leuten herum, hat keinen Anstand und keine Würde. Deine Frau entehrt die *riesh-ssefid*, die Weißbärtigen, Ältesten und anderen Männer im Lager. Bändige sie und halte sie besser im Auge, sonst werden die Leute am Ende noch denken, du bist kein richtiger Mann.

Shirin-Gol möchte am liebsten im Erdboden versinken, sie schämt sich, grämt sich, macht sich Vorwürfe, ihr Gewissen quält sie. Sie hätte es besser wissen müssen. Wie steht ihr armer Morad jetzt da? Wie ein kleiner Junge. Der stinkende Mullah und der selbsternannte Lagerleiter haben ihn behandelt wie einen kleinen Jungen. Morad steht vor ihnen, mit eingezogenem Kopf, und sieht auf seine nackten Füße. Sein Anblick macht Shirin-Gols Herz zu Papier, und mit einem großen Ratsch reißt es in zwei Stücke. Unter ihrem Tuch krallt Shirin-Gol die Hand in ihren Oberschenkel, schluchzt leise und wäre lieber tot, als ihren Morad so zu sehen und zu wissen, wie er sich in diesem Moment schämt. Vor den Männern, den Nachbarn, dem Sohn, der Tochter und auch vor ihr selber.

Warum hat sie ihn nicht eingeweiht? Warum hat sie ihn nicht wissen lassen, dass sie die Kinder unterrichten wollte?

Es würde ihr recht geschehen, wenn er sie ausschimpfen oder gar schlagen würde, sie hat gewusst, dass das nicht gut geht, sie hätte ihn fragen müssen, er hätte Nein gesagt, und der Fall wäre erledigt gewesen. Oder er hätte Nein gesagt, sie hätten darüber gesprochen, sie hätte ihn überzeugt, wie sie ihn immer von allem überzeugt hat, dann wäre er wenigstens eingeweiht gewesen. Das hat sie nun davon. Morad ist zutiefst gekränkt, beleidigt, erniedrigt, und sie ist schuld daran.

Der stinkende Mullah und der selbsternannte Lagerleiter sind längst weg, da sitzt Morad noch immer in der Ecke, im blauen Plastikzelt und schweigt vor sich hin. Den ganzen Tag, den ganzen Nachmittag und den ganzen Abend lang sitzt er da und raucht dieses Zeug.

Shirin-Gol fragt, was ist das?

Er sieht sie nicht an. Medizin, murmelt er, schweigt und raucht weiter.

Das Zelt ist voll Rauch und dem Duft der Medizin, süßer, schwerer Rauch, der Shirin-Gol die Sinne betäubt, und auch die Tochter und der Sohn sind schon benebelt davon.

Ein paar Tage vergehen, da kommen der stinkende Mullah und der selbsternannte Lagerleiter wieder zu Morad und bringen einen Brief, seine Frau soll ihn vorlesen. Und von da an soll Shirin-Gol, auch in Zukunft, jetzt, da sie schreiben und lesen kann und diese Tatsache sich nicht mehr rückgängig machen lässt, Briefe für sie lesen und schreiben. Dafür bekommt sie zwar kein Geld, aber hin und wieder etwas Weizen, eine Dose Fett, Reis, einen Beutel Tee. Und sie soll schweigen, niemandem, keiner Menschenseele erzählen, dass sie Leserin und Schreiberin des Mullah und des Lagerleiters geworden ist.

Das ist Gottes Gnade, denkt Shirin-Gol, und sie gewöhnt sich daran, Gott für jeden Tag, den er ihr schenkt, zu danken. Sie dankt ihm für seine Gnade, seine Güte, für ihre eigene Gesundheit, die ihrer Kinder, die ihres Mannes. Dafür, dass ihre Kinder, sie selber, Morad auf keine Mine getreten, keine Arme und Beine verloren haben. Sie dankt Gott für das Fett, für den Reis, für den Tee, für den Weizen, für die kleine Lehmmauer, die sie langsam, aber sicher zusammen mit ihrem Morad um das blaue Plastikzelt herum baut. Dafür, dass das Mäuerchen größer werden, eine Tür, ein Fenster und ein Dach bekommen wird und Shirin-Gol schließlich das Zelt darunter entfernen und einen richtigen Raum, ein richtiges Zuhause haben wird.

Das Zelt wird sie verkaufen und von dem Geld Wolle und Farbe kaufen. Sie wird Fäden spinnen, Farbe kochen, die Wolle färben, einen kleinen Teppich knüpfen, ihn verkaufen, Essen kaufen, Fett, Tee, Reis, Weizen.

Shirin-Gol dankt Gott für die gesunden, geschickten, flinken, kräftigen Hände, die er ihr geschenkt hat, mit denen sie kocht, ihre Kinder auf die Welt bringt, ihre Kleider näht, wäscht, auf dem Feld arbeitet, Wolle zu Teppichen knüpft, den müden Körper ihres Morad besänftigt, ihre Kinder trägt, ihnen den Rücken streicht, wenn sie sie in den Schlaf wiegt.

Shirin-Gol dankt Gott für den Käufer, den sie in der Stadt für ihren Teppich findet, für den Brief, den sie von einem der

Brüder in den Bergen bekommt, in dem er ihr schreiben lässt, dass es ihm und dem Rest der Familie Gott sei Dank gut geht, dass sie immer noch kämpfen, auch wenn sie bisweilen selber nicht mehr wissen, wer da auf sie und auf wen sie ihrerseits zurückschießen, aber sie schießen, für den Propheten, den Koran und den Islam.

Shirin-Gol dankt ihrem Herrgott für alles das, für alles, was sie besitzt, und für jeden, der noch lebt.

Einmal, an einem Tag wie jedem anderen, an dem alles ist, wie es immer ist und dennoch alles anders ist, zieht und zwackt, brennt und reißt es in Shirin-Gols Bauch. Sie fühlt sich elend, ihr ist heiß, dann wieder fröstelt es sie, in ihrem Kopf dreht sich alles, die Kinder plärren, im Lager gibt es kein Wasser, das Feuer will nicht brennen, und als es endlich flackert, stinkt es, die Luft ist schwer, feucht, stinkt ebenfalls. Kakerlaken mit glänzenden Rücken krabbeln an den Beinen ihrer Kinder hoch, Mäuse knabbern an ihrem ohnehin kümmerlichen Vorrat, der Nachbar schimpft und meckert, die Nachbarskinder plärren, schreien, weinen, die Frau des Nachbarn schreit verrückt herum, reißt sich die Kleider vom Leib, schlitzt sich mit dem Messer den Schenkel auf.

Für diesen Tag und alles, was er sonst noch mit sich bringt, dankt Shirin-Gol ihrem Herrgott nicht. Sie flucht und verdammt den Tag, ihr Leben, ihr Schicksal, ihre Geburt, den noch immer tobenden Krieg in der Heimat, das noch immer fremde Pakistan, das stinkende Lager und alles andere, was ihr in ihrem kümmerlichen Leben widerfährt und nicht widerfährt. Da geschieht es.

Morad wird von zwei Männern in die Lehmhütte gebracht, der eine trägt ihn an den Armen, der andere an den Beinen.

Morad hat kaum noch Leben in seinem Körper. Er jammert, hat Schmerzen, ist nicht mehr ganz bei Sinnen, sein Bein ist zerquetscht, sein Arm blutet, seine Brust blutet, sein Kopf blutet. Blutmorad.

Er ist mit einem auf dem Rücken festgezurrten Schmuggel-eisschrank den Berg hinuntergerutscht, ist gepurzelt, hat sich überschlagen, immer wieder, mal war er oben, mal der Eis-schrank, bis er im Tal liegen geblieben ist, er oben, der zer-beulte Eisschrank unter ihm. Und alles das nur, weil Shirin-Gol an diesem Tag ihrem Herrgott nicht danken wollte.

Ein Arzt muss her, Blutmorad braucht Medikamente, er muss ins Krankenhaus, sein Bein, sein Arm, seine Brust, sein Rücken, alles ist kaputt, alles muss genäht und eingegipst wer-den.

Shirin-Gol bittet jeden, den sie kennt, um Geld, ihre Mut-ter, die Nachbarn, den stinkenden Mullah, den selbst ernann-ten Lagerleiter. Wer kann und will, gibt ihr etwas, sie wird es zurückzahlen müssen. Wie? Das weiß sie noch nicht. Sie bringt das Geld ins Krankenhaus, es reicht nicht. Wovon soll sie leben? Wovon die Kinder ernähren? Die Medikamente be-zahlen, den Arzt, das Krankenhaus, das Taxi, das Essen für Blutmorad?

In der Nacht hat Shirin-Gol einen Traum. Sie träumt, die Zelte aus Plastik sind keine Zelte und auch nicht aus Plastik. Es sind Hütten aus Lehm. Und sie träumt, der Kot und die Pis-se sind keine Pisse und kein Kot. Stattdessen sind an jeder Ecke im Lager kleine Stände voller Obst, Fleisch, Reis aufge-stellt, jeder kann sich bedienen, so oft und so viel er will. Und überall im Lager duftet es nach Rosenwasser, süßen Speisen und frisch gebackenem Brot.

Schade, dass es nur ein Traum war, denkt Shirin-Gol, als sie aufwacht.

Die letzten Bohnen, die auch noch von Würmern zerfres-sen sind, der letzte Reis, der letzte Weizen sind aufgebraucht. Der Bauch der Tochter und der des Sohnes knurren vor Hun-ger. Shirin-Gol selber wird es schwindelig und schwarz vor Augen, wenn sie aufsteht. Der Hunger bohrt ein Loch in ihren Magen. Die Kinder fangen an, ihre Finger zu lutschen und darauf herumzuknabbern. Shirin-Gol bettelt bei den Nachbarn, steht vor dem Lager herum und streckt die Hand unter ihrem Tuch hervor, bekommt ein paar Münzen, die nicht einmal für ein Brot reichen.

Ein Mann bleibt stehen, fragt, ob sie Hunger hat.

Ja, mein Herr, Gott möge Ihre Güte beschützen, wenn Sie mir helfen könnten.

Was bekomme ich dafür?, fragt der Mann.

Shirin-Gol weiß nicht, was der Mann meint.

Ist das deine Tochter?, fragt der Mann und streckt seine Hand nach der Kleinen aus.

Erschrocken zieht Shirin-Gol ihr Kind zu sich, flucht und beschimpft den Mann. Gottloser, faucht sie ihn an, schäm dich. Hast du keine Mutter, keinen Vater, keine Scham, keinen Anstand?

Der Mann lacht, spuckt Grüngelbes, greift sich in den Schritt und sagt, der Hochmut wird dir schon noch vergehen, wie er euch allen vergangen ist, wie er euch allen noch vergehen wird, wird er auch dir noch vergehen.

Am nächsten Morgen nimmt die vor Hunger zitternde Shirin-Gol ihre hungrige Tochter und ihren hungrigen Sohn an die Hand. Für einen Moment fühlt es sich an, als seien es die Zwillinge und sie selber das kleine Mädchen, die große Schwester von damals.

Im Bazar von Peshawar sucht sie den ganzen Vormittag, bis sie schließlich den Schmuggleranführer findet, für den Morad arbeitet. Shirin-Gol hat Glück. Der Pakistaner hat Mitleid. Er hat selber Kinder, ist selber Vater. Er ist höflich, freundlich, zuvorkommend, bietet Shirin-Gol und ihren Kindern einen Tee und etwas zu essen an, gibt ihr Geld, wünscht ihrem Morad gute Besserung, bezahlt Shirin-Gol und ihren beiden kleinen Kindern sogar eine Droschke, die sie zurück ins Lager bringt.

Zwei Wochen vergehen. Der Droschkenführer kommt ins Lager, bringt ein Bündel Reis, Fett, Weizen, ein Stück Seide, so schön und edel, wie Shirin-Gol sie jemals weder gesehen noch in den Händen gehalten hat. Alles ein Geschenk des freundlichen, großzügigen Schmuggleranführers. Den Reis, das Fett, den Weizen essen Shirin-Gol und die Kinder, und sie kocht Essen und bringt es Morad ins Krankenhaus. Die Seide verkauft sie für gutes Geld, kauft Medikamente und bezahlt den Arzt.

Noch einmal vergeht eine Woche. Der Droschkenführer kommt wieder. Dieses Mal mit leeren Händen. Der gnädige *saheb* möchte Shirin-Gol persönlich sprechen. Shirin-Gol nimmt ihre Kinder an die Hand, geht hinter dem Mann her, vorbei an blauen Plastikzelten, halb fertigen Lehmhütten, fertigen Lehmhütten, schreienden Kindern, stinkenden Wasserlöchern, kleinen Verkaufsständen, apathischen Müttern, verrückten Frauen unter Tüchern, benebelten Vätern, schmutzigen Kindern mit verlausten Köpfen, verschmierten Mündern, vollgepissten Hosen, nackten, dreckverkrusteten Füßen, sonnenverbrannter Haut, eitrigen Wunden.

Am Eingang zum Flüchtlingslager steigt Shirin-Gol in die wartende Droschke, wird durch die laute, stinkende Stadt in den lauten, stinkenden Bazar gefahren. Vorbei an spuckenden Männern, an schmierigen Männern, Männern mit lüsternen Blicken, Männern mit dicken Bäuchen. Vorbei an Männern, die Grüngelbes ausspucken, die ihre Schwänze kneten und kratzen, als Shirin-Gol mit ihren Kindern auf dem Schoß an ihnen vorbeifährt. Vorbei an alledem und noch viel mehr zum Haus des großzügigen Schmuggleranführers.

Shirin-Gol steigt aus, wird in einen von Ventilatoren gekühlten Raum geführt, wie sie ihn noch nie zuvor gesehen hat und jemals wieder sehen wird. Shirin-Gol setzt sich auf die schönen, sauberen, weichen Kissen und Sitzmatten, die ringsherum an den sauberen, mit hellgrüner Farbe getünchten Wänden aufgebaut sind, wartet, ermahnt ihre Kinder, still zu sitzen, nicht zu viel von den angebotenen Süßigkeiten zu essen.

Die Ruhe, die gekühlte Luft, die weichen Kissen, der Duft des Rosenwassers in der Tonschale, das leise, gleichmäßige Flattern des Ventilators, die eisgekühlte Zitronenlimonade beruhigen Shirin-Gol und auch die Kinder.

Langsam dösen die Kleinen ein. Shirin-Gol legt jedem von ihnen eine Hand auf, streichelt, klopft mit der flachen Hand sanft auf die kleinen, zerbrechlichen Rücken mit Pergamenthaut, singt mit tiefer, leiser Stimme eine Melodie, die aus ihrem Herzen kommt, lächelt dabei, ist glücklich, dankt ihrem Herrgott für diesen Moment der Ruhe und des Friedens.

Leise, um die Ruhe nicht zu stören, kommt der großzügige Schmuggleranführer in den Raum, bedeutet Shirin-Gol, Platz zu behalten. Sie soll weitersingen, die Kinder nicht wecken, den Moment nicht zerstören. Er zieht die Schuhe aus, schleicht hinein, setzt sich auf die Kissen neben Shirin-Gol, sieht lange das singende Tuch an, lauscht, genießt, wird selber zum Kind, lächelt, lässt die Steine seiner Gebetskette zu Shirin-Gols Melodie klacken.

Der Diener bringt noch mehr eisgekühlte Limonade, Kekse, saftige rote Wassermelone und eine Schachtel.

Für dich, sagt der großzügige Schmuggleranführer, legt die Schachtel in Shirin-Gols Schoß, öffnet den Deckel, berührt dabei leicht ihren Bauch.

Shirin-Gol glaubt, es ist ein Versehen, zuckt, sagt aber weder etwas noch rückt sie ab von dem fremden Mann. Die Kinder liegen auf ihrem Schoß, sie will ihren Schlaf nicht stören, der Mann ist nett, in dem Karton ist viel Geld, sie will ihn nicht verärgern. Und wer weiß, wahrscheinlich hat sie sich seine Hand an ihrem Bauch nur eingebildet.

Und das, was dann geschieht? Vielleicht ist auch das nur eingebildet. Vielleicht hat der Mann keine schlechte Absicht. Shirin-Gol schweigt. Vielleicht ist es so das Beste. Für Shirin-Gol. Ihre Kinder. Und auch für Morad.

Vorsichtig, ganz vorsichtig, sanft, sachte, mit zwei Fingern nimmt der großzügige Schmuggleranführer Shirin-Gols Schleierzipfel, zieht ihn langsam hoch, befreit ihr Gesicht von dem Tuch, blickt sie an, trocknet mit seinen dunklen Händen Shirin-Gols Tränen, küsst sie auf die Stirn, küsst die weinenden Augen, den tränenfeuchten Mund, schiebt seine Zunge vorbei an ihren schönen, weißen Perlenzähnen, in ihren nach eisgekühlter Limonade schmeckenden Mund, lutscht, leckt, atmet heftig, legt die Schachtel beiseite, erhebt sich, geht zur Tür, schiebt den Riegel vor, kommt zurück, nimmt sanft, vorsichtig, das Mädchen von Shirin-Gols Schoß. Shirin-Gol stößt einen leisen, erstickten Laut aus, der Mann lächelt voller Liebe, legt die Tochter auf die andere Seite des Raums auf Kissen, dann den Jungen, kommt zurück zu Shirin-Gol, kniet vor ihr, hält die Schachtel vor sie und fragt, willst du das Geld?

Habe ich eine Wahl?, fragt Shirin-Gol.

Ja, antwortet der großzügige Schmuggleranführer mit gütiger, sanfter Stimme. Du kannst wie viele deiner Landsfrauen dein Glück da draußen versuchen. Im Bazar gibt es viele meiner Landsmänner, die dich sofort nehmen würden.

Ich weiß, sagt Shirin-Gol.

Dein Mann kann nicht arbeiten. Er verdient kein Geld. Du hast Schulden gemacht. Viele Schulden. Wenn du heute mein Geld nicht nimmst, wirst du morgen das Geld von vielen Männern nehmen müssen. Für dich und früher oder später auch für den Körper deiner Tochter, für den Körper deines Sohnes.

Ich weiß, sagt Shirin-Gol.

Dann will ich dich allerdings auch nicht mehr, sagt der Mann und streicht Shirin-Gol sanft über die Lippen.

Ich weiß, sagt Shirin-Gol und wischt die Tränen aus ihrem Gesicht.

Du bist noch schöner, als ich dachte, sagt der großzügige Schmuggleranführer.

Shirin-Gol schweigt.

Der Mann legt eine Hand auf Shirin-Gols Brust, drückt, reibt sie, öffnet mit der anderen Hand den ersten Knopf ihres Kleides, den zweiten und alle anderen, nimmt ihre nackten, weichen, weißen, prallen Mutterbrüste in die Hände, drückt sie, reibt sie, streichelt sie, leckt sie, küsst sie, beißt sie sanft, schiebt eine Hand in Shirin-Gols Schoß und in sie hinein, streift ihre lange *tonban*, ihre Pluderunterhose, herunter, schlägt ihre Röcke hoch, schiebt sein hartes Glied in ihren Körper, bewegt sich auf und ab, bis er pulsiert, stöhnt, leise, damit die Kinder nicht aufwachen, stößt heftig, krallt seine dunklen Finger in Shirin-Gols Hüfte, hält sie, bebt, entspannt sich, legt seinen erleichterten Körper auf Shirin-Gols Mutterkörper, bleibt erlöst auf ihr liegen, kommt zur Ruhe, brummt wohlig und zufrieden. Sing, befiehlt er, schließt die Augen und lauscht ihrer schluchzenden Stimme.

Shirin-Gol hat es geschehen lassen.

Sie hockt in ihrem Zelt auf dem Boden, wiegt ihren Körper hin und her, als würde irgendwo Musik spielen, sie sieht ihre schlafenden Kinder an, ohne sie zu sehen.

Für dich, meine Tochter, flüstert sie. Für dich habe ich es getan. Für dich, mein Sohn. Für dich, mein Morad. Für mich selber, damit wir alle am Leben bleiben.

Die Jahre werden zu Vögeln, versammeln sich und fliegen davon. Winter und Sommer werden kommen und gehen. Aber die Bilder, die an diese Schande erinnern, sind klar und deutlich wie am ersten Tag. Grüngetünchte Wand. Geschmack von eisgekühlter Limonade im Mund.

Gott hilft Shirin-Gol nicht. Er nimmt diese Bilder der Schmach, der Schande nicht aus ihrem Kopf. Er hat sie in ihr Gedächtnis gebrannt und befreit sie nicht davon.

Und selbst das Wissen, dass viele Hunderte, Tausende afghanischer Frauen es gemacht haben wie sie, tröstet Shirin-Gol nicht.

Und auch das Wissen, dass es in Pakistan einen Markt gibt, wo afghanische Frauen angeboten und verkauft werden wie Vieh, tröstet sie nicht. Manche der Mädchen sind dreizehn, zwölf, elf oder auch nur neun Jahre alt. Sie werden begrapscht, Männer fassen ihnen an ihre gerade sprießenden Brüste, fassen ihnen an den Hintern, zwischen die Beine, lachen, sabbern, geifern, Männer sehen ihnen in den Mund, schieben ihre Finger hinein. Preise werden verhandelt. Geld wird hin und her geschoben. Menschen werden gekauft und verkauft.

Shirin-Gol weiß alles das. Sie weiß, dass sie mit ihrer Schande nicht allein ist. Alles das weiß Shirin-Gol. Und sie weiß, dass der einzige Ausweg aus dieser Schande ihr Tod ist. Sie weiß es. Sie weiß nur nicht, was sie mit ihren Kindern machen soll.

7. Kapitel
Noch ein Kind und noch eine Flucht

Seit der Geburt ihres dritten Kindes, ihrer zweiten Tochter, die Shirin-Gol Nafass, Atem, nennt, wird Shirin-Gol an jedem einzelnen Tag, den der Herrgott ihr schenkt, an den großzügigen Schmuggleranführer erinnert.

Grüngetünchte Wand. Geschmack von eisgekühlter Limonade im Mund.

Nafass hat zartere Knochen als ihre Geschwister, dunkleres, glatteres, weicheres Haar, dunklere Haut, sie gleicht ihrem Vater, dem großzügigen Schmuggleranführer.

Deine pakistanische Tochter ist hübsch, sagen die Leute, sehen Shirin-Gol provozierend an, warten auf eine Erklärung, tuscheln hinter ihrem Rücken, zeigen auf sie, beschimpfen sie. Polizisten, Soldaten, Beamte, Männer wie Malek fragen sie dreist, ob dieses Mädchen etwa auch ihr Kind ist.

Morad hat das Kind gesehen und gewusst, dass es nicht von ihm ist, aber er hat nie, kein einziges Mal, auch nur ein einziges Wort darüber verloren. Andere Männer, deren Frauen pakistanische Kinder in die Welt gesetzt haben, haben ihren Frauen die Zähne ausgeschlagen, haben sie und ihre pakistanischen Kinder erstochen, verstoßen, erschlagen.

Morad kommt aus dem Krankenhaus, schleppt seinen kranken, verwundeten Körper in die Ecke der Lehmhütte, setzt sich, starrt die Kanister mit dem Fett an, sieht, wie seine Frau den Sack Reis öffnet, in einem richtigen Topf aus Messing Wasser heiß macht, mit richtigem Brennholz ein Feuer anzündet, Bohnen und Kartoffeln kocht, die keine Würmer und keine Löcher haben. Morad sieht den dicken, schwangeren Bauch seiner Shirin-Gol, seufzt, sagt, Allah sei Dank, es gibt noch gottesfürchtige Menschen, die Bedürftige und Arme nicht vergessen.

Gott sei Dank, sagt Shirin-Gol, legt die Hand auf ihren schwangeren Bauch, gibt Salz ins kochende Wasser, holt aus einem Bündel eine Packung amerikanischer Schmuggelzigaretten, reißt die Folie auf, wirft sie ins Feuer, reicht die Packung Morad, geht zurück an ihr Feuer, schöpft Wasser aus dem Bottich, wäscht ihre Hände mit richtiger Seife, hockt sich auf den Boden neben den Kochtopf und rührt das kochende Wasser, bis es brodelt und schimpft. Shirin-Gol rührt mit einem richtigen Löffel den Reis, damit er nicht am Topfboden festklebt, schöpft den Schaum, klopft ihn am Stein ab, auf dem der Topf steht. Das Feuer zischt wütend, wenn der Reiswasserschaum hineinfällt. Shirin-Gol zieht den Kopf zurück, damit der Rauch und der Dampf ihr nicht in den Augen brennen. Sie schält eine richtige Zwiebel, hat Tränen in den Augen, schneidet eine richtige, frische, dicke Aubergine auf, bekommt schwarze Finger von der knackigen Haut und sagt, ohne Morad anzusehen, dein Dienstherr, möge Gott ihn und seine Güte für uns erhalten, schickt einmal die Woche nach mir. Ich fahre in die Stadt und komme jedes Mal reich beschenkt zurück. Sogar Kleider für die Kinder hat er uns geschenkt. Er schickt dir seinen Gruß und seine Wünsche und sagt, du kannst sofort wieder arbeiten, sobald du gesund bist. Und er sagt, du sollst dir keine Gedanken und keine Sorgen machen, denn solange er da ist, wird er sich um uns kümmern. Und du sollst sagen, wenn du etwas brauchst, wenn es in seiner Macht steht, wird er es für dich besorgen.

Das Feuer zischt wütend. Shirin-Gol zieht den Kopf zurück.

Morad schweigt.

Die Frau von unserem Nachbarn *hadji* Nabi ist verschwunden, sagt Shirin-Gol. Sie war am Morgen vor zwanzig Tagen in die Stadt gefahren, zum Betteln. Am Abend ist sie nicht mehr zurückgekehrt.

Morad schweigt.

Vierzehn Tage lang haben der *hadji* und die anderen Männer sie gesucht, bis sie ihre Leiche gefunden haben. Sie hatte eine Schlinge um den Hals. Die Leute sagen, ein Fremder habe sich an der armen Schuldlosen vergangen. Statt sie zu bezahlen, hat er sie stranguliert und in der Gosse liegen gelassen.

Morad schweigt.

Ihr armer Mann, der *hadji*, weiß jetzt nicht mehr, wie er seine mutterlosen Kinder ernähren soll.

Wann gehst du wieder in die Stadt?, fragt Morad.

Heute, sagt Shirin-Gol und zieht ihre Tränen durch die Nase hoch.

Sag ihm, ich habe Schmerzen. Schmerzen, die ich betäuben muss. Sag ihm, ich brauche Opium.

Ja, sagt Shirin-Gol mit einer Stimme, die weder leise ist noch laut, und rührt den Reis im Topf, damit er nicht am Topfboden festklebt.

Tage, Wochen, Monate, ein Jahr und noch mehr vergehen, Morad verlässt die Lehmhütte so gut wie nie. Er sitzt den ganzen Tag in seiner Ecke, döst, erträgt seinen Schmerz, beobachtet seine Shirin-Gol, seine Tochter, seinen Sohn und seine dunkelhäutige zweite Tochter, die ihre ersten Schritte macht und ihre ersten Worte spricht, und raucht. Opium. Jeden Tag, zweimal, dreimal, so viele Male, dass bald weder er selber noch Shirin-Gol wissen, wie viele Male es sind.

Morads Kopf wird lahm, sein Blick wässrig. Opiumzunge. Opiumblick. Morad spricht so gut wie nie, denkt bald gar nichts mehr. Bekommt nicht mehr mit, ob er allein in der Hütte ist, ob Shirin-Gol bei ihm ist, seine Kinder mit ihm sprechen, miteinander sprechen oder überhaupt irgendjemand etwas sagt.

Nur wenn Shirin-Gol mit ihrer tiefen, sanften Stimme ein Lied summt, bekommt er es mit, lächelt, schließt die Augen und verschwindet in eine Welt, die schöner ist als die in der Ecke seiner Lehmhütte im pakistanischen Flüchtlingslager. Eine Welt, die sogar noch schöner ist als seine Opiumwelt.

Es scheint, als wolle und könne nichts und niemand ihn von seinem Opium abbringen, bis eines Tages die Nachbarn in seine Hütte gerannt kommen, Morad, Morad schreien und rufen, komm zu dir, deine Frau ist von der pakistanischen Polizei verhaftet worden.

Die Männer stützen Morad, bringen ihn aufs Revier, führen seine Hand, als er den Zettel unterschreiben muss, um seine Frau zurückzubekommen, stützen ihn auf dem Weg zurück ins Lager, setzen ihn in seiner Ecke ab, wo der Lehm an der Wand vom vielen Anlehnen schon ganz glatt und blank ist, schütteln den Kopf, bedauern ihn und gehen wieder.

Shirin-Gol setzen sie in die andere Ecke der Hütte, wo sie sich zusammenkauert, die Arme um die Beine schlingt, sich klein macht, ihren entweihten, gedemütigten, verletzten, verprügelten, von fremden Männern missbrauchten Körper hin und her wiegt, verrückt die kahle Wand aus Lehm anstarrt und schweigt. Verrückt.

Nur-Aftab, Nasser, Nafass plärren, haben Hunger, wollen essen, die kleine, dunkelhäutige Tochter will die Brust, die Kinder pinkeln in die Röcke, in die Hose, der Rotz läuft ihnen aus der Nase, Fliegen ernähren sich von den Ecken ihrer Augen, Staub verkrustet auf ihrer Haut, doch Shirin-Gol sieht alles das nicht mehr, und sie kommt auch nicht aus ihrer Ecke heraus, als der Mann mit der Droschke kommt, um sie zu dem großzügigen Schmuggleranführer zu bringen.

Morad wird es kalt, er zittert, Schaum läuft aus seinem Mund, sein Kopf brummt, hämmert, pocht, dreht sich, drückt so sehr, dass er sich mit dem Messer in den Schenkel und die Arme ritzt. Seine Knochen platzen fast, seine Haut droht zu zerreißen, er schreit, brüllt, wimmert, weint, doch Shirin-Gol bleibt in ihrer Ecke hocken, wimmert nicht, weint nicht, gibt bald keinen Ton mehr von sich, rührt sich nicht mehr, hockt und hockt, kippt um. Einfach so. In sich zusammengekauert, wie sie ist, kippt sie um und bleibt liegen.

Bahara, eine Landsfrau, eine Nachbarin, eine Freundin, eine gute Seele, selber eine, die Hilfe braucht, selber eine, die so viel Leid in der Brust trägt, dass sie ihr zu platzen droht, selber eine, die zu bedauern ist, hat Erbarmen, setzt Shirin-Gol auf, befeuchtet ihre Lippen, träufelt Wasser in ihren Mund, wäscht ihr Gesicht, ihre Hände, ihre Füße, kocht eine Brühe, kocht Reis, füttert die Kinder, setzt Morad einen Teller mit Essen vor.

Bahara schickt Shirin-Gols Kinder hinaus, scheucht Morad hinaus, nimmt Shirin-Gol in die Arme, hält sie, reibt ihren steif gewordenen Rücken, streicht ihr sanft über den Kopf, wiegt sie, summt ein Lied für sie, spricht zu ihr.

Vorsichtig, als wäre sie aus Glas, zieht Bahara Shirin-Gol das Kleid aus, wäscht es, öffnet Shirin-Gols Haar, wäscht es, kämmt es, flechtet zwei neue Zöpfe, wäscht ihren Körper, reibt ihn, küsst Shirin-Gols Stirn, spricht zu ihr mit sanfter Stimme, erzählt von ihrem eigenen Leid, träufelt gesüßten Tee in ihren Mund, schiebt Reis in ihren Mund, bleibt so lange bei Shirin-Gol, bis eine Träne Shirin-Gols trockene Augen befeuchtet, ihre Wange hinunterrennt, vorbei an ihrer Lippe, ihren Hals hinunter, in ihren gewaschenen Rock fällt und dort verschwindet.

Als habe sie die gesamten vergangenen Tage nur auf diese eine Träne gewartet, fängt Shirin-Gol an zu reden und hört nicht mehr auf zu sprechen, bis sie alles erzählt hat, was an jenem Tag geschehen ist, als sie verrückt geworden ist.

Shirin-Gol war im Bazar, hat für Morad Opium gekauft, da hat ein pakistanischer Polizist ihr mit seinem Knüppel auf ihren verschleierten Kopf gehauen, so heftig, dass sie torkelt, nur noch Schwarzes sieht, umfällt und nicht mehr aufstehen kann.

Sofort versammeln sich Shirin-Gols Landsleute, brüllen und schreien, beschimpfen die Polizisten als Afghanenhasser, als Frauenhasser, die sich nur an Wehrlose und Schwache heranwagen.

Shirin-Gol will aufstehen, will weg, sie schämt sich, will nicht, dass ihretwegen Aufregung entsteht und die Leute sich versammeln, doch in ihrem Kopf dreht sich alles, sie rutscht, wankt, hört aus allen Richtungen Stimmen, richtet sich auf, fällt wieder zu Boden, haut mit dem Kopf auf den Bordstein, ihre Hand landet in der modernden Wasserrinne am Straßenrand.

Ihre Landsleute reden auf sie ein, sie soll zu sich kommen, sie wollen helfen, wollen sie aufrichten, doch es sind nur Männer da, fremde Männer, es ziemt sich nicht, eine fremde Frau anzufassen.

Die pakistanischen Polizisten schlagen auf die Männer ein, vertreiben sie, zwei Polizisten heben Shirin-Gol an Armen und Beinen hoch, der dritte prügelt den Weg frei, sie werfen Shirin-Gol in ihr Auto, fahren mit ihr durch die Stadt, wollen sie auf der anderen Seite der Stadt aussetzen, als einer der drei Männer ihr Tuch hochschlägt und ihr Gesicht betrachtet.

Shirin-Gol kommt zu sich, hält die Hände vors Gesicht, der Polizist reißt sie ihr weg, berührt ihre Lippen, schlägt ihre Röcke hoch, öffnet seine Hose, dringt in sie ein, lacht zufrieden.

Die ganze Zeit sieht Shirin-Gol nur seinen Goldzahn, riecht seinen fauligen Atem. Die anderen beiden Polizisten beachten den ersten zuerst nicht, dann lassen sie einer nach dem anderen ebenfalls die Hosen herunter, dringen ebenfalls in Shirin-Gol ein. Nachdem sie alle drei ihre stinkende Lust befriedigt haben, werfen sie Shirin-Gol an den Straßenrand, lassen sie liegen und fahren weg.

Ein pakistanischer Lehrer, der in der Nähe wohnt, findet Shirin-Gol, ruft seine Frau, sie helfen Shirin-Gol, sich aufzurichten, bringen sie zur Polizei, wo sie Anzeige erstatten soll, stattdessen aber verhaftet wird. Niemand glaubt ihr. Stattdessen wird sie beschimpft, ausgelacht und erniedrigt.

Shirin-Gol und Bahara haben schon viele solcher Geschichten gehört, beide Frauen haben schon oft geweint ob des ungerechten Schicksals, das ihren Schwestern widerfährt, Frauen, die von Gott und der Welt verlassen, vergessen, allein und der Ungerechtigkeit des Krieges, des Hungers, der Willkür der Männer überlassen sind. Shirin-Gol und Bahara halten sich fest in den Armen, weinen gemeinsam, und sie wissen, es werden nicht die letzten Tränen sein, die sie weinen.

Wie in allen anderen Nächten der letzten Tage, seit sie von den pakistanischen Polizisten vergewaltigt wurde, will der Schlaf nicht zu Shirin-Gol kommen. Scheußliche Bilder, Geräusche, Schmerz, endlose Scham, das Gefühl, ihre Röcke werden hochgeschlagen, das Gefühl von fremden Männerhänden auf ihrer Haut, der goldene Zahn, der faulige Atem lassen sie immer wieder hochschrecken. Leise, erstickte Schreie springen aus ihrer Kehle. Shirin-Gol hält die Hände vor den Mund, um nicht laut schreien zu müssen, reißt die Augen auf, starrt in die Dunkelheit der Hütte, zittert und weint.

Vier Tage, oder sind es sechs oder acht, vergehen, Funken sind in der Luft, die Stimmen der Menschen sind hart und scharf wie Messer, jedes Wort schneidet, kracht, macht eine kleine Explosion, Shirin-Gol hält die Hand auf ihr Herz, damit es nicht aus ihrem Körper herausspringt, ihr Atem ist kurz, geht nur bis zum Hals und verlässt ihre Kehle gleich wieder.

Wo ist Morad?, fragt sie.

Nur-Aftab zuckt die Schultern.

Frag die Nachbarn, sagt Shirin-Gol.

Nur-Aftab läuft hinaus, kommt wieder in die Hütte, zuckt die Schultern.

Hat der Vogel deine Zunge gefressen? Was ist? Sprich mit mir, du freches Ding.

Nur-Aftab sieht ihre Mutter an, schiebt die Oberlippe über die Unterlippe, senkt den Blick und flüstert schüchtern, niemand weiß, wo er ist.

Shirin-Gol zieht ihre Tochter zu sich herunter auf den Boden, küsst sie, sieht ihr in die Augen, sagt, mein kleiner Sonnenschein, es tut mir Leid, deine Mutter ist verrückt geworden.

Ich weiß, sagt die Tochter und streicht eine Strähne ihrer schwarzen Haare, die wie Pech glänzen, aus dem Gesicht. Ich weiß, wiederholt sie, du bist verrückt geworden.

Am Abend kommt Morad zurück und hat etwas zu verbergen. Weder sieht er seine Kinder an noch Shirin-Gol. Weder spricht er noch hört er, wenn andere mit ihm sprechen.

Shirin-Gol, Shirin-Gol, komm heraus, ruft Bahara, alle reden darüber.

Shirin-Gol senkt den Blick. Worüber?, fragt sie, nur um Zeit zu gewinnen.

Die drei Polizisten, sagt Bahara, schlägt die Hand vor den Mund und erstickt die restlichen Worte in ihrer Kehle.

Die drei Polizisten?, fragt Shirin-Gol, was ist mit den Hundesöhnen?

Tot. Sie sind tot, sagt Bahara und schließt die Augen, als seien die Toten gerade vor ihren Augen erschienen.

Tot? Wer hat sie …?

Keiner weiß, wer sie getötet hat, sagt Bahara. Im Bazar soll alles drunter und drüber gehen, alle werden verhört, viele Afghanen haben ihre Buden und Läden dichtgemacht.

Bis zum Abend schweigen Shirin-Gol und Morad. Shirin-Gol breitet die Matten und Decken aus, legt die Kinder zum Schlafen, hockt sich wie an jedem Abend vor die Hütte, blickt über die vielen Zelte, halben und ganzen Lehmhütten des Flüchtlingslagers. Shirin-Gol hört, wie die Stimmen der

Menschen im Lager immer leiser und weniger werden, bis alles still ist. Das Klappern der Töpfe und Schüsseln wird immer weniger und hört schließlich auf. Shirin-Gol hört, wie die nicht weit entfernte Stadt immer leiser wird, bis auch sie verstummt. Hin und wieder plärrt ein Baby in die Ruhe der Nacht, jemand hustet leise, ganz in der Nähe pinkelt jemand, ein anderer stöhnt.

Die Luft wird dünn und hell, Staub und Gestank verschwinden und nehmen auch den Geruch von gekochtem Fett und ranzigem Öl mit sich, den Gestank von in der Sonne aufgequollenem Müll, in der Sonne aufgewärmter und abgestandener Pisse. Shirin-Gol öffnet das kleine Fläschchen, das der Schmuggleranführer ihr geschenkt hat, träufelt einen Tropfen von dem Rosenwasser in ihre Hand, reibt ihre Hände, hält sie vor ihre Nase, zieht den Duft ein, lehnt den Kopf an den Pfosten der Öffnung, in der noch keine Tür ist, schließt die Augen und schlummert endlich ein.

Als sie die Augen wieder öffnet, weiß sie nicht, ob sie träumt oder wacht. Weiter hinten, da, wo die Stadt ist, brennt der Himmel. Riesige Flammen, so viele, als würde die halbe Stadt brennen, springen und hüpfen gelb und rot.

Der Wind bringt den Gestank von verbranntem Plastik, von verbranntem Holz, von verbranntem sonst noch was ins Lager. Shirin-Gol erhebt sich, ein paar Nachbarn kommen heraus, tuscheln, stoßen erschrockene Schreie aus. Immer mehr Menschen stehen vor ihren Hütten und Zelten, blicken hinüber zum Feuer, flüstern, beten zu Gott, schweigen.

Am nächsten Tag, einem Samstag, wissen es alle. Der Afghanenbazar von Peshawar ist ausgebrannt. Vollständig und vollkommen ausgebrannt. Nichts, aber auch wirklich gar nichts davon ist übrig geblieben. Alle Stände, alle Buden, alle Läden, Socken, Hemden, Hosen, Zigaretten, Papier, Stifte, Haarspangen, Gewürze, Reis, Kleider, Schleier, Tücher, Schuhe, Kappen, Gürtel, Spielzeug, alles, alles, selbst der große

Baum, der am Rand des Bazars stand, ist abgebrannt. Die Leute gehen mit Eimern und Töpfen zu seinem Stumpf und pulen das verbrannte Holz, das zu Kohle geworden ist, heraus, um es zu Hause als Brennmaterial zu verwenden.

Es war ein Kurzschluss, sagen die einen, es war ein Racheakt, sagen die anderen. Rache für die drei toten Polizisten.

Was immer es war, es war ein schwarzer Freitag, an dem Hunderte Afghanen wieder einmal ihre mühevoll aufgebaute Existenz verlieren.

Wir müssen gehen, sagt Morad mit heiserer Stimme, als Shirin-Gol vom Wasserwagen wieder in die Lehmhütte zurückkommt und endlich nicht mehr verrückt aussieht.

Ich weiß, sagt Shirin-Gol und sieht in die Augen ihres Morad, der endlich wieder aufgewacht ist aus seinem Opiumdämmern, das so lang, so unendlich lang gedauert hat.

Opiummorad ist kein Opiummorad mehr.

Du zitterst nicht mehr, sagt sie.

Ich zittere nicht mehr, sagt er.

Du hast keinen Schaum mehr vor dem Mund, sagt Shirin-Gol.

Ich habe keinen Schaum mehr vor dem Mund, sagt er, sieht Shirin-Gol an, nimmt ihre Hand und sagt, ich dachte, du warst verrückt und hast den Schaum und das Zittern und die Angst nicht gesehen.

Ich war verrückt, sagt Shirin-Gol, aber dein Zittern, deine Angst, deinen Schaum vor dem Mund habe ich trotzdem gesehen. Deine Schreie habe ich gehört, dein Weinen, deinen Schmerz habe ich gesehen, aber ich war verrückt und konnte nicht helfen.

Es wäre meine Pflicht gewesen zu helfen, sagt Morad, senkt den Blick, kann nicht weitersprechen, eine Träne springt in seinen Hals, stiehlt ihm die Stimme.

Du hast mir immer geholfen, und du hast mir jetzt geholfen, sagt Shirin-Gol und streicht Morad übers Haar, und es fühlt sich an, als streiche sie einem der Zwillinge über den Kopf.

Morad hebt den Kopf, nimmt die Hand seiner Frau, küsst sie, sieht zum ersten Mal, seit er aus dem Krankenhaus gekommen ist, Shirin-Gol in die Augen, die voller Schmerz sind, und sagt, ich habe getan, was ich tun musste und tun konnte, und werde immer tun, was ich tun muss und tun kann.

Ich weiß, sagt Shirin-Gol, berührt sanft seine Lippen und sagt, wer immer die drei Polizisten umgebracht hat, möge Gottes Vergebung ihm zuteil werden, und möge er die Last der Schuld von seinen Schultern nehmen.

8. Kapitel

Ein Berg und eine Felsenfrau

Shirin-Gol verschenkt oder verkauft alles, was sie nicht mit sich schleppen kann, und kehrt zurück nach Afghanistan. Zusammen mit ihrer Tochter Nur-Aftab und ihrem Sohn Nasser, deren Vater Morad ist, ihrer pakistanischen Tochter, deren Vater der großzügige Schmuggleranführer ist, dem pakistanischen Kind in ihrem Bauch, dessen Vater einer der drei pakistanischen Vergewaltiger ist, und Morad, der alle Kinder, die Shirin-Gol geboren hat und noch gebären wird, behandelt wie seine eigenen Kinder.

Zurück in die Berge, wo Shirin-Gol geboren ist und wo Morad jahrelang an der Seite ihres Bruders gekämpft hat, bis er nicht mehr kämpfen wollte, Karten gespielt, gewonnen und statt des Geldes Shirin-Gol zur Frau bekommen hat, können sie nicht. Noch immer kämpften irgendwelche Mujahedin gegen andere Mujahedin. In den Städten des Landes, in Kabul, Mazar, Kandahar, Herat und Jalalabad, ist auch noch Krieg.

Wir gehen zum weißen Berg des Lichtes, sagt Shirin-Gol.

Wo soll der sein?, fragt Morad.

Was weiß ich, antwortet Shirin-Gol.

Als ihre Kinder längst nicht mehr gehen wollen, als sie nicht mehr wissen, wo sie sind und wie lange sie gegangen sind, wie oft sie hinauf- und hinuntergeklettert sind, als sie seit Tagen kein Dorf mehr gesehen haben, keiner Menschenseele begegnet sind, als Morad denkt, Shirin-Gol hat wieder den Verstand verloren, will sie noch immer weitergehen.

Wenn wir morgen keinen Platz finden, an dem wir bleiben können, sagt Morad, werden wir in weniger als vier Tagen tot sein.

Die Nacht wird die kälteste, seit sie in die Berge gekommen sind. Die Luft ist wie aus winzigen Glassplittern. Das Feuer wärmt nicht. Die bunten, dünnen Hemdchen, Hosen und Kleider aus Stoff flattern im Wind, peitschen gegen ihre dürren Körper. Die Kinder ziehen die Köpfe zwischen die Schultern. Sie blasen warme Luft in ihre vor Kälte roten und blauen Hände. Die Finger werden feucht, eine Schicht aus Eis bildet sich. Sechs kleine Eishände. Drei kleine Eisnasen. Drei kleine Eismünder.

Shirin-Gol stirbt tausend Tode beim Anblick ihrer Kinder, die kaum noch Leben in sich haben. Sie wimmern nicht mehr, klappern nur noch mit den Zähnen. Gegen den kalten, scharfen Wind, der wie Messer schneidet, kneifen sie die Augen zu kleinen Schlitzen zusammen. Mal dämmern sie weg, dann wieder reißen sie die Augen weit auf, suchen hilflos die Mutter.

Shirin-Gol und Morad breiten die Plastikplane und ihre dünnen Decken dicht am Feuer aus, legen die Kinder zwischen die Decken. Nur-Aftab, Nasser, Nafass schieben ihre winzigen Pergamenthaut- und Knochenkörper zusammen. Starr vor Angst kleben sie aneinander. Halten sich fest. Werden zu einem Knäuel aus weichen, zerbrechlichen, dünnen Armen und Beinen. Werden zu einem Knäuel mit drei Köpfen.

Shirin-Gol schiebt ihren schwangeren Körper an sie heran. Morad zieht die Decken und Planen zusammen, wickelt sie um seine Familie, verknotet und verschnürt die Enden. Er geht noch einmal los in die eisige Dunkelheit, gräbt Büsche und dornige Sträucher aus, reißt sie aus der Erde, macht ein zweites Feuer, wacht und hält beide Feuer, sich und seine Familie am Leben.

Der schneidende Wind wird zum Sturm. Die Sterne verschwinden hinter Wolken. Schnee fällt. Alles wird weiß. Die Felsen, der Berg, das Knäuel von Menschen unter dem Plastik und auch Morad und die beiden Feuer.

Als das erste Licht der Sonne über den hohen Gipfel kriecht, sieht Morad auf der anderen Seite des Berges Rauchwolken aufsteigen. Acht Rauchwolken aus acht Schornsteinen. Ein kleines Dorf.

Es liegt vier oder mehr Tagesmärsche entfernt von Soundso, einer Stadt im Norden Afghanistans, irgendwo mitten im Nirgendwo des unendlichen Hindukusch, so weit entfernt von allem und jedem, dass es selbst für den Krieg zu anstrengend gewesen ist, den weiten Weg hierher zu finden.

Das Dorf hat acht Hütten, die am Berg kleben und alle gleich aussehen. Die Hütten stehen statt auf dem Boden auf Stelzen, jede hat eine Tür, zwei Fenster und einen langen Schornstein mit drei kleinen und einer großen Öffnung. Außer wenn Schnee liegt, sammeln die Leute ständig Holz und alles Brennbare und stapeln es unter den Hütten. Im Winter holen sie es durch Öffnungen im Boden herauf und halten ihre Feuer und sich am Leben.

In jeder der acht Hütten mit den langen Beinen und Schornsteinen leben acht und mehr Menschen. Alle Bewohner des Dorfes gehören zur Volksgruppe der Hazara, die als kräftig und ausdauernd, fleißig und sauber gelten. Wegen ihrer breiten, asiatischen Gesichter, die kaum Bartwuchs haben, der Schlitzaugen und ihrer breiten Nasen sagen manche, die Hazara stammen von den Chinesen ab, andere sagen, sie sind Nachkommen der Mongolen.

Die Bewohner der acht Hütten wissen nicht, warum irgendwann vor vielen Generationen ihre Vaterväter auf den Berg gekommen, ihre Hütten aufgebaut und hier geblieben sind.

Warum lebt ihr hier mitten in den Bergen? Allein? Verlassen

von allem und jedem?, fragt Shirin-Gol. Warum geht ihr nicht hinunter ins Tal, wo es andere Menschen gibt, wo in den Wintern nicht so viel Schnee fällt?

Warum bist du hierher gekommen?, fragen die Leute zurück.

Die Menschen sind nett, aber skeptisch, haben Angst, sind scheu und zurückhaltend. Bis sie merken, dass Shirin-Gol, ihre Kinder und Morad nichts Böses im Sinn haben, erschöpft sind, Hilfe brauchen, einen Ort brauchen, wo sie bleiben können.

Bis vor zwei, drei, vier oder wer weiß und eigentlich ist es auch egal wie vielen Jahren hat in der Hütte, in die jetzt Shirin-Gol und ihre Familie einziehen, ein Mullah gelebt. Der Mullah hat für die Menschen gebetet, wenn ihre Mütter sie geboren haben oder Gott sie zu sich geholt hat. Er hat den Menschen *ta-vis* angefertigt und ihnen die Amulette um den Hals gehängt. Er hat Frauen und Männer vermählt. Er hat Schafe, Pferde, Ziegen gesegnet, wenn sie geboren oder geschlachtet wurden, wenn sie krank waren und wieder gesund wurden.

Wie alle anderen Mullahs ist auch er Mullah geworden, weil er angeblich den Koran gelernt hat und sogar lesen und schreiben konnte. Zumindest hat er das behauptet, überprüfen konnte weder das eine noch das andere jemand. Denn keiner der Dorfbewohner hatte je schreiben und lesen gelernt. Wie denn auch? Ihr Dorf ist Tage entfernt von anderen Dörfern, von der Stadt, von anderen Menschen, die auch nicht lesen und schreiben können.

Niemand weiß, wo der Mullah hergekommen war, wie viele Jahre er hier gelebt hat, wer seine Lehrer gewesen sind. Warum er allein gekommen war und allein geblieben ist. Niemand weiß, ob er eine Mutter gehabt hat, die ihn vermisst hat, einen Vater, der ihn auf dem Feld gebraucht hat, Brüder, Schwestern. Niemand weiß, warum er keine Frau genommen hat, obwohl mancher Vater ihm seine Tochter gern gegeben hätte, warum er keine Söhne hinterlassen hat, warum dieses, warum jenes. Hauptsache, er ist da gewesen. Hauptsache, er hat seine Dienste angeboten. Hauptsache, die Dorfbewohner haben ihn nicht schlecht behandelt und haben ein reines Gewissen vor ihrem Gott. *Al-hamn-do-allah.*

Alle haben ihn gemocht, und alle haben es bedauert, als er gestorben ist. Deshalb finden alle es gut, dass jetzt wieder jemand im Dorf ist, der lesen und schreiben kann und mehr Verstand hat als alle Dorfbewohner zusammen. Gut, dass die Hütte des Mullah leer steht und Shirin-Gol und ihre Familie darin unterkommen können. Schade, dass sie nur eine Frau ist. Gut, dass das Dorf so klein ist und alle vom gleichen Blut und miteinander verwandt sind und sich verstehen und kennen, sodass es wiederum egal ist, ob sie Mann oder Frau ist. Gut, dass sie eine Frau ist, denn wer weiß, wäre sie ein Mann, vielleicht hätte sie versucht, die Macht im Dorf an sich zu reißen. Schade, dass sie bereits verheiratet ist und Kinder hat, denn sonst könnte einer der Männer aus dem Dorf sie heiraten, damit sie für immer bleiben muss und nie mehr geht, es sei denn, der Herrgott holt sie zu sich. Gut, dass sie verheiratet ist, denn dann gibt es keinen Streit um sie. Schade, dass sie arm ist und besitzlos, denn nun müssen die Dorfbewohner sie, ihre Kinder und ihren Mann ernähren. Gut, dass sie keinen Besitz hat, denn so müssen sowohl sie als auch ihr Mann und ihre Kinder mit anpacken. Schade, dass der Mullah seine Bücher ins Feuer geworfen hat, bevor er gestorben ist und Shirin-Gol keine Bücher hat, aus denen sie lesen kann, welche Kräuter und Medizin gegen Leiden und Krankheiten helfen. Gut, dass mindestens einmal im Jahr einer in die Stadt geht und das nächste Mal ein Buch mitbringen kann.

Es ist Frühling. Die Luft ist nicht mehr aus hauchdünnem, zerbrechlichem Glas. Die Wiesen sind aus saftigem, hellem

Grün, zart, kräftig, voller Leben und stoppelig, dass es unter den nackten Füßen piekst und kratzt, knackt und bricht. Die Sonne ist dünn und grell. Der Schnee auf den Gipfeln der Berge ist matt und schwer. Das Wasser aus den Bächen ist klar, kühl, lebendig. Die Kühe, Schafe, Ziegen, Esel, Pferde bringen Junge auf die Welt. Kleine, weiße, rosa, gelbe Blumen wachsen zwischen den Felsen. Die Bäume bekommen Blüten, Blätter, Früchte. Die Menschen legen ihre schweren Pelze und Decken ab, schlagen Ärmel hoch, hocken, solange die Sonne scheint, mehr draußen unter Gottes Himmel als innen in den dunklen Hütten aus Lehm, lehnen an den Mauern und langen Beinen der Hütten, halten in der Sonne, die immer kräftiger wird, schützend Hände vor die Augen, stampfen neuen Lehm, mit dem sie die feuerverrußten Wände ihrer Hütten neu verputzen, lachen, plaudern, gehen auf die Felder, geben die Saat in den Boden, melken das Vieh, lüften die Ställe, räumen die Lager, legen Decken, Schlafmatten, Kissen in die Sonne, summen kleine Lieder, schlafen nachts unter dem klaren Himmel, der unendlich viele Sterne leuchten lässt. Kurzum, die Leute machen alles, was ihre Mütter und Väter auch schon getan haben, in jedem Jahr, wenn der Winter das Dorf, den Berg, die Felder und auch die Knochen und Herzen der Menschen verlassen hat.

Shirin-Gol reckt ihren zu ihrem Schutz unter Tücher und Schleier versteckten, trotzdem erniedrigten, gedemütigten, vergewaltigten, schwangeren Körper in den Himmel, so weit es geht. Als würde sie schmerzvolle Knoten, die die Jahre in ihre Seele, ihren Körper geknotet haben, auseinander ziehen, bis sie reißen. Sie macht sich lang, bis sie auf Zehenspitzen steht und ihre Finger die *huri*, Engel, in der Luft spielen, die nur sie und sonst keiner sehen kann.

Shirin-Gol krempelt ihre *tonban* hoch, steigt in den Bach, das Wasser spielt um ihre Füße, sie ist vergnügt wie damals, als – wie wann? Wie noch nie.

Zum ersten Mal in ihrem Leben sind Shirin-Gols Schultern ohne Last, ist ihr Körper nicht aus Blei, ist keine Bedrohung für ihr eigenes Leben.

Nimm die Beine zusammen, Mädchen sitzen nicht mit breiten Beinen in der Gegend herum, sonst kommt der Wolf und beißt dir alles weg, hat die Muttermalschwester Shirin-Gol in ihren Kleinmädchenjahren gepredigt, hundertmal, tausendmal und immer wieder, nimm die Beine zusammen, hat sie geschimpft, sich auf die Unterlippe gebissen und Shirin-Gol einen drohenden Blick zugeworfen.

Shirin-Gol hat die Beine zusammengehalten. Immer. Trotzdem ist sie vergewaltigt worden.

Sei still, hat die Mutter gesagt, artige Mädchen schweigen, sonst kommt der Vogel und fliegt in deinen Mund, dass du erstickst. Sag dem Kind, sie soll den Blick senken, sonst gewöhnt sie sich daran, und später sieht sie fremden Männern in die Augen, hat der Vater zu ihrer Mutter gesagt. Zieh dein Kopftuch in die Stirn, zieh deinen Schleier an, zieh die Füße ein, senke deinen Blick, sprich nicht, wenn deine Brüder sprechen, mach Platz, geh aus dem Weg, tue dieses, und tue jenes nicht, denn du bist ein Mädchen. Oder willst du vielleicht, dass die Leute denken, du bist *kharab* und willst, dass sie dich ansehen und der Ruf unserer Familie beschädigt wird? Das Mädchen ist zu wild, haben die Leute gesagt, und Shirin-Gols Mutter hat ihr mit flacher Hand auf den Hinterkopf gehauen. Das Mädchen spricht so viel, haben die Leute gesagt, und der Bruder hat ihr auf den Mund gehauen.

Shirin-Gol sitzt mit den anderen Frauen im Schatten unter den Hütten, trinkt Tee, plaudert, zupft Wolle, webt Fäden, knüpft an den Teppichen der Frauen, singt ein Lied, trommelt einen kleinen Rhythmus dazu auf einem blechernen Teller, näht ein kleines Hemd für das Kind in ihrem Bauch, knetet Molke, schnitzt einen Kamm, kämmt die Haare ihrer Kinder und aller anderen Kinder im Dorf, die wie kleine Frösche in einer langen Reihe hocken, einer nach dem anderen ankommen und wollen, dass die Tante auch ihre Haare glatt kämmt, Zöpfe flechtet, Knoten, Filz, einen Floh oder eine Laus herauspult.

Etwas weiter oberhalb, dort, wo der kleine Bach aus den Felsen entspringt, legt Shirin-Gol sich auf den Rücken, streck ihren dicken Bauch mit dem Vergewaltigerkind darin in den Himmel, breitet die Arme und Beine aus, schließt die Augen, döst und träumt von einer Zeit, die keine Angst kennt, von einem Ort, der keinen Krieg gesehen hat, einem Leben wie dem, das sie jetzt lebt.

Komm schnell, ruft Nur-Aftab, Abine, Abine, die Tochter von Soundso, unserem Nachbarn, sie stirbt, sie will das Kind aus ihrem Bauch holen, bekommt es aber nicht heraus.

Shirin-Gol zieht ihr Kopftuch über, nimmt die scharfe Sichel, mit der sie Weizen und Gras schneidet, Gestrüpp kappt, dem Huhn die Kehle durchgeschnitten hat, und rennt hinter ihrer Tochter her zum Haus von ihrem Nachbarn, zu seiner Tochter Abine, die ihr Kind nicht aus dem Bauch bekommt und gleich stirbt.

Hilf uns, bettelt die Mutter von Abine.

Ich bin keine Hebamme, keine Ärztin, sagt Shirin-Gol, sieht die Frauen an und merkt, dass keine von ihnen weiß, was eine Hebamme oder eine Ärztin ist. Ich bin keine Heilerin, kein Mullah.

Du kommst aus der Stadt, du kannst den Koran lesen, du hast die Welt gesehen, hilf meinem Kind, sonst stirbt es.

Was hat Koranlesen mit irgendwas zu tun? Ihr habt doch bisher auch eure Kinder allein auf die Welt gebracht, versucht Shirin-Gol sich herauszureden. Sie hat Angst, sich einzumischen, denn sollte Abine oder ihrem Kind etwas zustoßen, wird man sie dafür verantwortlich machen.

Die zierliche Abine liegt auf ihrer Matratze auf dem Boden,

sie ist zwölf, vielleicht dreizehn Jahre alt. Neben ihr hockt ihr erstes Kind, hat die Hand in den Mund gestopft und weint und schluchzt.

Die Farbe in Abines Gesicht ist weiß, kalte Schweißperlen sitzen auf ihrer Stirn. Ihre Augen sind nach oben gerutscht, nur noch das Weiße ist zu sehen. Ihre Lider zittern. Ihre Arme liegen wie zwei kleine Äste schlaff auf dem Boden, als gehörten sie nicht zu ihr. Die Beine liegen schlaff auf dem Boden, als gehörten sie nicht zu ihr. Ihr Bauch ist eine Kugel, die an die Decke guckt. Ihre Röcke sind nass von dem Wasser, das aus ihrem Körper gelaufen ist. Abine ist still. Wie eine Tote.

Sie wird sterben, sagt Shirin-Gol leise.

Abines Mutter schreit, weint, reißt sich die weißen Haare aus, wirft sich auf den Boden, küsst die halb toten Hände ihres schwangeren Kindes. Die Tür springt auf, Abines Mann und ihr Vater kommen in die Hütte.

Wenn Gott sie zu sich holen will und sie sterben muss, dann wird sie sterben, sagt der Vater, aber Shirin-Gol-jan, liebe Schwester, du trägst selber ein kleines Leben unter deinem Herzen, bitte, lade keine Schuld auf dich, bitte, versuche wenigstens, meinem Kind und dem Baby in ihrem Bauch das Leben zu retten.

Bismi-allah, auf eure Verantwortung, sagt Shirin-Gol, krempelt die Ärmel hoch, nimmt das erste Kind von Abine vom Boden, drückt es Abines Vater in den Arm und schickt ihn aus der Hütte. Als Abines Mann auch gehen will, hält sie ihn fest, sieht ihm in die Augen und sagt, du bleibst. Der arme Junge macht den Mund auf, er sucht Worte, die er nicht findet, geht rückwärts, will sich aus Shirin-Gols festem Griff befreien.

Sie schiebt den jungen Ehemann neben die Halbtote und sagt, drück ihren Bauch.

Shirin-Gol schlägt der Schwangeren ins Gesicht, legt feuchte Tücher in ihren Nacken, auf ihre Stirn, schiebt Decken und

Kissen unter ihre Beine, verlangt noch mehr Wasser, saubere Tücher. Die Frauen sollen Weihrauch anzünden, sollen die Tür und das Fenster öffnen, frische Luft hereinlassen, sollen Abines Füße kneten, ihre Hände reiben. Irgendwie – wie, das weiß sie selber nicht – schafft Shirin-Gol es, Abine wieder ins Leben zu holen.

Schlagt ihre Röcke hoch, sagt Shirin-Gol zu den Frauen. Zieh die Beine an, kleine Abine. Nein, es ist keine Sünde, wenn ich deinen nackten Körper sehe. Nein, es ist keine Sünde, dass dein Mann hier ist. Das ist gut. Nein, du brauchst kein *sharm*, keine Scham zu haben. Er ist dein Mann. Das Kind in deinem Bauch ist auch sein Kind. Nein, dein Blut ist nicht unrein, Blut ist heilig, Blut erhält uns am Leben.

Bringt Wasser, sagt sie zu den Frauen. Nein, nicht dieses Wasser, es ist schmutzig. Macht ein Feuer. Bringt frisches Wasser aus der Quelle und kocht es, wir brauchen heißes, sauberes Wasser. Kocht die Tücher, legt die Sichel ins Feuer, kocht sie, nein, nicht mit den schmutzigen Händen, wascht eure Hände.

Abine presst und presst. Ihr junger Mann drückt ihren Bauch, hält ihr Bein. Abines Mutter spricht ein Gebet nach dem anderen. Shirin-Gol schiebt ihre Finger in Abines Mutteröffnung, um das Kind herauszuholen, doch sein Kopf ist zu groß.

Bisher hat Shirin-Gol nur ihren eigenen Kindern auf die Welt geholfen. Sie hat ihr *tonban* ausgezogen, ihre Röcke hochgeschlagen, sich in eine Ecke verzogen, hat sich hingehockt, wenn Steine in der Nähe waren, hat sie die unter ihre Füße geschoben. Und sie hat getan, was alle Mütter dieser Erde tun, wenn ihre Kinder auf die Welt kommen. Sie hat gelitten, gewartet, gehofft, gebetet, geflucht, geweint, die Zähne zusammengebissen, bis sie das frische Leben aus ihrem Körper heraus- und unter sich hervorgezogen, die Nabelschnur mit der Sichel durchtrennt und mit einem Faden abgebunden hat.

Sie hat die Nachgeburt abgewartet, derweil das Kind von Blut und Mutterwasser gesäubert, es geküsst, in ihren Rock oder in Tücher gewickelt und ihm ein langes Leben gewünscht.

Bei der Geburt von Nasser hatte Morad ihr zwei richtige und gleich große Ziegelsteine gebracht. Bei der Geburt von Nur-Aftab hatte sie ein Loch in den sandigen Boden gebuddelt, um mehr Platz unter sich zu haben. Sie hat die Nachgeburt gleich in dem Loch gelassen, Erde darüber gegeben und einen Stein darauf gelegt. Das war's. *Khalass* und *tamam.*

Aber was sie in einer Situation wie dieser tun muss, weiß Shirin-Gol auch nicht.

Die Frauen hocken um sie herum und erwarten ein Wunder von ihr. Sie beobachten jede ihrer Bewegungen, verfolgen jeden ihrer Atemzüge, hören jedes ihrer Worte, befolgen jede ihrer Anweisungen.

Bibi-Deljan, die Dorfälteste, sitzt still an Abines Kopfende, bewegt die Lippen stumm und schiebt die Perlen ihrer Gebetskette zuerst in die eine, dann in die andere Richtung. Hände mit blauen Adern wie Flüsse in den Bergen schieben Perlen. Bibi-Deljan hat kein einziges glattes Stück Haut, alles an ihr ist in kleine, knittrige Falten und Ritzen gelegt. Falten und Ritzen, die aussehen wie die scharfen Kanten und Felsen der Berge, in denen sie lebt. Bibi-Deljan, der Menschenfelsen. Frauenfels. Felsfrau. Frau aus Felsen. Aufrecht. Fest. Ohne jede Bewegung. Felsenkopf. Felsenrücken. Felsenbeine. Felsenarme.

Außer ihren stummen Lippen und den knochigen Fingern, mit denen sie die Perlen ihrer Gebetskette zuerst in die eine und dann in die andere Richtung schiebt, bewegt Bibi-Deljan nichts. Sie sitzt da und nimmt ihre Augen nicht von Shirin-Gol. Es ist, als würde sie einen unsichtbaren Faden zwischen sich und Shirin-Gol spannen. Als würde sie durch diesen Faden in Shirin-Gol hineinkriechen, in ihren Kopf, in ihre Seele, in ihr Blut, in ihre Arme, Beine, in jedes Haar. Es ist, als würde sie alles, was ihre Augen je gesehen haben, jeden Gedanken, den sie je gedacht hat, auf den dünnen Faden legen und Shirin-Gol schenken. Es ist, als würden die Stimmen und Geräusche in der Hütte verschwinden. Als würden die Farben verschwinden. Als Erstes verliert das Gesicht von Abines Mutter seine Augen, die Nase, die Ohren, der Mund wird zum schwarzen Loch. Dann verlieren alle anderen Gesichter ihre Augen, Nasen, Ohren, alle Münder werden zu schwarzen Löchern. Nur noch das Gesicht der Felsenfrau hat Augen, Nase, Ohren, Mund. Stummer Murmelmund.

Alles ist still. Shirin-Gol schließt die Augen, versucht das Drehen im Kopf anzuhalten. Shirin-Gol verliert alle Worte, jeden Gedanken. Nur einen nicht. Einen und keinen anderen Gedanken findet sie in ihrem Drehkopf. Keine Augen mehr, keine Ohren, da, wo Münder waren, nur noch schwarze Löcher. Ich könnte gehen, die Hütte verlassen, denkt Shirin-Gol. Keiner wird es merken. Ich darf nicht in Gottes Handwerk pfuschen.

Es ist Gottes Wille, dass du hier bist und hilfst, sagt Bibi-Deljan mit sanfter, ruhiger Stimme.

Abines Mutter bekommt wieder Augen, Nase, Ohren, Mund. Sie stößt einen leisen, erstickten Schrei aus, als hätte sie einen Geist gesehen. Sie schlägt die Hand vor den Mund, die andere krallt sie in ihre Röcke. *La-elah-ha-el-allah* sagt sie, seit zwei Wintern und zwei Sommern hat Bibi-Deljan nicht mehr gesprochen. Jetzt, wo mein Kind stirbt, hat sie ihre Zunge wiedergefunden.

Bibi-Deljan, die stumme Felsenfrau, hat ihre Zunge wiedergefunden. Abines Mutter hat ihren Mund und ihre schrille Stimme wiedergefunden. Die Felsenfrau nimmt ihre Augen nicht von Shirin-Gol, schiebt weiter die Perlen ihrer Gebetskette eine nach der anderen in die eine, dann in die andere Richtung.

Tausend kleine Schweißperlen rennen an Shirin-Gols Körper hinunter. Sie zittert, bekommt kaum Luft, ihre Hände sind hilflos. Sie starrt die Mutteröffnung zwischen Abines Mädchenfrauenbeinen an, sieht den Kopf des Kindes, schiebt einen Finger in die Mutteröffnung, spürt die weiche Nase des Kindes, die Ohren, den Mund. Sie versucht, den Kopf zu greifen, rutscht ab, bekommt das Baby nicht heraus. Felsenfrau. Felsenfrau. Klick. Klick. Schiebt die Perlen ihrer Kette.

Gebt mir die Sichel, sagt Shirin-Gol.

Die Sichel?, schreit Abines Mutter. Mit der Sichel schneidet man die Nabelschnur, das Kind ist noch nicht herausgekommen, was willst du mit der Sichel, in Gottes Namen?

Was weiß ich, stöhnt Shirin-Gol. Irgendwie müssen wir das Kind doch aus ihrem Körper herausbekommen.

Abines Mutter schweigt.

Shirin-Gol schiebt die Spitze der Sichel vorsichtig an dem glitschigen Kinderkopf vorbei in die Mutteröffnung, flüstert *bismi-allah* und schneidet die Mutteröffnung zwei Finger breit auf. Blut. Dickes, rotes Blut läuft über die Klinge, über Shirin-Gols Finger. Felsenfrau rührt sich nicht, schiebt weiter eine Perle nach der anderen zuerst in die eine, dann in die andere Richtung. Klick. Klick. Felsenfrau nimmt die Augen nicht von Shirin-Gol. Die Mutter von Abine schreit schrill. Shirin-Gol würgt. Ihr wird schwindlig. Ihre Knie werden weich. Sie reißt sich zusammen, legt eine Hand auf den dicken Bauch von Abine, schiebt, drückt, zieht mit der anderen Hand das Kind heraus, legt die Nabelschnur über die Sichel, flüstert abermals *bismi-allah*, zieht die Sichel durch, bindet den sauberen Faden um die abgetrennte Nabelschnur, klopft dem Kind auf den Rücken, dass es spuckt und seinen ersten Atemzug findet.

Shirin-Gol legt das Kind in die Arme des jungen Vaters, will die Nadel einfädeln, zittert, gibt den Faden und die Nadel der Mutter von Abine, die wie von Sinnen ist und nichts begreift. Der junge Vater nimmt den Faden und die Nadel, fädelt den Faden ein, murmelt, das ist Frauensache. Er schiebt Abine ein

Tuch zwischen ihre Zähne, sieht Shirin-Gol an, weder ist es ein Lächeln noch ist es eine Drohung, es ist Verstehen, Dankbarkeit. Mach, sagt er. Gott ist bei dir.

Gott ist bei mir, denkt Shirin-Gol, sticht die Nadel in die eine Seite der Wunde, zieht den Faden durch, sticht in die andere Seite der Wunde, zieht den Faden durch, macht einen Knoten und weiß nicht, woher sie weiß, was sie tun muss.

Es ist, als würde sie Leder nähen, als würde sie ein Loch im Schuh stopfen. Sticht, zieht, sticht, zieht, macht einen weiteren Knoten, einen dritten und vierten.

Abine ist nicht mehr bei Sinnen, keiner weiß, ob sie je wieder aufwachen wird.

Shirin-Gol bleibt die ganze Nacht bei ihr. Auch die Felsenfrau bleibt. Sie schiebt weiter die Perlen ihrer Gebetskette zuerst in die eine, dann in die andere Richtung. Auch der junge Ehemann weicht nicht von der Seite seiner Mädchenehefrau.

Gerade wirft die Sonne ihr erstes Licht über den Gipfel des Berges, an dem die acht Lehmhütten kleben, gerade wiehert das kleine Fohlen, das vor zwei Tagen aus dem Bauch seiner Mutter auf die Erde gefallen ist, gerade kräht der erste Hahn, gerade weint das Baby, gerade streichelt der junge Ehemann die dünne Pergamenthaut des Säuglings, seines zweiten Kindes, gerade steckt er seinen gewaschenen Finger in den Mund des Babys, damit es daran nuckeln kann, als Abine ihre Augen aufschlägt, leise lächelt, ihren jungen Ehemann sieht, ihre neugeborene Tochter sieht, Shirin-Gol sieht und mit schwacher Mädchenfrauenstimme flüstert, gütige Schwester, möge Gott dir ein gesundes und langes Leben schenken.

Es dauert noch Wochen, bis Abine wieder zu Kräften kommt, aufstehen und alles das tun kann, was sie sonst auch getan hat. Es dauert noch lange, bis Abine wieder richtig am Leben ist und wieder die wird, die sie vor der Geburt ihres zweiten Kindes gewesen ist.

Aber auch als alles ist, wie es immer gewesen ist, ist nach der Geburt ihres zweiten Kindes alles anders, als es immer gewesen ist. Und alle wissen, mit der Geburt und dem zweiten Kind hat alles das nichts zu tun, sondern mit Shirin-Gol.

Auch wenn es nicht viele Frauen sind, die Abine in den Jahren gesehen hat, so kennt sie doch alle Frauen und Mädchen in ihrem Dorf und weiß, keine von ihnen ist wie Shirin-Gol.

Shirin-Gol ist klug. Shirin-Gol hat auf jede Frage eines jeden Menschen, Frauen wie Männer, eine Antwort. Selbst auf Fragen, bei denen die Männer nur die Schultern zucken. Für Abine steht fest, Shirin-Gol ist eine Geweihte, eine Heilige, eine Gottgesandte.

Jede Minute, die sie entbehren kann, verbringt Abine bei Shirin-Gol, sieht ihr zu, hört jedes Wort, prägt sich alles ein, macht jede ihrer Bewegungen nach, stellt tausendundeine Fragen. Ohne dass Shirin-Gol es will oder gar bemerkt, macht Abine alles, was Shirin-Gol macht, geht zum Bach, wenn Shirin-Gol an den Bach geht, kocht Essen, wie sie es tut, backt Brot, wie sie es macht. Wie Shirin-Gol wäscht Abine sich fortan die Hände, bevor sie den Teig knetet, bevor sie ihr Kind füttert, bevor sie Essen zubereitet. Wie Shirin-Gol achtet Abine darauf, dass die Fliegen sich nicht auf ihr Essen setzen. Wie sie es von Shirin-Gol gelernt hat, sagt Abine, wenn die Fliege sich auf die Scheiße setzt, bleibt die Scheiße an ihren Füßen kleben, und wenn sie sich danach auf unser Essen setzt, bleibt die Scheiße an unserem Essen kleben. Scheiße ist aber nicht gut für uns und macht uns krank. Wie Shirin-Gol es früher getan hat, fängt Abine an, Worte in den Sand zu malen. Wie Shirin-Gol fängt sie an, Nein zu sagen.

Am Anfang lacht ihr junger Ehemann und freut sich darüber, dass seine kleine Abine am Leben ist. Später wird er ärgerlich über sie und will sie schlagen, als sie ihm widerspricht. Doch statt den Kopf einzuziehen, fängt Abine seine Hand in der Luft auf, sieht ihm in die Augen und sagt, wer einen anderen Menschen liebt, schlägt ihn nicht. Sag mir, was du willst, wenn ich es dir geben kann, werde ich es dir geben, und wenn ich es dir nicht geben kann, werde ich es dir auch nicht geben können, wenn du mich dafür schlägst.

Der junge Ehemann senkt den Blick und sagt, ich habe Angst vor dir.

Warum?, fragt Abine.

Weil du mir nicht mehr gehorchst.

Shirin-Gol hat gesagt, im Koran steht geschrieben, der Mann soll seine Frau ehren und achten.

Das tue ich, sagt der junge Ehemann, trotzdem sollst du mir gehorchen. Du bist meine Frau. Dein Vater hat die Verantwortung für dich und sein gottgegebenes Recht, über dich und dein Schicksal zu bestimmen, an mich weitergegeben. Wenn du mir nicht mehr gehorchen willst, werde ich dich zu ihm zurückbringen.

Abine schweigt und senkt den Blick.

Der Frühling ist schon gegangen, der Sommer ist da und geht auch, der Herbst kommt, die Blätter an den Bäumen werden gelb, dann braun, verlieren ihr Leben und fallen ab. Abines Kind wächst, wird größer, schreit, isst, nuckelt an der Brust seiner Mutter. Abine schweigt. Eine andere Frau im Dorf bringt ein Kind auf die Welt. Die Felsenfrau legt ihre Gebetskette, die Shirin-Gol noch heute um ihren Hals trägt, in die Hände von Shirin-Gol, verabschiedet sich, geht in die Berge zu ihrem Felsen. Stirbt. Wird zum Felsen. Geht zu ihrem Gott. Shirin-Gol hat ihr viertes Kind, dessen Vater einer der drei pakistanischen Vergewaltiger ist, auf die Welt gebracht. Es ist klein und zierlich mit dünnen, kraftvollen Ärmchen und Beinchen, mit kleinen Füßen und winzigen Zehen, mit lebendigen Fingern, mit dunkler Haut wie aus braunem Pergament. Es hat weiches, samtenes Haar, schwarz wie Pech. Seine Augen sind wie Kohle und glänzen. Seine Lippen sind weich und voll.

Mein pakistanischer Junge, flüstert Shirin-Gol in sein winziges Ohr, dass es kitzelt, der Kleine die Arme anzieht und wie Espenlaub zittert. Mögen deine unschuldigen Augen nur das Gute und nicht das Schlechte auf dieser Welt erblicken. Ich werde dich Nabi nennen. Shirin-Gol wäscht das Blut und das Mutterwasser von seinem kleinen Körper, küsst ihn auf die Stirn, küsst ihn auf den Bauch, auf seine Augen und seine Hände, auf seine Füße und seine Arme, und sie betet zu Gott, er möge ihr Kraft und Mut geben, Nabi nicht weniger und nicht mehr zu lieben als ihre anderen drei Kinder.

Oben auf den Gipfeln fällt unbemerkt neuer Schnee, legt seinen frischen Duft und seine Kälte in die Arme des Windes, der hinunter ins Dorf kommt und den Menschen in den acht Lehmhütten in die Ohren flüstert, dass der Winter auf dem Weg zu ihnen ist.

Ein paar Dorfjungen machen sich wichtig, stellen sich vor Nasser, machen ihre Augen zu Schlitze, sehen in den Himmel und zum höchsten Gipfel hinauf und sagen, es wird so viel Schnee geben, dass unsere Hütten voll und ganz bedeckt sein werden.

Nasser sieht hinauf zum Schornstein seiner Hütte und ruft, so viel Schnee gibt es nicht auf der Welt.

Gibt es wohl, sagen die anderen Jungen.

Der freche Nasser wirft einen Stein und versucht den Gipfel des Berges damit zu treffen. Dann graben wir eben Löcher in den Schnee, sagt er und machen die Wege frei.

So viel Schnee kann man nicht wegschaufeln, sagen die anderen Jungen.

Mein Vater kann das, sagt Nasser und bläht seine Brust auf.

Nein, das kann er nicht.

Doch, das kann er. Er hat die Welt gesehen, da wird er doch wohl noch ein Loch in den Schnee graben können.

Die anderen Jungen wissen es besser. Der erste Schnee fällt, liegt fest und schwer auf den Wegen und lässt sich nicht weg-schaufeln.

Warum bauen wir keine Dächer über die Wege?, fragt Shi-rin-Gol. Wenn wir die Eingänge der Hütten miteinander ver-binden, kann kein Schnee auf die Wege fallen.

Die Männer sehen Shirin-Gol an, tauschen Blicke aus und zucken die Schultern.

Als der Schnee kommt, bedeckt er alles und jeden. Jeder Strauch, jeder Baum, jeder Felsen ist bedeckt. Alles, alles, alles wird weiß. Die Menschen können ihre Hütten nicht mehr ver-lassen. Der Schnee schließt jeden Spalt und jede Ritze, der Wind und die Kälte bleiben draußen, und in der Hütte ist es warm und lauschig.

Jeden Tag klettert Morad auf die Holzleiter unter die Öff-nung des Schornsteins und sticht mit einem langen Holzstab Löcher in den Schnee, damit frische Luft in die Hütte kommt und der Rauch des Feuers abziehen kann. Die Kinder haben Spaß an den stockdünnen Sonnenstrahlen, die wie Speere in die Hütte fallen. Es macht ihnen Spaß, die Luke im Boden zu öffnen, neues Holz für das Feuer heraufzuholen, hinabzustei-gen und die Ziege und die Hühner zu füttern.

Einen Tag lang, zwei, drei, vier Tage lang, doch dann wollen sie hinaus in die Sonne, zu den anderen Kindern, an den Bach, auf die Felsen klettern oder sonst wohin.

Warum geht das nicht? Ist die Sonne weg? Für immer? Sind die anderen Kinder und Menschen auch in ihren Hütten be-graben? Wann geht der Schnee? Sind wir tot? *Shahid?* Schneemärtyrer? Warum sind wir nicht in einem anderen Dorf? Da, wo es keinen Schnee gibt?

Am soundsovielten Tag sagt Shirin-Gol, wir machen ein Spiel, das Spiel der Namen. Sie schreibt mit Kohle ihren Na-men auf die Wand. Mein Name erzählt von süßen Blumen, von Schmetterlingen und Bienen, die daran schnuppern, den Blumenstaub in ihre kleinen Rüssel ziehen, ihre Kinder damit füttern und Honig herstellen, den wir Menschen dann essen können.

Ich bin der Nächste, ruft der freche Nasser, schreibt seinen Namen unter den seiner Mutter und strahlt mit großen Augen in die Runde.

Du musst sagen, was dein Name bedeutet, sagt Nur-Aftab.

Nasser schiebt seine Unterlippe vor, sieht seine Mutter an und fordert, sag du.

Nasser bedeutet Freund, der, der immer für dich da ist, der hilft und gütig ist. Shirin-Gol schnappt Nasser, zieht ihn auf ihren Schoß, kitzelt ihn, dass er lachen muss.

Dust. Ich bin der Freund. Von allen der Freund, ruft er.

Und jetzt Nur-Aftab, sagt Shirin-Gol und lächelt ihre Tochter an.

Mein Name ist leicht, jedes Kind versteht seine Bedeutung, und mir ist langweilig, meckert Nur-Aftab.

Nein, das geht nicht, ruft Nasser, du musst ihn schreiben, und du musst sagen, was er bedeutet.

Gelangweilt schreibt Nur-Aftab ihren Namen an die Lehmwand, gelangweilt sagt sie, mein Name bedeutet Licht-der-Sonne, und deshalb werde ich krank, und mir wird es eng ums Herz, wenn ich die Sonne nicht sehe.

Nein, das wirst du nicht, sagt Shirin-Gol. Morad, jetzt du.

Ich bin doch kein Kind.

Ich auch nicht, sagt Shirin-Gol.

M-o-r-a-t, schreibt Morad langsam und krakelig an die Lehmwand.

Falsch, falsch, falsch, ruft der freche Nasser, verwischt das -t- mit der Hand und schreibt ein -d- an seiner Stelle.

Nur-Aftab schweigt, schämt sich für ihren dummen Vater und sieht zur Holzklappe, die das Fenster verschließt, als wäre es geöffnet, als würde sie dahinter den Berg sehen, die Steinböcke, die zwischen den Felsen ihr Fressen finden.

Mach schon, sagt Nasser, wovon erzählt dein Name?

Lass mich, murmelt Morad.

Nein, sagt Shirin-Gol.

Morad schweigt. Die Scham seiner Tochter wird zum Speer und sticht in seine Brust wie der lange Stab, den er durch den Schornstein in den Schnee schiebt.

In der Nacht findet Shirin-Gol keinen Schlaf. Sie dreht sich zu Morad und sagt, ich weiß nicht einmal mehr, ob Tag ist oder Nacht. Wie viele Geschichten soll ich denn noch erfinden? Wie viele Lieder sollen wir denn noch singen? Wie viele Worte sollen wir denn noch schreiben? Alle Wände der Hütte sind schon voll von Worten und Bildern.

Wenn der Frühling kommt, werde ich neuen Lehm stampfen und ihn auf die Wände auftragen, sagt Morad.

Ich ertrage die Dunkelheit nicht mehr, flüstert Shirin-Gol. Ich will nicht mehr, ich habe keine Kraft mehr.

Morads Finger findet Shirin-Gols Lippen, er streicht sanft darüber. Ihr Atem geht schnell. Blut schießt in ihren Körper. Ihr Herz wird warm. Morad streicht ihren Hals, ihre Schulter, ihren Arm, ihre Brust, ihren Bauch. Und zum ersten Mal seit – Shirin-Gol weiß nicht mehr, seit wann, dann erinnert sie sich wieder –, seit er den Eisschrankunfall gehabt hat, schiebt Morad seine Lust in ihren Körper. Shirin-Gol legt den Kopf in den Nacken, streicht über Morads Arme, seinen Rücken, spürt seinen Atem an ihrem Hals, hört sein Stöhnen, seine Zufriedenheit, seinen Stolz und das Zischen in der heißen Glut der Feuerstelle.

Der Schnee schmilzt, ruft der hellwache, freche Nasser in die Dunkelheit und weckt mit seiner lauten Stimme Nur-Aftab, Nafass und auch den kleinen Nabi.

Was hast du in den dunklen Wintertagen gemacht?, fragt Abine.

Geschlafen, geschlafen, geschlafen, lacht Shirin-Gol und zeigt ihre weißen Perlenzähne. Und wenn wir nicht geschlafen haben, haben wir gesungen, gekocht, gegessen, gespielt, geschrieben, geschrieben und geschrieben. Die ganzen Wände sind voll mit Worten und kleinen Bildern.

Geküsst, geküsst, geküsst, ruft der freche Nasser, zeigt mit dem Finger auf seine Mutter und dann auf seinen Vater und sagt, die da hat den da geküsst.

Wir sollten ein Dach über unsere Tür bauen, sagt der Nachbar, der Vater von Abine, dann können wir uns im nächsten Winter besuchen und sind nicht mehr so einsam.

Das ist eine kluge Entscheidung, sagt Shirin-Gol.

Die Kinder klatschen Lehmklumpen gegen die Säulen, die die Männer für die Dächer bauen, und hinterlassen überall Abdrücke ihrer Hände und Finger. Abine und Nur-Aftab malen Namen in den feuchten Lehm, und sie bauen kleine Schuhhütten, so groß wie vier Hühner, neben die Eingänge der Hütten. Nasser und Nafass kneten kleine Menschen und stellen sie auf die Schuhhütten, damit die Schuhe nicht allein sind.

Der Frühling ist noch nicht zu Ende, da bekommen alle Wege Säulen und Dächer.

Shirin-Gol-jan, sagen die Männer, trink einen Tee mit uns und erzähl uns, wer die Russen sind. Warum sind sie in unser Land gekommen? Welches Gastgeschenk hat ihr Anführer unserem Anführer geschickt? Warum haben sie gegen unsere Brüder Krieg gemacht? Warum sind sie wieder gegangen? Wann sind sie gegangen? Wie viel sind zehn Jahre? Haben sie bekommen, wonach sie gesucht haben? Wer kämpft jetzt gegen wen? Sind sie nicht alle Afghanen? Sind sie nicht alle Moslems? Brüder und Schwestern?

Der Sommer kommt, die Früchte an den Bäumen sind reif und groß, die Trauben an den Sträuchern sind saftig, die Kirschen sind rot und platzen gleich, die Tomaten sind fleischig und duften, da spannen die Frauen ein Tuch zwischen die Äste der Maulbeerbäume, breiten auf dem Boden Decken aus, bringen körbeweise Tomaten, Bohnen, Erbsen, Kräuter, schneiden, pulen, schnipseln, legen die Früchte, das Gemüse, die Kräuter zum Trocknen aus.

Vorrat für den Winter. Wintervorrat.

Das ist schön, sagt Shirin-Gol.

Was? Was ist schön?, fragen die Frauen.

Ihr. Ihr seid schön. Die Früchte. Die Tücher. Das Pulen. Das Schälen. Das Trocknen.

Das ist unser Leben, sagen die Frauen.

Wo immer ich bisher gelebt habe, sagt Shirin-Gol, wissen die Afghanen nichts mehr über dieses Leben. Das ist Wissen, das die Kriege zerstört haben. Die Felder sind vermint, die Bauern sind in den Krieg gezogen, die Menschen sind ständig auf der Flucht. Die Menschen wissen nicht mehr, wie man Felder bestellt, Schafe und Kühe aufzieht, Vorräte anlegt.

Die Frauen lachen und sagen, dann sollen alle hierher kommen, wir werden es ihnen zeigen und sie daran erinnern. Wir haben nichts verlernt. Wir machen alles so, wie wir es von unseren Müttern und Muttermüttern gelernt haben. Wie leben die anderen Frauen in unserer Heimat, erzähl es uns.

Da gibt es nicht viel zu erzählen, sagt Shirin-Gol. Die Frauen in Afghanistan haben noch nie viel gehabt. Aber seit die Russen in unser Land gekommen sind, seit die Mujahedin ihre Kriege kämpfen, seit die Taleban an die Macht gekommen sind, haben die Frauen auch noch ihre letzten Rechte und ihre letzte Freiheit verloren. Sie haben alles verloren. Ihre Ehre, ihre Würde, ihr Wissen.

Die Frauen lachen nicht mehr, schnipseln und schneiden nicht mehr.

Wir haben nichts verloren, haben aber auch nichts dazugewonnen, sagt Abine. Unser Leben ist immer gleich.

Aber wir leben, sagt eine andere Frau. In Frieden. Mit Ruhe.

Schöne Ruhe, sagt eine dritte Frau. Angstruhe. Wir haben Angst. Sogar unsere Männer haben Angst. Vor allem und jedem. Vor Fremden. Vor den Menschen in der Stadt.

Sprich weiter, sagt Abine, erzähl uns von dem Rest der Welt.

Den Rest der Welt kenne ich auch nicht, sagt Shirin-Gol.

Erzähl uns von den Orten, die du kennst, sagen die Frauen.

Früher, bevor der Krieg alles zerstört hat, erzählt Shirin-Gol, haben viele Menschen in der Stadt Strom gehabt. Wer Strom hat, kann mit einer Kugel, die so klein ist, dass sie in meine Hand passt, mehr Licht machen als mit vier Öllampen.

Das ist Zauberei, flüstert eine Frau.

Sei still, sagt Abine, lass Shirin-Gol erzählen.

In der Stadt sterben Frauen nicht, wenn sie Kinder auf die Welt bringen. Kinder sterben nicht, weil sie Durchfall, Fieber oder Hustenblut haben. Es soll Orte geben, wo sie sogar abgerissene Arme wieder annähen.

La-elaha-el-allah, rufen die Frauen ungläubig.

Menschen bauen Autos und Flugzeuge.

Was sind Autos und Flugzeuge?, fragen die Frauen. Wozu braucht man das? Haben diese Menschen einen Propheten? Einen Gott? Kennt unser Allah ihren Gott?

Wir sind alle Geschöpfe Gottes, sagt Shirin-Gol, und er liebt uns alle. Frauen und Männer in gleichem Maße. *Alhamn-do-allah.*

Shirin-Gol erinnert sich an ihre Lehrerin Fauzieh, die halbnackte Frau mit dem schönen Lächeln in der Russenschule, und an eine Geschichte, die sie erzählt hat. Ein Vogel braucht doch auch zwei Flügel, damit er fliegen kann. Die Welt ist wie ein Vogel. Sie braucht auch beide Flügel. Sie braucht Frauen und Männer, damit sie nicht stehen bleibt.

Wir sind aber keine Vögel und können nicht fliegen, sagt eine Frau.

Ich bin ein Vogel, flüstert Abine. Vogel mit zwei Flügeln. Einer für die Frauen. Einer für die Männer.

Shirin-Gol-jan, sagen die Männer, du machst unsere Frauen *kharab*, schlecht, kaputt.

Kharab. Wie eine Frucht, die verfault.

Kharab. Wie ein Fenster, was zerbricht.

Die Männer sagen, der Mullah, Gott sei seiner Seele gnädig, hat niemals dergleichen gesprochen.

Der Mullah war ein Mann, sagt Shirin-Gol.

Der Sommer geht, der Winter kommt, Kinder werden geboren, Gott nimmt ein paar Menschen zu sich. Eine neunte Hütte, die am Berg klebt, wird gebaut, für Abine, ihren Mann und ihre Kinder. Abines Bauch wird wieder dick, wieder geschieht dies und das. Mal streiten die Leute, mal sind sie sich einig. Mal wollen sie das Tuch zwischen den Maulbeerbäumen wegnehmen, damit die Frauen sich nicht darunter versammeln, mal nicht. Mal gehorchen die Frauen ihren Männern, mal nicht. Mal wollen sie hören, was Shirin-Gol zu diesem und jenem zu sagen hat. Mal wollen sie, dass die Fremde sich nicht in ihre Angelegenheiten mischt. Mal sagt Shirin-Gol, ich bin ohne Nachricht von allem und jedem, ich will nicht mehr hier bleiben. Mal sagt sie, wenigstens herrscht hier Frieden, und meine Kinder haben zu essen und ein Dach über dem Kopf.

Shirin-Gols pakistanischer Sohn Nabi kann bereits auf eigenen Beinen stehen, er kann gehen, kann erste Worte sagen. Nabi. Ich will. Nabi ist müde. Nabi will pinkeln. Hunger. *Madar. Pedar.* Gib. Lass mich.

Gerade ist Shirin-Gol am Bach, gerade wäscht sie Nabi, gerade kommt Nur-Aftab zu ihrer Mutter, da gibt es ein lautes Getöse im Himmel. Wind, der so kräftig ist wie ein Sturm, weht auf und wirft alles durcheinander, Kleider flattern, Hühner bringen sich in den Schuhhütten in Sicherheit, Esel schreien laut, die Leute rennen kreuz und quer, Frauen kreischen, Mädchen halten die Arme über die Köpfe, Kinder lassen sich zu Boden fallen, blicken in den Himmel und sehen einen

Vogel, so riesig, so ungeheuergleich, so schwarz, so laut, so böse, wie sie noch nie zuvor einen gesehen haben.

Der schwarze, riesige Ungeheuervogel fliegt einmal über das Dorf. Dann noch einmal. Langsam. Bedächtig. Fliegt tiefer. Bleibt in der Luft stehen. Sieht mit seinen schrecklichen Augen, die in der Sonne funkeln und glitzern, als wollten sie Feuer speien, die Hütten und die Menschen, die hin und her rennen. Das Ungeheuer hebt langsam, ganz langsam seinen Kopf, dreht ab, zeigt den Menschen seinen Schwanz und verschwindet wieder hinter den Gipfel des Berges.

Gott bestraft uns für unsere Sünden, kreischen die Mädchen.

Der Tag der Vergeltung naht, rufen die Frauen.

Was sollen wir tun?, fragen die Männer.

Wir holen unsere Steinschleudern und verteidigen uns, sagen die Jungen.

Das war ein Hubschrauber, du Dummkopf, schreit der freche Nasser, bekommt dafür einen bösen Blick von seiner Mutter, legt dem Jungen, den er Dummkopf genannt hat, die Hand auf die Schulter und sagt etwas leiser, nein, nicht Dummkopf, und schreit wieder laut, das war aber trotzdem kein Vogel, sondern ein Hubschrauber.

Sie werden wiederkommen, sagt Shirin-Gol. Sie werden wiederkommen mit ihren Vögeln aus Eisen und mit Raketen, die Feuer speien, auf uns schießen und alles vernichten.

Unsere Schuhhütten auch?

Unsere Schuhhütten auch.

Unsere Worte auf dem Lehm auch?

Unsere Worte, unsere Hütten, unsere Wegdächer, unsere Brunnen, unsere Felder, unsere Vorräte, unsere Maulbeerbäume. Alles. Und dann werden sie kommen und alles, was noch Leben in sich hat, erstechen, erschießen und töten.

Wer schickt den Eisenvogel?

Der Krieg.

Warum? Was haben wir getan?

Nichts, schreit Shirin-Gol. Man muss dem Krieg nichts antun, damit er kommt. Wenn der Krieg kommen will, kommt er. Egal, wer man ist und was man getan hat. Hört auf, Fragen zu stellen, packt eure Sachen, wir müssen uns beeilen, wir müssen fliehen.

Shirin-Gol-jan, sagen die Männer, du hast uns von der Welt erzählt, du hast unsere Kinder auf die Welt gebracht, du warst uns eine Schwester, die wir geachtet und geehrt haben, du hast uns Worte gebracht und die Wegdächer. Aber du wirst uns nicht von hier wegbringen. Unser Leben ist hier. Wir sind auf diesem Flecken Erde geboren. Wir sind ein Teil dieser Berge, dieser Felsen. Wir sind wie diese Steine. Die kannst du auch nicht wegtragen. An jedem anderen Ort dieser Welt wären wir verloren. Wenn es Gottes Wille ist, unserem Leben ein Ende zu machen, dann ist es sein Wille, und wir werden uns unserem Schicksal fügen. Und wer weiß, vielleicht überlegt der Krieg es sich noch einmal, sieht, dass es hier nichts zu holen gibt und dass wir niemandem und nichts ein Leid zufügen. Gott ist gütig. Vielleicht lässt uns der Krieg in Frieden.

Krieg in Frieden. Friedenkrieg. Kriegfrieden.

Wie viel auch immer Shirin-Gol bittet und bettelt, die Menschen wollen und wollen nicht gehen. Sie wollen bleiben, selbst wenn dies der letzte Tag sein sollte, den der Herrgott ihnen unter seinem Himmel schenkt.

Shirin-Gol rafft alles zusammen, was sie schleppen können. Morad, Nur-Aftab, Nasser, Nafass, Nabi und sie selber schütteln Hände, umarmen und küssen jeden, den sie umarmen und küssen dürfen, und beeilen sich, das Dorf zu verlassen.

Die Sonne ist noch nicht hinter dem Gipfel verschwunden, Shirin-Gol, Morad und die Kinder sind auf dem gegenüberliegenden Berg angekommen, da, wo sie die letzte Nacht in den Bergen verbracht hatten, bevor sie ins Dorf mit den acht Hütten gekommen sind.

Die Leute sind noch nicht so klein, dass Shirin-Gol sie nicht mehr sehen kann. Die Stimmen sind noch nicht so weit entfernt, dass Shirin-Gol sie nicht mehr hören kann. Gerade nimmt Abine ihr Kind auf den Arm und geht vor zur letzten Hütte. Gerade legt Abine die Hand an den Mund und ruft, Shirin-Gol, Gott sei mit dir. Gerade will Shirin-Gol antworten, da kommt der schwarze, eiserne Vogel über den Berg geschwebt. Zuerst lautlos. Dann taucht ein zweiter Vogel auf. Beide schweben, leise surrend, dann laut schreiend und kreischend, kreisen einmal über dem Dorf, neigen ihre Köpfe, fliegen tiefer und tiefer, schießen Raketen ab, eine, zwei, drei, vier.

Shirin-Gol zählt sie nicht mehr.

Morad und sie verstecken die Kinder hinter einem Felsen, sie halten sich die Ohren zu, schließen die Augen, drücken ihre Körper, die voller Angst sind, aneinander und warten. Bis die Berge wieder schweigen.

Shirin-Gol muss nicht hinsehen, um zu wissen, was geschieht. Wer auch immer die Männer sind, die in den Hubschraubern sitzen – warum sind es eigentlich immer Männer? –, wer auch immer sie sind, in wessen Namen auch immer sie kämpfen – kämpfen? Tun sie ja gar nicht. Sie schießen nur. Auf Wehrlose. Auf Ahnungslose.

In wessen Namen sie auch immer schießen, sie bringen ihre Hubschrauber auf die Erde, stürmen mit ihren Kalaschnikows und Messern durchs Dorf. Zünden alles an, was brennt. Legen Minen. Damit niemals wieder jemand in den Hütten leben kann.

Jeden, der noch lebt, jeden, jeden, jeden, auch Abine und ihr Kind, erschießen sie. Erstechen sie. Schlitzen sie auf.

9. Kapitel
Azadine und ein kleiner Widerstand

Ich will nirgendwohin, schreit Nur-Aftab ihre Mutter an. Was ist das für ein Leben? Du zerrst uns von der Stadt aufs Land, dann wieder zurück in die Stadt, dann sind wir Tag und Nacht unterwegs in irgendwelchen Wüsten und Bergen. Mal vertrocknen und verbrennen wir beinahe, dann wieder werden wir beinahe zu Eis und erfrieren. Du zerrst uns nach Pakistan in ein stinkendes, dreckiges Flüchtlingslager, wo zuerst unser Vater verrückt wird und dann du. Dann schleppst du uns in die Berge, irgendwo in ein Dorf, von dem du bis heute nicht weißt, wo genau es gelegen hat. Ein Dorf, in dem wir Freunde finden, die alle getötet werden. Wir sind von rechts nach links, von oben nach unten unterwegs, dass ich bald jeden Flecken dieses Landes unter meinen Füßen gehabt habe. Jetzt bin ich hier in einem Dorf, aus dem selbst die Geister der Toten, Gott möge ihre Seelen beschützen, fliehen. *Madar*, bitte. *Madar-jan*. Ich kann nicht mehr. Ich will nicht mehr. Ich habe keine Kraft mehr. Ich will mich an keine neuen Menschen mehr gewöhnen, nur um sie dann wieder verlassen zu müssen, nur um mit ansehen zu müssen, dass irgendjemand kommt und sie tötet. Ich habe in meinem kleinen Leben genug für sieben große Leben gesehen. Komme, was möge, ich bleibe hier.

Hier? Wo ist hier?, fragt Shirin-Gol. Hier ist nirgendwo. Nichts und niemand ist hier. Niemand, den wir kennen.

Nur-Aftabs Gesicht ist weiß wie die kleine Wolke, die am Himmel klebt. Weiß. Ohne Farbe. Farbe verloren. Tochter-ohne-Farbe-im-Gesicht hat Tränen. Tränen, die wie ein kleiner

Regen im Frühling auf ihrer Haut liegen. Ihre Stimme ist heiser, als hätte ein kleiner Donner sich in ihrer Kehle verirrt.

Wo ist denn jemand, den wir kennen, dem wir vertrauen?, ruft sie, stampft mit ihrem nackten Fuß auf den harten, trockenen Boden und haut mit der Faust gegen das Gerippe der früheren Hütte. Diesen jemand gibt es nirgendwo.

Sieh dich um. Wir sind mitten in der Wüste. Mitten im Nichts. Kein Baum, kein Strauch, nur geplatzte, gelbe Erde, mit Rissen so groß, dass man aufpassen muss, nicht hineinzufallen. Keine Menschen, keine Felder, kein Dorf. Nichts zu essen. Unser Wasser ist knapp. Wir haben kein Dach über dem Kopf. Die Sonne wird uns braten und nur so viel von uns übrig lassen, dass wir grade noch als Fraß für die Geier und Fliegen gut sind. Siehst du die rot angemalten Steine überall? Hier ist alles vermint. Nicht einmal ein Hund will hier leben, geschweige denn Menschen.

Ich bleibe, ruft Nur-Aftab. Und wenn es sein muss, sterbe ich eben hier. Dann bin ich eben ein Hund.

Shirin-Gol hockt auf ihren Füßen, die Arme liegen auf den Knien, ein tiefes, schönes Lachen schlüpft aus ihrer Kehle, legt sich auf die leise Brise und fliegt hinüber zu ihrer Tochter. Nur-Aftab hat die Arme vor die Brust verschränkt, die Oberlippe über die Unterlippe geschoben, sie steht mit dem Rücken im Gerippe der Hütte, sieht auf ihre nackten Füße.

Komm her, sagt Shirin-Gol, steht auf, umarmt ihre Tochter, die mehr als einen Kopf kleiner ist als sie selber. Shirin-Gol hockt sich auf den Boden, zieht ihre Tochter auf ihren Schoß, küsst sie, streicht über ihr Haar und sagt, mein hübscher Sonnenschein. Mehr sagt sie nicht. Einfach nur, mein hübscher Sonnenschein.

Wo willst du überhaupt hin?, fragt Nur-Aftab.

Shirin-Gol weiß es nicht, versucht ihre Ruhe und ihr Lächeln nicht zu verlieren, überlegt, streicht den Rücken ihrer Tochter, als würde sie ihn mit Salbe einreiben.

In den Iran, sagt Shirin-Gol, ohne zu wissen, woher dieser Gedanke kommt. In den Iran.

In den Iran?, quengelt Nur-Aftab. Das ist ein anderes Land. Schon wieder ein neues Land. Schon wieder müssen wir über eine Grenze. Ich will nicht wieder in ein Flüchtlingslager.

Noch gehen wir nirgendwohin, sagt Shirin-Gol, wir haben weder das Geld für die Reise, noch kennen wir den Weg. Mach dir keine Sorgen. Erst einmal werden wir ins nächste Dorf gehen, dein Vater und ich werden versuchen, Geld zu verdienen, das wird Zeit brauchen, Wochen, vielleicht Monate. Erst dann werden wir in den Iran aufbrechen, und du wirst sehen, dort wird alles gut. Du wirst in die Schule gehen können. Du wirst viele Dinge lernen. Du wirst einen Beruf haben.

Nur-Aftab sieht ihre Mutter skeptisch an. Einen Beruf?

Ja, sagt Shirin-Gol, im Iran können auch Mädchen und Frauen Berufe haben. Sie können einfach alles werden, was sie wollen.

Ich will fliegen, sagt Nur-Aftab. Flugzeuge. Ich will Menschen hin und her fliegen. Keine Bomben. Menschen.

Das ist ein schöner Beruf, sagt Shirin-Gol.

Shirin-Gol hockt auf dem Boden zwischen dem Geripp einer Hütte, in irgendeinem früheren Dorf, auf dem Weg von irgendwo nach irgendwohin, und sie weiß, zum ersten Mal hat sie ihrem Kind ein Versprechen gegeben, das sie vermutlich niemals wird einlösen können.

Alles wird gut.

Shirin-Gol, Morad und ihre vier Kinder haben Glück. Sie müssen nicht länger als bis zum Abend des vierten Tages gehen, bis sie in ein Dorf kommen, wo sie bleiben können. Es ist nicht zu klein und nicht zu groß. Fremde fallen nicht sofort auf und erscheinen den restlichen Bewohnern nicht als Bedrohung. Es leben nicht so viele Menschen hier, dass Neuankömmlinge ihrem eigenen Schicksal überlassen werden.

Gleich am ersten Abend schenkt der Besitzer des Teehauses Morad einen Kessel mit frisch aufgebrühtem Tee und bietet ihm ein kleines Zimmer hinter dem Teehaus an, in dem er und seine Familie wohnen können.

Wir haben kein Geld, sagt Morad.

Das macht nichts, sagt der Teehausbesitzer. Hier gibt es in dieser Jahreszeit genügend Arbeit für jeden, der bereit ist, früh aufzustehen und hart anzupacken. Du kannst arbeiten, Geld verdienen und die Miete für das Zimmer später bezahlen.

Überall tobt der Krieg. Im gesamten Land gibt es keine Arbeit. In allen Städten und Dörfern, wo sie gewesen sind, ist das Leben erlahmt. Und hier steht ein Mann vor ihm, der, während er frisch aufgebrühten Tee in kleine Teegläser gibt, sie mit heißem Wasser auffüllt und zusieht, dass alle seine Gäste mit frischem Tee versorgt sind, sagt, es gibt Arbeit.

Gerade will Morad sich bedanken, gerade will er fragen, was das für eine Arbeit ist, gerade lächelt er und will den Mund öffnen, als der freche Nasser, der sich bisher hinter seinem Vater versteckt und den Mund gehalten hat, ruft, mein Vater kann jede Arbeit machen. Er war Mujahed. Er hat in den Bergen gekämpft. Dann ist er Schmuggler geworden.

So? Schmuggler. Das ist gut, sagt der Teehausbesitzer ungerührt, für Schmuggler haben wir auch Arbeit.

Die Antwort des Teehausbesitzers gefällt dem frechen Nasser so gut, dass er noch mutiger wird, hinter dem schützenden Körper seines Vaters hervorkommt, seine Brust aufbläht und sagt, ich will auch Schmuggler werden.

So? Du willst also auch Schmuggler werden?

Ja, sagt Nasser mit fester Stimme. Wenn ich so groß bin wie der da, und er zeigt auf seinen Vater.

Morad macht seinen halb geöffneten Mund wieder zu, verliert sein halbes Lächeln, legt seine Hand auf den Kopf seines Sohnes und zieht ihn zu sich.

Und bis dahin? Willst du hier in meinem Teehaus anfangen

zu arbeiten? Du könntest den Männern den Tee servieren, die Gläser und Untertassen waschen, die Fliegen verscheuchen, Zucker in kleine Stücke klopfen, die Teppiche auf den Pritschen fegen und was weiß ich? Du könntest alles das machen, was der andere Junge gemacht hat, der mein Gehilfe gewesen ist, bevor er beschlossen hat, aufs Feld zu gehen und dort zu arbeiten.

Nasser sieht den Teehausbesitzer mit großen Augen an, sieht an sich selber herunter, als wolle er prüfen, ob er groß genug und geeignet für diese verantwortungsvolle Arbeit ist, sieht seinen Vater an, sieht Morads strengen Blick, sagt nichts und verschwindet lieber wieder hinter dem schützenden Vaterrücken.

Na gut, sagt der Teehausbesitzer und lacht, ihr seid gerade erst angekommen, wenn du willst, komm morgen wieder, und dann reden wir. Und zu Morad sagt er, hier, Bruder, nimm den Kessel, und da habe ich noch Brot und etwas Reis. Das Zimmer ist nicht groß, aber es ist besser, als auf der Straße zu schlafen. Geh um das Teehaus herum, du wirst es nicht verfehlen.

Welchen Unterschied macht es, was das für eine Arbeit ist?, fragt Morad.

Einen großen, sagt Shirin-Gol und deckt ihre Kinder zu, die seit wer weiß wie lange endlich wieder auf Matratzen schlafen, ihre Köpfe auf Kissen legen und sich mit Decken zudecken können. Vielleicht wollen sie, dass du Menschen für sie tötest oder dass du in den Krieg gehst, und dann dauert es auch nicht lange, bis du selber getötet wirst.

Jetzt schlafen wir erst einmal, sagt Morad. Morgen werde ich mit ihm sprechen, und dann werden wir sehen, was wird.

Gut, sagt Shirin-Gol. Sehen wir morgen, was wird.

Bei Tageslicht betrachtet ist das Dorf kleiner, sehr viel hübscher und freundlicher, als es in der Dunkelheit der vergangenen Nacht gewirkt hat. Im Grunde besteht es aus nur einer sandigen Straße. An einem Ende ist Eingang und Ausgang des Dorfes. Am anderen Ende stößt man auf ein großes Tor aus Eisen. Die hellblaue Farbe des Tores ist an manchen Stellen durch Einschusslöcher oder sonst was abgesprungen und sieht aus wie kleine, schmerzende Wunden und Pickel. Hinter dem Tor ist ein schattiger, großer, fast runder Garten versteckt, in dem alte Bäume kühlen Schatten spenden. Rechts und links des größten Baumes, der in der Gartenmitte steht, sind zwei identische, einfache Häuser gebaut. In einem der Häuser wohnt der Gouverneur des Dorfes, in dem anderen befindet sich das Dorfgefängnis.

Das einzige andere Gefängnis, das Shirin-Gol bisher gesehen hat, ist in Kabul. In der Russenzeit wurden die Russenfeinde darin eingesperrt, gefoltert und ermordet. Als die Mujahedin an die Macht kamen, wurden die Russenfreunde eingesperrt, gefoltert und ermordet. Aber wer auch immer darin eingesperrt, gefoltert und ermordet wurde, Kabul ist immerhin die Hauptstadt, und soweit Shirin-Gol weiß, braucht eine richtige Hauptstadt auch ein richtiges Gefängnis. Aber wozu braucht ein kleines Dorf, wo im Grunde jeder jeden kennt, ein Gefängnis?

Das brauchen wir, sagen die Leute.

Wozu?

Weil das eben so ist.

Viel Zeit vergeht, bevor Shirin-Gol von Bahadur, der vierten Frau des zweitwichtigsten Mujahedinkommandanten, erfährt, aus welchem Grund ein kleines Dorf wie dieses ein Gefängnis haben muss.

Der Grund sind die Amerikaner, sagt Bahadur. Eines Tages ist ein junger Amerikaner mit einem hübschen, weißen Geländewagen und zwei weiteren hübschen, weißen Geländewagen

im Gefolge ins Dorf gekommen. Der Amerikaner, seine Begleiter und sein Übersetzer sind mit viel Tamtam und viel Krach
und kunterbunt, wie sie angezogen waren, durchs Dorf mar-
schiert, haben mit allen möglichen Männern gesprochen, haben überall Tee getrunken, haben sich die Mohnfelder angesehen, haben zugesehen, wie die Männer das Opium von den
Knollen kratzen und aufsammeln, haben gefragt, wie viel die
Feldbesitzer verdienen, wie viel die Arbeiter verdienen. Die
Amerikaner sind von Geschäft zu Geschäft gegangen und haben gefragt, was dieses und jenes kostet, und sind irgendwann
wieder gefahren. Nach ein paar Tagen ist der Amerikaner wie-
dergekommen. Und er hatte eine Nachricht von seiner Regierung mitgebracht. Wir sollten soundso viel weniger Mohn anbauen und soundso viel weniger Opium gewinnen. Der Amerikaner hat gesagt, seine Regierung zahlt uns sogar Geld dafür,
aber erst wenn wir ein Gefängnis gebaut haben, in das wir die
Männer einsperren, die trotzdem zu viel Mohn produzieren
oder zu viel Opium herstellen. Und weil er uns dafür ganz
schön viel Geld geboten hat, haben wir das zweite Haus im
Gouverneursgarten, in dem der Mullah bis dahin gelebt hat,
kurzerhand zum Gefängnis erklärt. Der Mullah ist in ein anderes Haus im Dorf gezogen. *Tamam* und *khalass*. So viel zum
Gefängnis, sagt Bahadur, aber welches Interesse der Amerikaner, der Dan oder Dun oder Don hieß, und seine Regierung
daran hatten, dass wir soundso viel weniger Mohn anbauen
und weniger Opium herstellen, das haben wir nie so richtig begriffen. Er hat erzählt, in seinem Land und anderen Ländern
der Welt würden viele Menschen vom Opium krank werden
und sterben. Wir haben immer wieder gefragt, warum er den
weiten Weg hierher gemacht hat und uns Geld gibt, statt den
Leuten in seinem eigenen Land zu verbieten, Opium zu kaufen. Wir haben dem Amerikaner, der übrigens sehr nett war
und sehr schön aussah, gesagt, dass unsere Felder vermint sind
und dass wir nicht wie früher Baumwolle, Reis, Weizen anbau-

en können. Dass wir nur überleben können, wenn wir Mohn anbauen. Wir haben ihm gesagt, dass es sehr viel Zeit, Geld und Leben kostet, Felder zu entminen. Weizen können wir nur mit dem Lastwagen transportieren. Opium kannst du in die Tasche stecken, zu Fuß losgehen und es verkaufen. Wir haben ihm erklärt, dass wir sein Geld zwar gerne nehmen, auch ein Gefängnis einrichten, in das wir hin und wieder den einen oder anderen Mann aus unserem Dorf einsperren können. Alles das haben wir Don, oder wie immer er heißt, erklärt. Aber ich bin mir nicht sicher, sagt Bahadur mit nachdenklicher Miene, ob der Amerikaner uns verstanden hat. Jedenfalls haben wir das Gefängnis behalten, es hat sich als nützlich erwiesen. Denn manchmal bekommt unser Gouverneur Besuch von Verwandten oder auch von anderen Gouverneuren oder wichtigen Menschen. Die werden dann in dem zweiten Haus untergebracht. Natürlich sagen wir ihnen nicht, dass das eigentlich unser Gefängnis ist. Aber auch wenn wir keine hohen Gäste im Dorf haben, nutzen die Männer manchmal das zweite Haus. Es kommt nämlich manchmal vor, dass ein Mann nicht in seinem eigenen Haus schlafen will, weil er mit seiner Frau Streit hat oder weil er einfach seine Ruhe haben und allein sein will. Dann schläft er eben ein paar Nächte im Gefängnis.

Anfangs glaubt Shirin-Gol, Bahadur habe die ganze Geschichte nur erfunden, um sich wichtig zu machen, aber dann hören sie und Morad die gleiche Geschichte auch von anderen im Dorf und fangen an, sie zu glauben. Und es dauert nicht lange, da erzählen auch Shirin-Gol, ihre Kinder und Morad diese Geschichte Besuchern und Neuankömmlingen, und zwar so, als wären sie selber dabei gewesen, als Don oder Dun oder Dan mit viel Tamtam ins Dorf gekommen ist.

Auf der Gouverneurshausgefängnisseite der Straße gehen, kurz bevor man zum hellblauen Tor mit den Pickeln kommt, im rechten Winkel zwei schmalere Sandstraßen von der

Hauptsandstraße ab. Wäre man ein Vogel und könnte das Dorf von oben betrachten, würden die Straßen wie ein Mensch aussehen, der auf dem Boden liegt, die Beine fest zusammengepresst und die Arme auseinander gestreckt hat. Da, wo die Füße des Menschen wären, ist Eingang und Ausgang des Dorfes. Da, wo die Arme des Menschen wären, sind die zwei schmaleren Straßen, die von der großen abgehen. Da, wo der Kopf des Menschen wäre, ist der runde Garten mit dem Haus des Gouverneurs und das Gefängnis. Das Zimmer hinter dem Teehaus, in dem Shirin-Gol, Morad, Nur-Aftab, Nasser, Nafass und Nabi wohnen, ist rechts vom Bauchnabel des Menschen.

Das Zimmer ist weder klein noch groß. Vorne hat es kniehohe Fenster mit einer breiten Fensterbank. An den restlichen drei Wänden liegen Matratzen, Matten und Decken auf dem Boden, tagsüber zum Daraufsitzen und nachts zum Daraufschlafen. In der Mitte liegen Plastikmatten auf dem Boden. Leuchtend grüngelbe, freundliche Matten, die aussehen, als würden sie den ganzen Tag lang lachen. Shirin-Gol haut mit einem dicken Stein einen Nagel in die Wand und hängt ihren Schleier daran. In einer Nische in der Wand liegen ein Spiegel, ein buntes Bild von einem Mann auf einem Pferd, der mit seiner Lanze einen Drachen ersticht, und eine alte, leere Dose aus Blech. Sonst nichts.

Das Schönste an dem Zimmer ist der Platz davor. Er ist groß genug, um morgens Tee zu trinken und in warmen Nächten draußen zu schlafen. Shirin-Gol, die Kinder und Morad gewöhnen sich daran, diesen Platz etwas übertrieben, aber voller Liebe, Veranda zu nennen. Jeden Morgen fegt Shirin-Gol den Staub vom Lehmboden der Veranda, alle paar Tage einmal schleppen die Kinder die Matratzen, Decken, Kissen und lachenden Plastikmatten in die Sonne. Mit viel Geschrei, Gehüpfe und Getöse klopfen sie mit Stöcken auf sie ein, dass sie ihren Staub aushusten, und Nasser spritzt das Zimmer mit

Wasser aus dem Schlauch ab. Nasser liebt seinen Plastikwasserschlauch, es ist der erste Schlauch seines Lebens.

Nachdem die Mujahedin die Russen aus ihrem Dorf verjagt hatten, haben verschiedene Kommandanten, die bis dahin Seite an Seite gekämpft hatten, in einem gnadenlosen Bruderkrieg um die Macht im Dorf gekämpft. Der jetzige Gouverneur und seine Männer waren die stärksten, haben alle anderen verjagt oder getötet. Bis heute hat es kein anderer Kommandant gewagt, auch nur in die Nähe des Dorfes zu kommen. Für die Leute ist das gut. Sie haben das Dorf von Minen frei geräumt. Sie haben ihre Hütten wieder aufgebaut. Sie haben ihre Läden und Buden wieder aufgebaut. Sie haben angefangen, ihre Felder zu entminen.

Shirin-Gols Veranda grenzt an ein Mohnfeld. So haben Shirin-Gol, Morad und die Kinder den schönsten Anblick, den sie sich unter Gottes Himmel vorstellen können. Die Länge einer Holzpritsche entfernt von der Glastür und den Fenstern ihrer Hütte wachsen duftende, weiß, lila und rosa blühende Mohnblumen. Rings um das Dorf wachsen diese bunten Blumen. Kleine Quadrate, Dreiecke oder lange, schmale Felder, von denen jedes einem anderen Besitzer gehört, sind umgeben von niedrigen Mauern aus Stein oder Lehm, die selber mit Pflanzen und Blumen bewachsen sind.

An den Nachmittagen sitzen die Frauen auf den kleinen Mauern im Schatten der Bäume, plaudern und freuen sich an den Farben, dem Duft und der Pracht der Blumenfelder.

Währenddessen sitzen die Männer im Teehaus, verhandeln, tauschen, machen Geschäfte, vereinbaren wichtige und unwichtige Dinge, rauchen Wasserpfeife, schlürfen einen Tee nach dem anderen und sind glücklich, dass ihr tapferer Kommandant, den sie übrigens gut dafür bezahlen, den Krieg für sie führt und andere Kommandanten der Mujahedin es nicht schaffen, in ihr Dorf vorzudringen. Alles, was die Leute vom Krieg mitbekommen, sind entfernte Schüsse und Explosionen.

Der Teehausbesitzer hat seinen *samowar* vorne auf einem Tisch aufgebaut. Gleich neben dem Teehaus hat der Bruder des netten Teehausbesitzers unter einem Bastdach, das aussieht wie das Bastdach seines Teehausbruders, einen Straßenstand. In einem Grill bereitet er Fleisch zu *kebab* und in einem Topf auf offener Flamme kocht er Reis. Beides zusammen verkauft er portionsweise den Männern, die den ganzen Tag im Teehaus seines Bruders hocken, die Steine ihrer Gebetsketten zuerst in die eine, dann in die andere Richtung schieben und was sonst noch machen, bevor der Tag um ist und sie wieder in ihre Hütten zu ihren Frauen und Kindern gehen.

Alles in allem scheinen die einhundert, oder vielleicht sind es auch einhundertundfünfzig Menschen im Dorf zufrieden mit ihrem Leben zu sein.

Die Menschen sehen aus, als hätten sie es nie eilig, irgendwohin zu gehen. Die meisten haben ihre Bilder aus dem Krieg gegen die Russen, so tief in ihrer Erinnerung vergraben und versteckt, dass kaum noch jemand darüber spricht. Die meisten danken Gott für jeden Tag, den er ihnen schenkt. Niemand ist mit jemandem verfeindet, und es passiert nur selten, dass jemand jemanden betrügt. Denn so, wie es aussieht, leidet niemand Hunger, und jeder verdient genug, um zu überleben. Nicht zu viel, nicht zu wenig.

Die Reicheren besitzen Felder, auf denen sie Mohn anpflanzen. Die weniger Reichen verkaufen in Läden alles Mögliche, was die Reichen und Halbreichen sich leisten können. Töpfe, Teller, Pfannen, Garn, Nähnadeln, Kleider, Radios, Batterien für die Radios, Reis, Fett, Tee, Weizen, Nüsse, glänzende Stoffe für Hochzeitskleider und nichtglänzende Stoffe für andere Kleider, Schuhe, die aus Pakistan kommen, bunte Decken, Kissen, Schlafmatten, die sie aus der Wolle ihrer Schafe herstellen. Die noch weniger Reichen reparieren in ihren Buden die Radios aus Pakistan, Uhren und Gewehre der reicheren Männer. Sie flicken Schuhe, nähen Kleider, Westen, Hosen und Kappen, rasieren den Jungen und Männern die Haare und Bärte. Sie arbeiten auf den Mohnfeldern der Reichen oder in den Läden, Buden und Werkstätten der Halbreichen.

Außerdem sind da noch ein paar Leute, die nichts zu verkaufen haben, aber trotzdem nicht arm sind. Dazu gehören der Mullah, der Gouverneur, der Lehrer der Jungenschule und die Händler, die ab und an ins Dorf kommen, das Opium abholen, nach Pakistan oder in den Iran bringen und verkaufen.

Und dann ist da noch Azadine.

Azadine ist zu Zeiten des Königs in Kabul in die Schule gegangen, und zu Zeiten des Russenkrieges hat sie in Kabul studiert. Sie musste ihr Studium abbrechen, als die Mujahedin ihren Bruderkrieg begonnen haben und die Universitäten deswegen geschlossen waren. Azadine ist zuerst nach Pakistan und dann in den Iran geflohen, hat ihr Studium beendet und ist zurück nach Kabul. Wegen des Krieges, aber auch, weil ihr Bruder inzwischen nicht mehr dort lebte und sie als Frau alleine nicht in der Stadt leben konnte, ist Azadine hierher zurück in das Dorf, in dem ihr Vater geboren und aufgewachsen war und wo heute noch eine Tante und ein Onkel leben.

Alle sind sehr froh darüber, dass sie zurückgekommen ist, und die meisten achten und respektieren sie und das, obwohl sie eine Frau ist. Nicht nur, weil Azadine eine gute Ärztin ist, sondern auch, weil sie ein guter und großzügiger Mensch ist. Sie behandelt nicht nur jene, die bezahlen können, sie behandelt jeden, der den Weg zu ihr findet. Gott ist groß, sagt Azadine, er wird schon dafür sorgen, dass ich immer genug zu essen und zum Leben habe.

Außer den Bewohnern ihres eigenen Dorfes behandelt Azadine die Menschen aus vielen anderen Dörfern und nahe gelegenen Bergen und Tälern. Manche sind drei oder vier Tage unterwegs. Sie kommen zu Fuß, mit dem Esel oder auf Pferden. Die meisten Patienten, die aus den entfernten Tälern, Bergen und Dörfern kommen, können nur wenig oder gar nicht zahlen. Die meisten haben noch nicht einmal genügend, um in die nächstgrößere Stadt zu gehen und die Medikamente zu kaufen, die Azadine ihnen verschreibt. Wenn sie selber gerade Geld übrig hat, schenkt sie es ihren ärmsten Patienten und hilft ihnen mit Lebensmitteln, mit Kleidung oder sonst was. Jedenfalls ist Azadine eine der großherzigsten Menschen in der gesamten Region, und deswegen dulden die Leute es sogar, dass sie allein lebt und unverheiratet geblieben ist.

Hin und wieder klopft der Mullah an ihre Tür und bedrängt sie, endlich zu heiraten. Schließlich sieht Gott es nicht gerne, wenn eine Frau ohne einen Mann lebt, ohne jemanden, der sie beschützt. Statt auf sein Gerede zu hören, horcht Azadine das Herz des Mullah ab, klopft auf seine Lunge, fühlt seinen Puls und ermahnt ihn, nicht zu viel Opium zu rauchen, mindestens einmal am Tag einen Spaziergang zu machen und die Väter im Dorf nicht zu drängeln, ihre halbwüchsigen Kinder zu verheiraten, weil sie sonst Söhne und Töchter auf die Welt bringen, die schwach und krank sind.

Die Leute müssen Kinder machen, versucht der Mullah seine Kinderpropagandapolitik oder besser Jungenpropagandapolitik zu verteidigen, irgendwann werden die Kinder nützlich für ihre Eltern sein, *yek rouz be dardeshoun michore.* Seinen eigenen Worten zustimmend, nickt er, sieht Azadine an und weiß, sie glaubt ihm kein Wort. Nicht ein einziges.

Das ist eine Teufelsfrau, erzählt der Mullah seiner Ehefrau und ärgert sich über diesen gewissen Unterton in seiner Stimme, der voller Respekt für die Ärztin ist. Wie viel Verachtung auch immer er in seine Worte zu legen versucht, ständig ist da dieser Respekt. Dabei hat der Mullah nicht einmal die leiseste Ahnung, woher dieser ungewollte, lästige Unterton kommt.

Azadine kümmert sich weder um die guten und schlechten

Ratschläge noch um die respektvollen und respektlosen Untertöne. So oder so, Azadine mag das Dorf und die Menschen. Alle. Besonders die Frauen. Besonders, wenn sie anders sind als alle anderen Frauen im Dorf.

Shirin-Gol hockt auf der Veranda, wäscht in der Schüssel aus Zink Wäsche, da kommt Azadine um die Ecke. Shirin-Gol erschreckt sich bei dem Anblick der fremden Frau so sehr, dass ihr Herz in ihren Hals springt und laut zu pochen beginnt. Seit sie gehört hat, dass es im Dorf eine Ärztin gibt, überlegt Shirin-Gol, wie sie es anstellen soll, Azadine zu treffen.

Shirin-Gol erhebt sich, trocknet die Hände an ihrem Rock, streckt die Hand aus, will die Ärztin begrüßen, dabei sieht sie, wie ihre Hand vor Aufregung zittert. Nur leicht. Aber sie zittert. Azadine lächelt, dass ihre weißen, großen Zähne in der Sonne aussehen wie die weißen Blüten der Mohnblumen. Sie nimmt Shirin-Gols Hand, drückt sie kräftig, zieht Shirin-Gol zu sich heran und umarmt sie wie eine Freundin. Die beiden Frauen sprechen kein Wort. Sie halten sich einfach in den Armen. Schlucken beide ihre Tränen herunter. Es ist, als würden zwei Schwestern sich in die Arme schließen.

Friede sei mit dir, sagt Shirin-Gol.

Friede sei auch mit dir, sagt Azadine.

Beide hocken sich auf den Boden und haben es nicht eilig, miteinander zu sprechen.

Azadine sieht anders aus als die meisten Frauen, denkt Shirin-Gol. Ihre Haut ist glatter, ihre Augenbrauen sind schmaler, ihre Nase ist feiner, ihre Augen sind lebendiger als die vieler anderer Frauen, ihr Körper scheint leichter zu sein, ruhiger, sicherer.

Erst nach einer ganzen Weile sagt Azadine, die Leute erzählen, du hast in Kabul gelebt und in Pakistan. Sie sagen, du bringst deinen Kindern lesen und schreiben bei. Stimmt es, kannst du lesen und schreiben?

Shirin-Gol sagt, es stimmt.

Endlich eine Frau, mit der ich mich vernünftig unterhalten kann, sagt Azadine.

Vor Aufregung verschluckt Shirin-Gol sich an ihrer Spucke und sagt, du bist die erste Frau, die ich sehe, die Arzt ist.

Ich bin gekommen, sagt Azadine, weil ich dich sehen wollte, dich kennen lernen und dich in unserem Dorf willkommen heißen möchte. Und ich bin gekommen, weil ich dich bitten möchte, mir zu helfen.

Ich? Dir? Wie kann ich dir helfen?

Was weiß ich, sagt Azadine. Ich will einfach nicht mehr allein sein. Du kannst meine Krankenlisten schreiben, Karteien führen, Rezepte schreiben. Hauptsache, du kommst in die Praxis und verbringst Zeit bei mir.

Krankenlisten? Karteien? Rezepte? Ich verstehe nichts von alledem.

Du kannst es lernen.

Ich wollte auch Ärztin werden, sagt Shirin-Gol.

Komm in die Praxis, sagt Azadine. Ich bringe dir alles bei, was ich weiß.

Was werden die Leute sagen, wenn ich ohne meinen Mann aus dem Haus gehe, arbeite und Geld verdiene? Ich kenne niemanden, und niemand kennt mich. Sie werden über mich reden. Sie werden sagen, ich sei eine … eine – was weiß ich?

Eine schlechte Frau?, fragt Azadine. Das ist Unsinn. Wir müssen aufhören, unser Leben nach dem Gerede der Leute auszurichten.

Du sprichst wie meine Lehrerin aus der Russenschule.

Komm in meine Praxis. Ich werde ein paar Frauen einladen. Ich werde ihnen erzählen, dass du für mich arbeitest. Sie werden es ihren Männern erzählen, und bald wird das ganze Dorf wissen, dass du nur aus dem Haus gehst, um für mich zu arbeiten.

Die Frauen im Dorf sind neugierig auf die Neue. Sie erzählen Shirin-Gol tausendundeine Geschichten und stellen tausendundeine Fragen. Woher kommst du? Wo bist du geboren? Wer ist dein Vater? Wo ist dein Vater jetzt? Hast du Brüder? Wusstest du, dass Azadine Zaubermedizin hat? Man muss sie jeden Tag zu einer bestimmten Zeit schlucken, man darf sie niemals vergessen, und solange wie man sie schluckt, bekommt man keine Kinder. Wusstest du, dass Azadine keinen Mann hat? Hat sie dir schon erzählt, warum sie noch nicht geheiratet hat?

Sag es ihr, sagen die Frauen.

Aber das habe ich doch schon so oft erzählt. Werdet ihr denn niemals müde davon?

Nein, nein, nein. Niemals. Die Frauen klingen wie junge Mädchen. Erzähl, erzähl, erzähl.

Azadine lacht, dass ihre Augen die Form von schönen Mandeln bekommen.

Weil ich keinen Mann brauche, sagt sie. Weil ich mein eigenes Geld verdiene. Weil ich alleine auf die Straße gehe. Weil ich niemanden will, der glaubt, mich zu besitzen. Weil ich allein einkaufe. Allein und selber entscheide, wann ich schlafen gehe, wann ich arbeite, ob ich überhaupt arbeite oder schlafe. Weil ich selber entscheiden kann, wann ich essen oder ob ich überhaupt essen will. Und weil ich allein zufriedener bin.

Aber was machst du, wenn eines Tages – Gott möge dich vor diesem Schicksal beschützen –, wenn eines Tages ein Mann oder zwei oder drei über die Mauer in deinen Hof springen, dein Hab und Gut rauben und auch noch Hand an dich selber legen?

Sollen sie nur kommen, sagt Azadine. Ich werde das Gewehr meines Vaters nehmen und sie alle erschießen. Jeden einzelnen. Einen nach dem anderen.

Was machst du, wenn das Gewehr deines Vaters nicht in der Nähe ist und du die Männer nicht erschießen kannst?, fragen die Frauen.

Azadine sagt, den ersten würde ich fragen, ob er mit mir in mein Behandlungszimmer kommt, damit wir allein und ungestört sind. Da würde ich ihm eine Spritze geben, damit er ohnmächtig wird.

Warum gibst du ihm keine Spritze, die ihn tötet?, fragen die Frauen.

Vielleicht töte ich ihn auch, sagt Azadine.

Was machst du mit dem zweiten?

Dem zweiten werde ich sagen, ich habe mein Gold und meine Schätze in dem Eimer versteckt, der im Brunnen hängt, und wenn er sich über den Brunnen beugt, um an den Eimer zu kommen, werde ich ihn mit einem kräftigen Tritt in den Hintern in den Brunnen stoßen.

Und den dritten? Den dritten?, fragen die Frauen mit großen Augen.

Den dritten? Ja, der dritte ist der schönste. Der jüngste. Der stärkste von allen. Er hat Augen, die glänzen wie Kohle. Sein Haar ist wie aus Seide. Er hat Muskeln wie ein Panther. Er ist sanft wie ein Kätzchen. Deshalb hebe ich ihn mir für den Schluss auf. Der dritte? Ich glaube – nein, ich weiß es –, dem werde ich sein Leben schenken. Ich werde ihn für mich selber behalten.

Die Frauen kichern zufrieden.

Shirin-Gol weiß nicht, was sie von der Geschichte der Ärztin halten soll.

Ich lasse den Schönen all die schweren Arbeiten erledigen und vielleicht …, an dieser Stelle macht Azadine eine lange Pause, die Frauen kichern und lachen und halten die Hände vor ihre Münder. Azadine sieht in die Runde und sagt, vielleicht lasse ich ihn ab und an auch in mein Zimmer.

Alle Frauen reden durcheinander, lachen, kichern, klopfen sich gegenseitig auf die Schenkel, beugen und biegen sich vor Lachen, liegen sich in den Armen.

Was machst du da mit ihm?, wollen sie wissen. Los, erzähl,

erzähl. Was machst du mit dem schönsten, dem jüngsten und stärksten? Was machst du mit ihm?

Ich mache mit ihm, was immer ich will, antwortet Azadine und bringt die Frauen noch mehr zum Lachen. Auch Shirin-Gol lacht. Und sie denkt, das ist das erste Mal in meinem Leben, dass ich laut lache. Und ohne dass sie weiß, warum, und mehr zu sich selber sagt Shirin-Gol, das ist Widerstand.

Was?

Shirin-Gol schweigt.

Sag es noch mal, sagt Azadine.

Shirin-Gol senkt den Blick, will nicht, bis die Frauen rufen, stupsen, sie ermuntern und Shirin-Gol sich traut zu wiederholen, was sie gesagt hat.

Das ist Widerstand, murmelt sie.

Die Frauen schweigen, sehen sich gegenseitig an, sehen Shirin-Gol an, sehen Azadine an. Lachen.

Shirin-Gol hat Recht, sagt Azadine. Alles, was wir hier machen, ist tatsächlich Widerstand. Was würden eure Männer und Väter wohl sagen, wenn sie euch hier so sehen würden, mit roten, erhitzten Köpfen, aufgelöstem Haar, lachend, kichernd über Geschichten von fremden, schönen Männern?

Die Frauen schweigen.

Schließlich sagt die zweite Ehefrau des netten Teehausbesitzers, die nur spricht, wenn die erste Frau des netten Teehausbesitzers nicht dabei ist, mit mutiger, lauter Stimme, mein Mann würde sagen, ich bin eine schlechte Frau.

Meiner auch, meiner auch, sagen die anderen Frauen und reden durcheinander.

Shirin-Gol schweigt und weiß nicht, warum sie gesagt hat, was sie gesagt hat.

Azadine hat eine Gehilfin, sagen die Leute im Dorf. Sie ist die Frau von dem Neuen, von Morad. Die Gehilfin von Azadine hat gute Hände, sagen die Frauen.

Manche sehen es nicht gerne, dass plötzlich noch eine Frau im Dorf auf die Straße geht. Ohne ihren Mann. Hin und her läuft. Bald jeden kennt. Mit jedem spricht. Den Blick nicht senkt. Arbeitet. Als wäre sie ein Mann. Sie sehen es nicht gern. Aber alles in allem haben die meisten nichts dagegen, dass Azadine eine Gehilfin hat. Shirin-Gol ist eine tüchtige Frau mit viel Mitleid für ihre Mitmenschen. Und seit sie Azadine zur Hand geht, kann die Ärztin an jedem Tag viel mehr Patienten sehen und behandeln als früher.

Die meiste Zeit verbringt Shirin-Gol damit, den Frauen und Mädchen zuzuhören, wenn sie ihr von ihrem Leben erzählen. Die Frauen stellen Fragen, deren Antwort sie selber am besten kennen. Sie reden, einfach nur, um mal wieder mit jemandem geredet zu haben. Die Frauen erzählen von Männern, die sie schlagen. Sie erzählen von der ersten, zweiten, dritten Nebenfrau ihrer Männer, die sie schlecht behandelt. Sie erzählen, dass sie seit Wochen und Monaten nicht draußen oder gar an der frischen Luft gewesen sind. Die Frauen sagen, der Arztbesuch, bei dem sie auch noch von ihrem Mann, Sohn, Vater, Bruder, Onkel begleitet werden, ist für sie die einzige Gelegenheit, aus dem Haus zu kommen. Die Frauen hocken vor Shirin-Gol, fangen an und hören nicht mehr auf zu erzählen. Am Anfang sagen viele, dass sie lieber tot wären als lebendig. Am Ende, wenn sie wieder zurück in ihr Leben müssen, sagen sie, Gott sei gedankt, dass er uns eine Schwester wie dich geschickt hat, jetzt ist mein Herz leichter.

Je mehr Geschichten und Träume Shirin-Gol von den Frauen hört, desto mehr merkt sie, wie unfrei auch ihr eigenes Leben ist. Shirin-Gol träumt von einem schöneren Leben. Von einem freien Leben. Von einem Leben in einem anderen Land, dem Iran. Shirin-Gol glaubt, dass im Iran die Menschen ihre Töchter und Söhne gleich behandeln. Sie glaubt, dass ihre Kinder im Iran in die Schule gehen und einen Beruf erlernen können.

Sie glaubt, dass Morad dort Arbeit finden könnte. Sie glaubt, dass Iraner Afghanen mögen und gut behandeln. Shirin-Gol glaubt, dass sie im Iran ein richtiges Leben haben könnte. Sie glaubt und träumt. Träumt und glaubt.

Im Iran herrscht Frieden, denkt Shirin-Gol. Es gibt weder Krieg noch Minen, weder Hunger noch zerstörte Häuser. Es gibt Gärten mit Obstbäumen, Brotbäcker und Gemüsehändler, Schulen und Straßen.

Aber hier ist deine Heimat, sagt Azadine. Hier bist du bei deinen eigenen Landsleuten. Hier hast du Arbeit, hier haben deine Kinder Ruhe und Frieden. Hier hast du auch ein Leben. Was fehlt dir? Was suchst du? Was brauchst du?

Shirin-Gol sieht die Ärztin an, seufzt schwer. Als würden Ketten ihre Brust zusammendrücken. Als würde ihr Körper aus Blei sein.

Was weiß ich?, sagt sie. Mir fehlt nichts. Mir fehlt alles. Hier sind meine Landsleute. Trotzdem sind sie alle Fremde. Meine Kinder und ich haben alles, was wir brauchen, um am Leben zu bleiben. Trotzdem haben wir nichts von all den Dingen, die man für ein richtiges Leben braucht. Ich habe Arbeit, mein Mann nicht. Das macht ihn krank, er wird unleidig. Ein Mann muss Arbeit haben. Meine Kinder haben Ruhe und Frieden, aber was soll aus ihnen werden? Morgen sind sie groß und müssen ein eigenes Leben anfangen. Was sollen sie machen? Wovon sollen sie leben? Meine Töchter können weder in die Schule, noch können sie einen Beruf erlernen. Meine Söhne gehen zwar in die Schule, aber der Lehrer geht jeden zweiten Tag nicht in den Unterricht, weil er anderswo arbeiten muss, um Geld zu verdienen. Was weiß ich, sagt Shirin-Gol.

Du bist undankbar, sagt Morad, wir haben doch alles, was wir brauchen. Wir haben eine Hütte. Unsere Hütte hat Türen und Fenster. Wir haben sogar eine kleine Veranda vor unserer Hütte. Die Menschen sind nett zu uns. Unser Sohn geht in die

Schule und hat im Teehaus eine Arbeit. Du hast eine Arbeit. Und auch ich habe Arbeit gefunden.

Was?

Ja, sagt Morad, ich habe Arbeit gefunden. Ab morgen früh werde ich auf dem Mohnfeld arbeiten.

Gott sei Dank, sagt Shirin-Gol, rührt den Reis, der im Topf auf dem Feuer brodelt und blubbert und große Blasen wirft, die laut platzen und schimpfen, wenn sie aus dem Topf springen und ins Feuer fallen. Gott sei Dank, sagt Shirin-Gol und wartet darauf, dass die Kette um ihre Brust zerspringt, leichter wird, verschwindet, dass das Blei aus ihrem Körper verschwindet. Gott sei Dank, sagt Shirin-Gol und wundert sich, dass die Ketten noch da sind, das Blei noch da ist, und sie rührt den Reis und sieht zu, wie die Blasen hinausspringen und im Feuer landen.

Morad hockt sich zu Shirin-Gol neben das Feuer und den Reistopf, sieht eine Weile den heißen, springenden Blasen zu und sagt, jetzt haben wir ohnehin kein Geld für die Reise in den Iran. Und um dort ein neues Leben zu beginnen, haben wir erst recht kein Geld. Bleiben wir erst einmal hier, leben unser Leben, so gut es geht, und wir sehen, was wird.

Gut, sagt Shirin-Gol, bleiben wir, und sehen wir, was wird.

Die duftenden, lebendigen weiß, lila und rosa blühenden Mohnblumen verlieren ihre zarten Blüten, hinterlassen nackte, gelbbraune, runde Köpfe, etwas größer als große Hühnereier, die oben wie abgeschnitten sind und eine Krone tragen. Wie eine Königin mit einer Krone.

Die langen Blätter des Mohns hängen trocken und sandfarben wie schlaffe, tote Arme an den kräftigen, behaarten, brusthohen Stielen, die mit ihren holzgleichen Köpfen mit Krone da stehen in Reih und Glied, als wären sie dünne, hässliche, tote Soldaten.

Früh am Morgen, bevor die Sonne sich am Himmel zeigt,

schlägt Morad seine Decken zurück, steht auf, steigt über Shi-rin-Gol und das Knäuel seiner schlafenden Kinder, spritzt sich draußen auf der Veranda kaltes Wasser aus dem Plastik-schlauch ins Gesicht, trocknet das Wasser nicht, schüttelt es nur ab, zittert vor Kälte, nimmt seine Jacke vom Nagel an der Wand, schmeckt beim Schlucken den Geschmack und den Geruch von Schlaf in seinem Mund, geht hinüber ans andere Ende des Feldes, wo sein neuer Arbeitgeber bereits auf ihn wartet. Es ist der nette Mann, dem das Teehaus gehört, genau-so wie das Zimmer, in dem Shirin-Gol und ihre Familie woh-nen, und auch das kleine Feld davor, auf dem der Mohn in Reih und Glied steht wie tote Soldaten.

Morads Arbeit ist weder schwierig noch leicht. Er geht von Pflanze zu Pflanze mit drei winzigen Klingen, die auf ein handgroßes Stück Holz gesteckt und mit einem Bindfaden festgemacht sind. Vorsichtig ritzt er, weder zu flach noch zu tief, drei, vier oder fünf schnelle Schnitte in die bauchige Mohnkapsel, dass weiße Milch herausquillt wie Blut aus einer Wunde. Sobald der Schnitt keine Milch mehr abgibt, schabt Morad die inzwischen braunschwarze, klebrige Masse ab und sammelt sie in einem Blatt. Über Tage ritzt er jede Kapsel ringsherum immer wieder an, immer wieder quillt neue, wei-ße Milch aus ihr heraus, wird braun. Morad schabt sie ab, schmiert sie ins Blatt. Der Klumpen wird immer größer, bis die Kapseln trocken sind und von ihrem kostbaren Saft nichts mehr übrig ist.

An jedem Abend hat Morad eine Hand voll von dem Zeug in Blätter geschmiert. Nach ein paar Wochen hat er ein oder zwei Kilo davon zusammen. Es ist reines, sauberes Opium, für das der pakistanische Händler dem netten Teehausbesitzer 500 Dollar und mehr pro Kilo zahlen wird. Ein oder zwei Ki-lo. Reines, sauberes Opium. Der Händler wird dafür in Pakis-tan 1200 Dollar und mehr bekommen. Opium, das zu Heroin verarbeitet wird. In Amerika und Europa verkauft wird.

Wir bauen Mohn an, sagen die Leute im Dorf, weil es das Einzige ist, mit dem wir gerade so viel verdienen, dass wir unsere Familien ernähren können. Was andere dann mit dem Opium machen, liegt nicht in unserer Hand.

Nachdem der Mohn seine duftende, weiß, lila und rosa blühende Schönheit und seine wertvolle Milch verloren und abgegeben hat, schneiden die Frauen die trockenen Kapseln ab, stechen Löcher hinein, lassen die winzigen, schwarzen Mohnkügelchen herausrieseln. Einen Teil essen sie und ihre Kinder sofort, einen anderen Teil geben sie in ihr Essen, den größten Teil lagern sie.

Die Kinder, genauer, die Jungen, können diese Zeit im Jahr kaum erwarten. Aufgeregt kommen die Teehausjungen, Schuhputzjungen, Hirten, Verkäufer, Schneidergesellen, Benzinverkäufer immer wieder aufs Feld und sehen nach, ob die Männer und älteren Jungen noch immer Milch aus dem Mohn gewinnen oder ob die Knollen endlich trocken sind und sie ein paar davon unbemerkt klauen können, bevor die Knollen als Brennmaterial benutzt werden.

Die Jungen brechen die Kapseln ab und stechen ein kleines Loch hinein. Sie lassen die winzigen schwarzen Kügelchen in ihren Mund rieseln und knacken sie mit ihren Zähnen. Ihre Zungen sehen aus, als hätten sie tausend schwarze Pickel.

Die Jungen schieben zwei Mohnknollen auf die Enden eines Stockes und bauen eine Achse mit rollenden Rädern. In der Mitte ihrer Achse stecken sie einen langen Stock, mit dem sie ihr Fahrzeug führen. Sie fahren Rennen und rasen mit ihren Autos durchs ganze Dorf.

Ihre Schwestern und die anderen Mädchen stehen vor den Türen ihrer Hütten und am Rand der Felder, auf denen jetzt nur die trockenen Stiele des Mohns in Reih und Glied stehen. Wie tote Soldaten, denen die Köpfe abgehauen sind. Die Mädchen halten verschämt die Hände vor den Mund, kichern, sehen den Jungen sehnsüchtig bei ihrem Spiel zu.

Die Augen der Mädchen glänzen geheimnisvoll, dass den jungen Männern im Dorf das Blut in die Herzen schießt und die Mütter ihren Töchtern mit flacher Hand auf den Hinterkopf hauen und sie mit schriller Stimme in die Hütten jagen.

Warum lasst ihr die Händler den Opiumgewinn einstecken?, fragt Morad den netten Teehausbesitzer. Warum bringt ihr das Opium nicht selber nach Pakistan? Ihr könntet viel mehr Geld damit machen.

Wir sind kleine, unbedeutende Bauern, wir kennen niemanden, und keiner kennt uns, antwortet der nette Teehausbesitzer. Wir stehen im Wort. Die Händler kommen den ganzen, weiten Weg, um unser Opium zu kaufen. Sie verlassen sich darauf, dass wir sie beliefern. Sie vertrauen uns, und wir vertrauen ihnen. Wir haben unser Auskommen, und die Dinge laufen nicht schlecht für uns.

Sie laufen nicht schlecht, sagt Morad, das stimmt. Aber sie könnten besser laufen. Wenn ihr das Opium selber verkauft.

Du weißt es selber am besten, sagt der nette Teehausbesitzer. In meiner und deiner Heimat kommt alle paar Wochen und Monate jemand und will uns weismachen, dass die Dinge sich ändern sollten. Dass es besser wäre, wenn die Dinge nicht so bleiben, wie sie sind. Wir hatten einen König, der von seinem eigenen Schwager, der die Dinge besser machen wollte, abgesetzt wurde. Die Engländer wollten die Dinge in unserem Land besser machen. Die Russen sind gekommen und wollten uns wer weiß wovor retten. Die Amerikaner haben die Mujahedin mit Waffen beliefert und ausgebildet, wieder um wer weiß was zu ändern und damit alles besser wird. Die Mujahedin führen überall Krieg, für einen besseren Islam. Irgendwelche Kommandanten schießen auf andere Kommandanten, weil sie das Beste für uns wollen. In Kandahar, im Süden unserer Heimat, ist eine neue Bewegung aufgetaucht, die sich Taleban nennt und für einen besseren Islam kämpft.

Der nette Teehausbesitzer schenkt Morad einen frischen Tee ein und sagt, nein, lieber Morad, ich weiß, dass deine Absicht gut ist, aber lass uns die Dinge lassen, wie sie sind, solange sie gut sind.

Gut, sagt Morad, wenn es so, wie es ist, das Beste für euch ist, dann bleiben die Dinge eben, wie sie sind.

Vier Tage später sitzt Morad wieder im Teehaus. Vier Männer kommen herein, setzen sich zu Morad, lassen sich und ihm frisch aufgebrühten Tee bringen, lehnen an die Kissen, bestellen Wasserpfeifen, schlürfen den heißen Tee, ziehen den Rauch der Wasserpfeife durch die langen Schläuche ein, dass das Wasser in der Pfeife blubbert und gurgelt, blasen dicken Rauch aus, sehen Morad lange an, schweigen, trinken, rauchen, bis einer von ihnen sagt, Morad, was denkst du, wie viel können wir für eines unserer Pakete Opium bekommen, wenn wir es in Pakistan verkaufen?

Ohne lange zu überlegen, ohne zu seufzen, ohne vorher noch einmal bedeutungsvoll in die Runde zu blicken, ohne an dem Schlauch der Wasserpfeife zu ziehen, ohne einen Schluck Tee zu schlürfen, ohne zu wissen, woher er weiß, was er sagt, antwortet Morad, das Doppelte.

Wieder vergehen vier Tage, da kommt einer der vier Männer zu Morad in die Hütte mit einem dicken Klumpen Opium. Wann kannst du nach Pakistan?, fragt er.

Schon bald, antwortet Morad. Bist du der Einzige oder wollen die anderen auch, dass ich ihr Opium für sie verkaufe?

Weiß nicht, sagt der Mann.

Wir werden sehen, was wird, sagt Morad. Was immer ich dafür bekomme, ein Drittel werde ich behalten.

Du bist ein guter Mensch, sagt der Mann. Ich vertraue dir, möge Gott dich begleiten und beschützen.

Möge Gott dir ein langes Leben schenken, erwidert Morad und legt das Opium in die Nische des Zimmers neben die

Blechdose, die sie Irandose nennen und in der Shirin-Gol das Geld, das sie und Morad verdienen, aufbewahrt.

Wieder vergehen vier Tage. Früh am Morgen, bevor die Sonne sich am Himmel zeigt, schlägt Morad seine Decken zurück, steht auf, steigt über Shirin-Gol und das Knäuel seiner schlafenden Kinder, spritzt sich draußen auf der Veranda kaltes Wasser aus dem Plastikschlauch ins Gesicht, trocknet das Wasser nicht, schüttelt es nur ab, zittert vor Kälte, nimmt das Opium und noch zwei weitere Kilo Opium, die zwei andere Feldbesitzer ihm gegeben haben, wickelt sie in ein *patu*, das er sich über die Schulter hängt, nimmt seine Jacke vom Nagel an der Wand, geht um das Zimmer herum vor zum Teehaus, schmeckt beim Schlucken den Geschmack und den Geruch von Schlaf in seinem Mund.

Morad sieht die sandige Hauptstraße hinauf bis zum hellblauen Eisentor, geht nach links bis zum Eingang und Ausgang des Dorfes, verlässt es, geht auf der sandigen Landstraße durch die Wüste über Berge und Täler nach Pakistan.

Shirin-Gol denkt längst nicht mehr daran, in den Iran zu gehen. Alles, was von ihrem Traum, in den Iran zu gehen, übrig geblieben ist, ist die Irandose. Shirin-Gols Iranträume, die Tage, Wochen und Monate versammeln sich, fliegen auf und davon.

Gerade gewöhnt Shirin-Gol sich an die neue Arbeit von Morad und daran, dass er immer wieder sie und die Kinder allein lässt. Gerade gewöhnt sie sich daran, sich keine Sorgen zu machen, nicht ständig an die Gefahren, die Wegelagerer, die Minen, den Krieg zu denken, wenn Morad unterwegs ist, um Opium zu verkaufen. Gerade haben Shirin-Gol und Azadine mit dem Gouverneur und dem Mullah des Dorfes vereinbart, auch für die Mädchen im Dorf eine Schule einzurichten, damit es auch in Zukunft Ärztinnen, Hebammen, Lehrerinnen geben wird. Gerade ist Shirin-Gol glücklich, dass ihre Töchter

Nur-Aftab und Nafass auch bald in die Schule gehen werden. Gerade gewöhnt Shirin-Gol sich daran, dass ihr Nasser früh am Morgen als Erster aufwacht, im Teehaus den *samowar* anwirft, die Teppiche fegt, die Kissen ausklopft, die Männer bewirtet. Gerade gewöhnt Shirin-Gol sich daran, dass sie selber, ihre Kinder und Morad keine Fremden mehr im Dorf sind. Gerade erzählt sie die Geschichte von dem Amerikaner, der mit viel Tamtam ins Dorf gekommen ist, als wäre sie dabei gewesen. Gerade gewöhnt Shirin-Gol sich daran, eine Widerstandsfrau zu werden. Gerade gewöhnt Shirin-Gol sich an alles das und dieses und jenes, da kommen eines Morgens vier funkelnde, neue Geländewagen mit arabischen Kennzeichen und einer weißen Fahne auf dem Dach ins Dorf gerast und wirbeln den Staub der Straße auf. Mit viel Tamtam springen von der Ladefläche junge, in schönes Tuch gekleidete wohlernährte Männer herunter und sagen, wir sind die Soldaten der neuen Bewegung der Taleban. Wir sind gekommen, euch zu befreien und euch Frieden zu bringen. Im Namen des Islam. Im Namen des Propheten, *sallalho-aleihe-wa-aalehi-wa-sallam*, gepriesen seien er und seine Ahnen. Im Namen des Koran. Im Namen des Anführers der Taleban, des höchsten aller Mullahs, des Mullah Omar.

1996

10. Kapitel

Ein Opfer und eine Hochzeit

Ja, sagt Shirin-Gol und sieht ihre Tochter an, der Junge hat schöne Augen. Ja, er sieht gut aus. Ja, er ist ein netter Mann. Er hat Macht. Er hat Geld. Ja. Ja. Ja. Aber er ist ein Taleb.

Nur-Aftab sieht ihre Mutter nicht. Hört sie nicht. Das Mädchen ist im Fieber. Die Haut in ihrem Gesicht ist gespannt, als würde sie jeden Moment reißen wollen. Ihre Lippen sind geschwollen. Ihr Atem ist schwer. Sprechen ist schwer. Denken ist schwer. Die Augen sind im Fieber. Das Herz ist im Fieber. Heiß. Geschwollen. Im Fieber.

Dann ist er eben ein Taleb, sagt sie. Was ist schlimm an den Taleban?

Was ist gut an den Taleban?

Sie wollen uns und unserem Land den Frieden bringen. Sie wollen uns befreien.

Ein schöner Frieden, schimpft Shirin-Gol. Möge ihr Frieden ihnen im Hals stecken bleiben und sie ersticken. Ich kenne diese Möchtegernmoslems. Meine eigenen Brüder sind in ihre Hände gefallen. Gott möge die beiden beschützen und geben, dass keiner von ihnen ein Taleb geworden ist.

Nur-Aftab hört nicht. Sieht nicht.

Du bist ein kleines, dummes Mädchen, hast vom Leben und den Menschen keine Ahnung, siehst nur die Schönheit von diesem Jungen und sonst nichts. Mach die Augen auf.

Nur-Aftab hört nicht. Sieht nicht.

Seit die Taleban an der Macht sind, haben sie bereits vielen Feldbesitzern die Felder abgenommen. Dein Vater hat seine

Arbeit verloren, weil die Taleban den Anbau von Opium verboten haben. Nur damit sie selber das Geschäft in die Hand nehmen können.

Nur-Aftab hört und sieht nicht.

Keine Frau darf mehr allein und ohne *mahram* auf die Straße. Ich nicht und du auch nicht. Alle Frauen müssen sich von Kopf bis Fuß verschleiern. Dein schöner Taleb hat mir verboten zu arbeiten. Wovon sollen wir leben?

Nur-Aftab sieht ihre Mutter an. Sagt nichts.

Sie selber haben sich das schönste Haus im Dorf ausgesucht und sind ins Gouverneurshaus gezogen. Der arme Gouverneur und seine Familie durften nicht einmal im Gefängnis leben. Dein schöner Taleb und seine Freunde haben allen Männern im Dorf die Waffen abgenommen.

Nur-Aftab sagt, die Taleban bringen Frieden. In Zeiten des Friedens braucht man keine Waffen.

Ob ein König an der Macht war, ob die Engländer oder die Russen, in unserem Land haben die Männer immer Waffen gehabt. Wie schlecht es uns auch immer ging, ob zu Zeiten von Krieg oder in Zeiten von Ruhe und Frieden, in unserem Land hat es immer ein paar Frauen gegeben, die sich allen Traditionen, allem Druck der Gesellschaft, ihren Vätern und jedem anderen, der sich ihnen in den Weg gestellt hat, widersetzt haben. Seit die Taleban die Macht übernommen haben, haben sie selbst Azadine verboten, ihre Arbeit wie bisher zu tun. Sie darf nicht mehr zu den Kranken in die Hütten. Sie darf nicht mehr in die Berge fahren und den Menschen dort helfen. Sie darf keine Männer untersuchen. Nur noch Frauen, die in Begleitung eines *mahram* kommen, dürfen zu ihr. Die Frauen, die aus den entlegenen Dörfern und Tälern den Weg zu uns gefunden haben, dürfen sich nicht mehr alleine auf den Weg machen und zu uns ins Dorf kommen. Wenn sie es dennoch wagen, werden ihre Männer und sie bestraft und verprügelt. Was sollen diese Menschen machen? Wer soll für uns in den Bazar zum Einkaufen? Selbst den Kindern haben sie das Spielen verboten. Deine Brüder dürfen nicht einmal mehr ihre selbst gebastelten Drachen fliegen lassen. Sie dürfen nicht mehr ihre Mohnautos bauen. Mädchen ist es verboten, in die Schule zu gehen. Fernseher sind verboten. Musik ist verboten.

Na und?, antwortet Nur-Aftab trotzig. Wir hatten ohnehin keinen Fernseher und keine Musik, keine Zeit zum Spielen, und eine Schule für Mädchen gab es auch vor den Taleban nicht. Und du und Azadine wart ohnehin die einzigen Frauen, die sich das Recht herausgenommen haben zu arbeiten. Na und? Dann geht es euch jetzt eben wie den anderen Frauen auch.

Nur-Aftab, du hast deinen Verstand verloren. Verstehst du denn nicht? Früher hatten wir diese Dinge einfach nicht, weil Krieg ist, weil wir arm sind, weil wir keine Bildung und keine Ahnung haben. Aber es war uns nicht verboten. Wir haben gerade angefangen, eine Schule für Mädchen aufzubauen, weil wir dafür gekämpft und den Gouverneur und die Männer im Dorf davon überzeugt haben, dass es gut ist. Aber jetzt ist es uns verboten. Gesetzlich verboten. Und wir werden bestraft, wenn wir die Gesetze der Taleban nicht einhalten.

Dann halten wir die Gesetze eben ein, sagt Nur-Aftab. Dann werden wir auch nicht bestraft.

Shirin-Gol sieht ihre Tochter an und weiß, Nur-Aftab sieht nichts mehr, hört nichts mehr, versteht nichts mehr, alles Reden ist umsonst. Alles was sie sieht, ist nur noch der junge Taleb mit dem langen, dunklen Haar, das in der Sonne glänzt. Der junge Taleb mit dem langen, weißen Gewand, in dem er engelsgleich durchs Dorf schreitet, auf leichten Füßen wie ein Prinz. Der junge Taleb mit seinen dunklen Augen, die immerzu auf der Suche nach seinem Licht-der-Sonne sind. Nach Shirin-Gols Tochter, Nur-Aftab.

Nur-Aftab sitzt vor Shirin-Gol, sieht durch ihre Mutter hindurch, durch die Wand des Zimmers hindurch ins Teehaus, wo der junge Taleb hockt, an der Wand lehnt, den einen Arm auf dem Knie, in der anderen Hand eine zarte Blume, die Nur-Aftab zwischen den Steinen gepflückt und ihrem Taleb verbotenerweise geschenkt hat. Der junge Taleb sitzt im Teehaus, weil er hier seiner Sonne am nächsten ist, weil er mit dem Rücken an der Wand lehnt, hinter der sie lebt, schläft, sitzt und an nichts denkt, nur an ihn. Der junge Taleb hat ein Lächeln auf den Lippen, die Augen hat er geschlossen, weil er nichts sehen will. Nur das eine Bild in seinem eigenen Kopf will er sehen. Das Gesicht der *huri*-gleichen Nur-Aftab, seines Sonnenlichts, seiner Angebeteten. Mohammad, der Prophet aller gläubigen Moslems, *sallalho-aleihe-wa-aalehi-wa-sallam*, gepriesen seien er und seine Ahnen, hat verfügt, wenn das Herz eines jungen Mannes erfüllt ist von einem jungfräulichen Mädchen und es nur mehr für sie schlägt, für sie, die kein Auge eines anderen Mannes gesehen hat, für sie, die von keines Mannes Hand berührt worden ist, sie, die keinem anderen Mann gehört, dann soll jener, dessen sehnlicher Wunsch es ist, sie zu besitzen, sie zur Frau nehmen, für sie sorgen, sie achten und schützen vor den Blicken und Übergriffen Fremder.

Shirin-Gol sieht ihre Tochter an und weiß, sie ist kein Halbkind mehr, sie ist eine Halbfrau. Sie weiß, keine Macht dieser Welt, selbst die Liebe, die Wärme, der Schutz und die Geborgenheit der Mutter, werden ihre Tochter nicht mehr halten.

Gestatten wir ihm zu kommen, sagt Morad. Wir werden sehen, was wird.

Gut, sagt Shirin-Gol, soll er kommen. Wir werden sehen, was wird.

Mein Großvater ist im Krieg gegen die Engländer gefallen. Mein Vater ist im Krieg gegen die Russen gefallen. Genauso wie meine älteren Brüder. Meine älteren Schwestern hat eine Rakete getroffen. Die Mujahedin haben sich an einer anderen Schwester und ihrer Tochter vergangen. Sie hat sich selber und ihre Tochter erstochen, weil sie mit der Schmach nicht leben konnte, und hat so ihre Ehre wiederhergestellt. *Al-hamn-do-allah.* Der einzige Mensch, der mir geblieben ist, ist mein ehrenwerter Lehrer, der Sheikh, der in der *madressa* mein Meister gewesen ist. Ich bin also allein auf der Welt und habe niemanden, der für mich sprechen kann. Also bin ich selber gekommen, dich zu bitten, mir deine Tochter zur Frau zu geben, sagt der junge Taleb. Er hockt auf dem Boden vor Shirin-Gol, sieht auf die lachenden Plastikmatten, schweigt und rührt sich nicht mehr.

Shirin-Gol betrachtet seine schönen, vollen Lippen, seine dunklen Augen, seine zarte Haut, seine weichen Züge, seine ruhige Art, seine Sicherheit und fragt, wo ist deine Mutter?

Der Kummer hat sie getötet, sagt der Taleb, ohne Shirin-Gol anzusehen. Mein Onkel hat mich nach Pakistan gebracht. Dort habe ich in einem Lager gelebt. Ich musste in eine *madressa* gehen, wo ich von arabischen und pakistanischen religiösen Gelehrten den Koran gelernt habe. Irgendwann haben sie mir diesen schwarzen Turban um den Kopf gebunden und gesagt, jetzt bist du ein Taleb.

Ein Taleb, denkt Shirin-Gol, ein Bittender. Worum bittest du, Taleb?, fragt sie.

Um das, worum alle Taleb bitten. Ich bitte um den rechten Weg.

Den rechten Weg wohin?

Zu Gott. Ich bin ein Taleb. Ein Taleb.

Du bist ein Taleb. Eigentlich ist es dir verboten, mit mir zu reden. Ich bin eine Frau.

Es gibt Ausnahmen.

Immer, wenn es dir passt? Immer, wenn es dir nützt?

Der Taleb schweigt.

Kann ich auch ein Taleb sein?

Kannst du. Jeder kann Taleb sein.

Ich will Taleb der Freiheit werden.

Der Taleb schweigt.

Freiheit, sagt Shirin-Gol.

In der *madressa* haben sie gesagt, dass sie mich in unsere gelobte Heimat zurückschicken werden, um meinem Volk die Freiheit zu bringen.

Was ist das für eine Freiheit, die der Hälfte der Bevölkerung verbietet, das Haus zu verlassen?

Sie haben gesagt, ich soll zusammen mit meinen Glaubensbrüdern unser Land befreien. Meine Lehrer haben gesagt, dass zuerst die Russen mit ihrem Krieg und dann die Mujahedin mit ihrem Bruderkrieg unser Land in Schutt und Asche gelegt haben und heute noch immer kämpfen. Sie haben gesagt, die Menschen sind in ihren Häusern zu Gefangenen geworden, können weder arbeiten noch ihre Geschäfte aufmachen. Sie haben gesagt, die Mujahedin rauben die Menschen aus. Sie haben gesagt, die Mujahedin vergewaltigen die Frauen. Sie haben gesagt, die Menschen warten auf die Taleban, damit wir sie retten, ihnen Frieden und den wahren Glauben bringen.

Warum siehst du mich nicht an, wenn du mit mir sprichst, fragt Shirin-Gol. Ich könnte deine Mutter sein. Du bist hier und willst meine Tochter heiraten.

Du trägst keinen *hejab*, antwortet der Taleb. Es ist mir verboten, in das Antlitz einer fremden Frau zu blicken.

Es ist das gleiche Antlitz, das den Krieg gesehen hat, von dem du nur gehört hast.

Vor dem ich geflohen bin, sagt der Taleb.

Es ist das gleiche Antlitz, das Hunger gesehen hat, das Tote und Kranke gesehen hat. Es ist mein Antlitz, und ich bestimme darüber, wer mich ansehen darf und wer nicht, und ich erlaube es dir, sagt Shirin-Gol und kann die Verachtung in ihrer Stimme nicht verbergen.

Es ist nicht an uns Menschen, die Gesetze Gottes zu ändern, antwortet der junge Taleb. Ruhig. Beherrscht. Sicher in dem, was er sagt. Überzeugt von den Gesetzen in seinem Kopf.

171

Gottes Gesetz besagt, ich soll mein Haar bedecken, nicht mein Gesicht. Sieh mich an, wenn du zu mir sprichst.

Der junge Taleb schweigt, überlegt, hebt den Kopf, sieht Shirin-Gol an mit stillen Augen, sanft, warm, beinah liebevoll, atmet ruhig, senkt den Blick abermals und sagt, welchen Unterschied macht es für dich, ob ich dich ansehe oder nicht?

Einen großen Unterschied, sagt Shirin-Gol. Einen sehr großen. Ich will die Augen des Mannes sehen, der mir verbietet, auf die Straße zu gehen, der mir vorschreibt, mein Gesicht in der Öffentlichkeit zu verdecken, der mir verbietet zu arbeiten. Ich will die Augen des Mannes sehen, der den Jungen verbietet zu spielen, der den Mädchen verbietet, in die Schule zu gehen. Ich will in die Augen des Mannes sehen, der gekommen ist, meine Tochter zur Frau zu nehmen.

Es ist nicht an mir, dir dieses oder jenes zu gestatten oder zu verbieten, sagt der Taleb. Meine moslemischen Brüder und ich sind gekommen, euch Frieden zu bringen. Wir sind gekommen, euch den wahren Islam zu bringen und darauf zu achten, dass das Gesetz Gottes eingehalten wird. All die Kriege, all das Leid, all die Opfer, all die Toten, die du mit deinen eigenen Augen gesehen hast, sind die Strafe Gottes gewesen, weil wir Afghanen vergessen haben, was es bedeutet, wahre Moslems zu sein. Weil wir unseren wahren Glauben verloren haben. Weil wir vergessen haben, welche Güte, welchen Reichtum, welchen Frieden der wahre Islam bedeutet.

Shirin-Gol hat Mühe, sich zu beherrschen und den höflichen Ton nicht zu verlieren. Was hat der wahre Islam damit zu tun, ob ich arbeite?, fragt sie. Was haben der wahre Islam und Frieden in unserer Heimat damit zu tun, dass ich dazu verdammt bin, in den vier Wänden meines Zimmers eingesperrt zu sein? Was hat das mit überhaupt irgendetwas zu tun? Wem nützt oder schadet es, ob unsere Töchter in die Schule gehen? Was ihr da verbreitet, hat mit dem Islam nichts, aber auch gar nichts zu tun.

Das ist der Islam, den ich gelernt habe. Der Islam, den meine Lehrer mich gelehrt haben. Der wahre Islam, wie er im heiligen Koran geschrieben steht. Der Islam, den weder ihr noch ich anzweifeln können und dürfen. Es sind die Worte des Propheten, die jeder Gläubige zu befolgen hat, die kein Mensch ändern oder anzweifeln kann.

Shirin-Gol ist so aufgebracht, ihr Atem ist so laut, ihre Wut so unverhohlen, dass sie damit das ganze Zimmer füllt.

Bitte, gestatte mir eine Frage, sagt der junge Taleb mitten in die Wut, in den Zorn, in die Verzweiflung, hebt den Blick, sieht Shirin-Gol in die Augen, ist dabei vollkommen ungerührt. Sein Blick und seine Stimme bleiben warm, beinah voller Liebe. Er sagt, in allen anderen Orten, Dörfern und Städten, in die meine Glaubensbrüder kommen, werden sie von den Menschen mit offenen Armen begrüßt und willkommen geheißen. Die Menschen sind froh, dass wir ihnen endlich den Frieden bringen, dass sie endlich wieder sicher von Stadt zu Stadt reisen können, ohne dass sie von Wegelagerern beraubt und betrogen werden, ohne dass sie alle paar Kilometer Geld, Schafe und sogar ihre Töchter und Frauen irgendwelchen Kommandanten der Mujahedin geben müssen. Die Leute sind froh, dass, wo immer wir auftauchen, die Waffen schweigen und sie ihre Geschäfte wieder öffnen können. In den Bazaren ihre Stände wieder aufbauen können und endlich, nach all den Jahren, wieder Geld verdienen. Wo immer wir auftauchen, sind die Menschen erlöst, weil sie die Nächte durchschlafen können und keine Raketen mehr auf ihre Köpfe fallen. Wo immer wir auftauchen, wissen die Menschen, was für ein hohes Gut Frieden und Ruhe sind. Und schließlich wissen die Menschen, dass nach all den Jahren der Ungläubigkeit wir ihnen endlich den wahren Glauben bringen. Auch der Gouverneur und Kommandant eures Dorfes hat sich unserer Bewegung angeschlossen. Die Männer in eurem Dorf haben uns ihre Waffen übergeben. Unsere Führer sind nicht gegen Schulen, auch nicht gegen Schulen für Mädchen. Sobald der Krieg beendet ist und wir das ganze Land unter unsere Herrschaft gebracht haben, werden wir die Schulen wieder aufbauen. Unser Führer sagt, wir werden gesonderte Schulen für Mädchen einrichten, und so können auch sie in die Schule. Der junge Taleb senkt seinen Blick, bevor er weiterspricht. Ich verstehe nicht, warum du gegen uns und unsere heilige Bewegung bist. Der Taleb klingt traurig, als er sagt, ich verstehe nicht, warum du gegen mich bist.

Shirin-Gol überlegt lange, sucht lange nach der richtigen Antwort, findet schließlich die Ruhe und ein wenig von der Sanftheit in ihrer Stimme wieder und sagt, du bist in Pakistan im Lager groß geworden, ohne Vater und ohne Mutter, wofür du mein Mitleid hast. Du bist erst vor wenigen Monaten in deine Vaterheimat zurückgekehrt. Du kennst Afghanistan nicht, die Hauptstadt nicht, du kennst weder die Menschen noch ihre Geschichten, noch ihren Kummer, ihr Leid, ihre Freuden. Du kennst weder die Russen noch die Mujahedin, noch die Kriege. Alles was du kennst, sind die Worte deiner Lehrer.

Ohne dass er es will, ohne dass er weiß und versteht, warum er das tut, sieht der junge Taleb Shirin-Gol an, während sie spricht. Er sieht sie an. Nicht weil sie es will. Weil er es will.

Sie sieht ihn lange an, bevor sie den Jungen fragt, glaubst du deinem Führer? Glaubst du, dass er eines Tages wirklich Schulen für Mädchen bauen wird? Dass Frauen studieren und in die Universitäten gehen und Ärztinnen oder sonst was werden dürfen? Und wann, glaubst du, werdet ihr das ganze Land besiegt haben? Wie lange wird es wohl dauern, bis im ganzen Land Frieden herrscht und ihr alles das macht, was ihr uns heute versprecht? Glaubst du, die Mujahedin, Ahmad Shah Massoud, Dostam und wie sie alle heißen, geben so leicht auf? Glaubst du, der Iran, Indien, Frankreich, Usbekistan und wie die Länder alle heißen, die die Mujahedin und die Regierung von Rabbani unterstützen, geben so einfach auf? Nur weil ihr kommt und sagt, ihr wollt das ganze Land erobern?

Der Junge sieht Shirin-Gol an und sagt, du hast so viele Fragen für mich, und ich habe nicht eine einzige Antwort für dich.

Du und deine Glaubensbrüder erheben den Anspruch, unsere Führer zu sein. Wir haben Anspruch auf Antworten.

Du bist mutig, sagt der junge Taleb, überlegt und sagt, wann der Krieg beendet sein wird, wann die Bewegung der Taleban das gesamte Land unter ihre Herrschaft gebracht haben wird, wann dieses und wann jenes und wann alles andere weiß nur der Allmächtige, weiß nur der alles wissende Herrgott.

Gerade richtet der junge Taleb sich auf, gerade will er weitersprechen, gerade sieht er Shirin-Gol an, als das Licht der Sonne, das durch das Fenster ins Zimmer hineinkommt, bricht und ein Schatten auf den jungen Mann fällt. Still, sanft, so lang wie vier Augenschläge. Stiller, sanfter Schatten hüllt den jungen Taleb ein, umarmt ihn, streichelt ihn, berührt ihn, liebkost ihn.

Shirin-Gol und der junge Taleb sehen gleichzeitig hinaus, sehen gleichzeitig, es ist der Schatten von Nur-Aftab. Licht-der-Sonne steht auf der Veranda und wirft einen Schatten auf den jungen Mann mit den dunklen Augen, die leuchten und funkeln wie Kohle immerzu auf der Suche nach seinem Licht-der-Sonne. Seiner Nur-Aftab. Trauriges Leuchten. Voller Wehmut.

Nur-Aftab steht mit verbotenem, unbedecktem Kopf, sieht hinein, nicht länger als vier Augenblicke lang steht sie und sieht hinein, bevor sie weitergeht und die Sonne wieder auf den jungen Taleb fällt. Vier kurze Augenblicke. Lang genug. Nur-Aftabs Blick fällt in die Augen des Jungen. Der Blick des Jungen in die Augen von Nur-Aftab. Und versinkt. Verschwindet. Verliert sich. Verloren. Verloren. Herz verloren. Zwei verlorene Herzen. Für immer. Für ewig.

Shirin-Gols Wut, ihre Fragen, ihre Zweifel versammeln sich, werden zu Vögeln, erheben sich, fliegen durch das Fenster. Simorgh. Dreißig Vögel. Fliegen. Auf. Davon.

Der Junge bebt. Seine Stimme bebt. Er sagt, ich werde für sie sorgen, sie achten, sie ehren, gegen alles und jeden schützen, verteidigen. Sei es mit meinem eigenen Leben.

Das sagt der Taleb, sieht auf die Gebetskette, die ruhig in seiner Hand auf seinem Schoß liegt. Er holt noch einmal Luft, als wäre es das letzte Mal. Dann schweigt er. Sagt nichts mehr.

Seine Einsamkeit, seine Traurigkeit, seine Würde, seine Ehrlichkeit, seine Güte, seine Wärme, die Liebe in seinen Worten, in seiner Stimme legen sich auf Shirin-Gols Herz.

Sie ist noch ein Kind, sagt Shirin-Gol.

Der Taleb hebt weder den Kopf, noch sieht er Shirin-Gol an, noch spricht er, noch scheint er zu atmen. Er sitzt einfach nur da, mit gesenktem Haupt. Bewegungslos. Schweigt.

Alles ist, wie es den ganzen Nachmittag gewesen ist, seit der junge Taleb gekommen ist, um Nur-Aftab zur Frau zu nehmen. Shirin-Gol und der Junge haben sich kaum bewegt, sie sitzen da, wie sie die ganze Zeit gesessen haben, und doch ist alles anders, als es eben noch gewesen ist.

Simorgh kommt nicht mehr.

Die Tage werden zu Simorgh, zu dreißig Vögeln auf der Suche nach dem schönsten aller Vögel. Sie versammeln sich, fliegen auf und davon. Verschwinden.

Mal sitzt Shirin-Gol in ihrem Zimmer, mal auf der Veranda. Kocht, wäscht Wäsche, sieht in die Ferne, dahin, wo sie den Iran vermutet. Shirin-Gol seufzt, putzt und wäscht den Reis, wäscht das Gemüse, das der junge Taleb ihr als Geschenk hat bringen lassen. Shirin-Gol zerrt die Matratzen und Kissen, Decken und Matten auf die Veranda, klopft den Staub aus ihnen heraus, auch als sie längst keinen Staub mehr in sich haben. Shirin-Gol wäscht mit Wasser aus dem Plastikschlauch den Boden des Zimmers, auch als er schon längst glänzt. Shirin-Gol hockt da und sieht die Mohnknollen, die wie tote Soldaten in Reih und Glied stehen, weiße Milch bluten. Milch, die braun wird.

Die Sonne hebt sich am Himmel, geht einmal um das Zimmer und die Veranda herum, senkt sich, macht Platz für die Sterne und den Mond, kommt am nächsten Tag wieder, geht wieder. Morad hockt in der Ecke des Zimmers, raucht und raucht, schweigt und schweigt. Nur-Aftab hockt auf der kleinen Mauer, die das Feld umgibt, isst nicht, trinkt nicht, spricht nicht, seufzt nur und blickt tot auf den sandigen Boden unter ihren Füßen. Nasser hockt auf der Veranda, wirft Steine, trifft nichts und niemanden, wirft trotzdem. Nasser hockt, bis er da, wo er hockt, wie ein Sack umfällt, im Staub liegen bleibt und vor sich hin glotzt. Nafass und Nabi hocken auf dem Boden. Glücklich, dass alle Geschwister, der Vater, die Mutter um sie herum sind. Glücklich, weil die Welt nicht mehr so groß ist, dass alle an jedem Morgen daraus verschwinden und erst am Abend wieder auftauchen. Glücklichunglücklich.

Wir haben keinen Reis mehr, sagt Shirin-Gol. Kein Mehl. Kein Zucker, Tee, Fett. Wir haben kein Holz mehr. Ich kann kein Feuer machen.

Morad raucht und raucht und schweigt und schweigt. Nur-Aftab seufzt und seufzt. Nasser glotzt und glotzt. Die beiden Kleinen lutschen ihre Finger. Lächeln. Keiner lächelt zurück.

Simorgh ist weg. Kommt nicht mehr.

In Gottes Namen, sagt Morad, lassen wir sie gewähren. Soll er sie heiraten. Wir nehmen das Geld, das er für sie gibt, und sehen, was wird.

Gut, sagt Shirin-Gol, dann soll er sie heiraten. Wir nehmen das Geld und sehen, was wird. Wir werden es sehen.

Du musst zu ihm gehen und ihm unsere Entscheidung mitteilen. Ich bin krank, sagt Morad, ich kann nicht gehen.

Ich weiß, sagt Shirin-Gol.

In aller Frühe erhebt sie sich, wäscht ihr Gesicht mit Wasser aus dem Plastikschlauch, zieht ihren Schleier über, schlägt ihn vors Gesicht, geht um ihr Zimmer herum vor zum Teehaus, biegt nach rechts die Sandstraße hinauf bis zum hellblauen Eisentor, dessen Farbe an manchen Stellen durch Einschusslöcher oder sonst was abgesprungen ist und aussieht wie kleine, schmerzende Wunden und Pickel. Shirin-Gol klopft mit einem Stein an das Tor aus Eisen, hinter dem früher das Gouverneurshausgefängnis gewesen und jetzt das Talebanhaus ist. Die Dämmerung des Morgens, die noch ohne Sonne ist, hallt und scheppert. Shirin-Gol erschreckt sich, lässt den Stein fallen.

Mit lautem Schlurfen und dem Schlapp-schlapp von Plastiklatschen öffnet ein verschlafener Junge, nicht älter als Nasser, das Tor, schreckt zurück, als er das blaue Tuch davor sieht, vergewissert sich, dass er sich nicht täuscht und tatsächlich eine Frau allein vor ihm steht. Der Junge streckt sich, so weit er kann, zu dem Tuchkopf und flüstert hinter vorgehaltener Hand, du darfst nicht allein auf der Straße sein. Geh nach Hause. Wenn die Taleban dich sehen, bekommst du Ärger.

Shirin-Gol kennt den Jungen. Er ist, bis die Taleban ins Dorf gekommen sind, wie die meisten anderen Jungen im Dorf morgens in die Schule gegangen, und nachmittags hat er gearbeitet. Sarvar war Gehilfe des Männerschneiders.

Sarvar, was tust du hier?, fragt Shirin-Gol, schlägt ihr Tuch zurück und erschreckt den Jungen damit noch mehr.

Du darfst dein Gesicht nicht zeigen, flüstert der Junge aufgeregt, dass weiße Spuckekügelchen aus seinem Mund springen.

Was tust du hier?, wiederholt Shirin-Gol und legt dem Jungen die Hand auf die Brust.

Nichts, sagt der Junge. Ich arbeite hier.

Hier? Für die Taleban? Was ist das für eine Arbeit?

Ich mache die Tür auf, wenn es klopft, ich räume die Tee-gläser weg, verscheuche die Fliegen, ordne die Schuhe, wenn die Männer sie ausziehen und ins Zimmer gehen, ich …

Ist schon gut, unterbricht Shirin-Gol ihn. Und warum schläfst du nicht zu Hause, nachdem du deine Arbeit beendet hast?

Die Leute haben kein Geld mehr, und sie können keine neuen Sachen kaufen. Ich habe meine Arbeit verloren, und die Taleban haben meinem Vater gesagt, dass ich schön bin. Sie haben ihm Geld gegeben und gesagt, sie wollen, dass ich Tag und Nacht hier bin. Mein Vater hat das Geld genommen und gesagt, ich soll hier bleiben und tun, was die Taleban von mir verlangen.

Eine seltsame Schwere, von der sie nicht weiß, woher sie kommt und warum sie kommt, eine Schwere, als hätte sie flüs-siges Blei geschluckt, fällt in Shirin-Gols Bauch. Sie lehnt sich an das hellblaue Tor aus Eisen, um nicht umzufallen, rutscht daran hinunter, hockt davor, legt den Kopf auf ihre Knie und versucht die schrecklichen Gedanken und Bilder, die wer weiß woher in ihren Kopf gekommen sind, zu verscheuchen. Ge-danken und Bilder von erwachsenen Männern, die den klei-nen Jungen anfassen, ihn streicheln, ihn nachts zu sich holen, neben ihm liegen, ihn an sich ziehen, drücken, liebkosen.

Shirin-Gol, Shirin-Gol, was ist mit dir?, fragt der Junge mit seiner hellen Glockenstimme. Willst du ein Glas Wasser?

Nein, mein Junge, es ist nichts, setz dich zu mir. Erzähl. Wie ist das Leben bei den Taleban?

Es ist gut, sagt der Junge.

Warum ist es gut?

Weil ich genügend zu essen habe.

Das ist gut, sagt Shirin-Gol.

Und weil die Taleban mich mögen und sehr lieb und freundlich zu mir sind.

Der Klumpen in Shirin-Gols Bauch drückt und schiebt,

wird schwerer und schwerer, klettert ihren Hals hinauf, will sie ersticken, will aus ihrem Mund springen. Shirin-Gol erhebt sich, weiß nicht mehr, warum sie gekommen ist, streicht dem Jungen über seinen frisch geschorenen Kopf und geht durch die noch immer menschenleere Straße wieder nach Hause in ihr Zimmer zurück, hängt ihren Schleier an den Nagel in der Wand, legt sich unter ihre Decke, liegt da. Wach.

Männerhand legt sich auf Jungenkörper. Ein Mann befriedigt seine Lust.

Männerlust.

Gerade kommt die Sonne über die Hügel, gerade kräht der erste Hahn im Dorf, gerade brüllt der erste Esel, gerade knackt und kracht alles, was das Licht der Sonne berührt, gerade sitzt Nur-Aftab wieder auf der kleinen Mauer, die das Feld umgibt, und blickt tot auf den sandigen Boden unter ihren Füßen, gerade wirft Nasser wieder einen Stein und trifft nichts und niemanden, gerade dreht Morad sich im Schlaf herum, gerade schüttet Shirin-Gol das Wasser aus der Schüssel, in der sie das Gesicht von Nafass und Nabi gewaschen hat, da kommt der junge Taleb um die Ecke, sieht Nur-Aftab, lächelt zart und voller Liebe, dass sie beinah vergisst zu atmen, dass sie die Hand vor den Mund schlägt, damit das Entzücken nicht herausspringt.

Der Taleb geht an ihr vorbei, hockt sich zu Shirin-Gol, sieht sie an, lächelt und sagt, du warst heute Morgen bei uns. Was wolltest du?

Nichts, antwortet Shirin-Gol knapp und ohne den Taleb anzusehen.

Du siehst mich nicht an, sagt der Taleb.

Deine Gesetze verbieten dir, hier in meinem Haus zu sein, meine Tochter und ich tragen kein *hejab*.

Ich gehe aber erst, wenn ich weiß, weshalb du zu uns gekommen bist.

Was immer der Grund gewesen ist, es gibt ihn nicht mehr, und ich habe ihn vergessen.

Ich bringe Geld, sagt der junge Taleb. Es sind schwere Zeiten, keiner hat genug, jeder sollte helfen, wo er kann.

Ich will dein Geld nicht, sagt Shirin-Gol, weil ich dir das, was du eines Tages dafür einfordern wirst, nicht werde geben können.

Das, was ich haben möchte, sagt der Taleb, legt ein Bündel Geld vor Shirin-Gol und erhebt sich. Das, was ich haben will, wiederholt er, kann ich mit Geld nicht kaufen. Bevor er geht, stiehlt er noch ein schüchternes Lächeln von Nur-Aftab, dann verschwindet er wieder, geht vor zum Teehaus, biegt nach rechts, geht hinauf zum blauen Tor, hockt sich davor und tut den ganzen Tag nichts, als nur die Straße hinab ins Dorf zu blicken.

Warum hast du ihn weggeschickt?, fragt Morad. Vielleicht ist dieser Taleb ein guter Taleb. Vielleicht gibt es auch unter den Taleban gute und schlechte. Vielleicht meint er es ehrlich mit dem Islam und seinem Gott. Er bringt uns Geld, er bringt uns Lebensmittel, er ist höflich, er zwingt uns nicht, ihm unsere Tochter zur Frau zu geben. Er verrät dich nicht, wenn du ohne *hejab* vor ihm sitzt. Er gehorcht, wenn du ihm sagst, er soll dich ansehen, er gehorcht, wenn du ihm sagst, geh, komm.

Ich werde meine Tochter keinem Mann geben, der Hand an kleine Jungen legt, sagt Shirin-Gol.

Vielleicht täuschst du dich, sagt Morad, vielleicht ist es das Beste für Nur-Aftab, wenn wir sie dem Jungen zur Frau geben. Vielleicht wird sie es gut haben bei ihm.

Vielleicht ist es das Beste für uns, wenn du wieder zu dir kommst, wir unsere Sachen packen und irgendwohin gehen, wo es weder Krieg gibt noch die Taleban, die kleine Jungen zu ihren Gespielen machen.

Mit welchem Geld?, fragt Morad.

Mit dem, was wir verdienen werden. Dann müssen wir eben arbeiten, bis wir genügend Geld zusammenhaben, schreit Shirin-Gol und schleudert mit einem lauten Klatsch das nasse Kleid, das sie gerade wäscht, in die Schüssel, dass das Wasser hochspringt und sie nass macht.

Wieder versammeln sich die Tage und fliegen davon. Wie dreißig Vögel auf der Suche nach dem schönsten, herrlichsten aller Vögel, dem Simorgh, versammeln die Tage sich und fliegen davon. Wieder geschieht dieses und geschieht jenes. Wieder geschieht nichts, wieder geschieht alles. Die Taleban wagen sich inzwischen immer öfter und mit immer weniger Skrupel unter die Leute. Ganz unten im Dorf, da, wo die Füße des Menschen wären, wäre man ein Vogel und könnte das Dorf von oben betrachten, bauen die Taleban eine Schranke, setzen den früheren Radiomechaniker und den früheren Frauenschneider daneben, drücken ihnen eine Kalaschnikow und ein Funkgerät in die Hand und sagen, sie sollen niemanden herein- oder herauslassen, es sei denn, die Taleban erlauben es. Die Taleban schließen die Jungenschule und machen eine Moschee und eine Koranschule daraus. Für Jungen. Sie befehlen allen Männern, den Bart wachsen zu lassen und sich die Haare zu rasieren oder ganz lang wachsen zu lassen. Sie laufen mit dünnen Ruten durch das Dorf und hauen auf Jungen ein, die Drachen steigen lassen, oder schlagen sie einfach so, weil sie gerade in der Nähe sind. Sie schimpfen Frauen und Mädchen aus, die es wagen, ohne männliche Begleiter das Haus zu verlassen, und selbst wenn ein Mann dabei ist, wollen sie wissen, ob es denn sein muss, dass die Frau das Haus verlässt.

Keiner der Taleban, die ins Dorf gekommen sind, war verheiratet. Inzwischen hat jeder von ihnen ein Mädchen aus dem Dorf zur Frau genommen. Ihr Anführer konnte sich nicht entscheiden und hat gleich zwei Mädchen geheiratet. Sie sind Schwestern und Töchter des Mullah, der glücklich über die Heirat ist, denn immerhin ist der Taleb ein Gläubiger und ein einflussreicher, mächtiger Mann. Seinen Töchtern wird es an nichts fehlen, und sie werden immer zusammen und niemals einsam sein. Außer dem kleinen Jungen, der nicht viel älter ist als Nasser, haben die Taleban andere kleine Jungen aus dem Dorf bei sich eingestellt, als Diener, als Laufbursche, als Fliegenverscheucher, zum Angucken, zum Anfassen, zum sonst noch was machen.

Alle Taleban haben Frauen und kleine Jungen in ihre Häuser geholt. Bis auf einen. Der, der sich vom ersten Tag in Nur-Aftab und sie sich in ihn verliebt hat.

Gerade sagt Shirin-Gol, vielleicht ist er ein guter Taleb, vielleicht ist er anders als die anderen Taleban. Gerade sagt Morad, vielleicht ist er das. Gerade macht Morad einen kräftigen Zug aus der Wasserpfeife, die der junge Taleb ihm geschenkt hat, da kommt einer der anderen Taleban um die Ecke und auf die Veranda, sieht Shirin-Gols unverdecktes Gesicht, kehrt ihr den Rücken zu, gibt ihr Zeit, sich den Schleier übers Gesicht zu ziehen, hockt sich vor Shirin-Gol und Morad, legt ein Bündel Geld vor ihre Füße und sagt in frechem, stinkendem, ungebildetem Ton, reicht das für eure Tochter? Die Frau, die ich genommen habe, ist noch ein Kind, sie kann mir keinen Sohn gebären, ich muss eine neue Frau nehmen.

Morad hockt im Nebel seines Rauches aus der Wasserpfeife und bekommt keinen Ton heraus. Shirin-Gol will dem Taleb am liebsten die Sichel, die neben ihr auf dem Boden liegt, um den Hals legen und ihm die Kehle durchtrennen. Sie richtet sich auf, will gerade den Mund öffnen, will gerade etwas sagen, als hinter dem Stinkenden der junge, gütige, sanfte Taleb auftaucht, dem Stinkenden die Hand auf die Schulter legt und sagt, Bruder, die Tochter dieser Schwester ist bereits mir versprochen. Du hast Glück, dass du mein Glaubensbruder bist und ich dich achte, sonst müsste ich dich jetzt erstechen, um meine Ehre und die meiner Braut zu retten.

Der Stinkende steht auf, mustert seinen Glaubensbruder in seinem weißen, langen Hemd, das ihn engelsgleich macht. Der stinkende Blick wandert einmal von oben nach unten und dann von unten nach oben und bleibt bei seinen Augen hängen. Der Stinkende spuckt Grüngelbes, was auf dem harten, lehmigen Boden der Veranda festklebt, liegen bleibt und noch Tage und Wochen und für immer einen hässlichen Rand hinterlässt. Und das, obwohl Shirin-Gol das Ausgespuckte mit Wasser aus dem Schlauch wegspritzt und es ins Feld wäscht, dass es aussieht wie ein Fisch, der am Ufer liegt und in den Fluss zurückrutscht, weil keiner ihn aufschlitzt und über heißem Feuer brät.

Wusste der Stinkende, dass sein Grüngelbes einen für immer hässlichen Rand hinterlassen würde? Sein Geld hat er mitgenommen, sein Grüngelbes und den hässlichen Rand hat er dagelassen. Für immer. Und seine hässlichen letzten Worte auch. Stinkende, letzte Talebworte, der Sheikh wird nicht immer leben und seine schützende Hand über dich und deine Braut halten.

Verwandte haben weder Nur-Aftab noch der junge Taleb, so müssen sich beide damit begnügen, ihre Hochzeit im Kreis von Fremden zu feiern. Das bringt Unglück, haben die Leute früher gesagt. Früher. Als es noch keine Kriege gab, als die Menschen noch in Frieden gelebt haben und die Familien und Sippen alle in einem Hof, in einem Dorf, in einem Lager zusammengeblieben sind. Früher, als Väter noch Väter waren, das Sagen hatten und bestimmt haben, wer wen heiratet und wer wen nicht heiratet. Früher, als Mütter noch Mütter waren und die Bräute ihrer Söhne ihnen Königinnen gleich zu Diensten waren. Früher, als Väter noch Geld hatten und ihren Töchtern eine Mitgift geben konnten. Früher, als der Bräutigam einen Vater hatte, der ihm eine Hütte, ein Zimmer, ein Zelt geben konnte, in dem er mit seiner Frau wohnt und ihm

Enkelkinder auf die Welt bringt. Früher, als die Menschen Schafe und Hammel hatten, die sie zu ihren Hochzeiten schlachten und das Fleisch unter den Bedürftigen verteilen konnten, damit es Glück brachte. Früher, als alles anders war. Früher. Wann war früher? Gab es dieses Früher wirklich irgendwann? Vielleicht lügen die Leute. Vielleicht gab es gar kein Früher.

Besser, man feiert mit Fremden als gar nicht, sagen die Menschen, seit es Früher nicht mehr gibt.

So kommen einen Tag vor der Hochzeitsnacht die Frauen zu Nur-Aftab, drängeln sich im Zimmer und auf der Veranda, trinken Tee, den der nette Teehausbesitzer bringt. Wer kann, bringt ein Geschenk. Ein Fläschchen schwarzes Kajal, mit dem Nur-Aftab sich das obere und untere Augenlid schwarz anmalt. Blütenstaub für die Wangen. Rosenwasser, damit sie gut duftet. Glänzende Stoffe für das Hochzeitskleid, andere Stoffe für die anderen, so Gott will, ebenfalls glücklichen und fröhlichen Tage ihres Lebens. Wolle für die Winterdecke. Stoffe für Matten und Kissen. Sogar einen kleinen Goldreif bekommt Nur-Aftab geschenkt. Eine andere Frau schenkt eine ganze Schale voll mit selber gekochter Süßspeise. Wieder eine andere schenkt bunte Fäden, die sie noch am gleichen Abend zusammen mit einem glückbringenden *ta-vis* in Nur-Aftabs gewaschenem Haar flechten und verknoten. Azadine schenkt ein Päckchen, das Nur-Aftab erst später, wenn sie allein ist, öffnen soll. Es sind Hunderte und Tausende Antibabypillen. Die Frau des Mullah, die selber vor ein paar Monaten ihre Töchter in das Haus eines Bräutigams, eines der anderen Taleb, gebracht hat, schenkt Nur-Aftab zwei Schalen aus Ton. Jede bringt, was sie kann und selber nicht dringend benötigt. Und weil es eine Hochzeit ist, die eines Talebs noch dazu, dürfen die Frauen sogar ein paar Lieder singen und in die Hände klatschen. Immer wieder hält die eine oder andere es nicht mehr aus, steht auf und tanzt sogar.

Hinter dem hellblauen Tor am anderen Ende der Straße geht es ähnlich zu. Die kleinen Jungen aus dem Dorf rennen herum, geben frischen Zitronensaft und Tee in die leeren Gläser der männlichen Gäste, die gekommen sind, den Bräutigam zu beglückwünschen und ihm ihre Geschenke zu bringen. Der Schneider schenkt ein neues, langes, weißes Gewand. Ein paar Männer schenken ein paar Gramm Opium. Die meisten schenken dem jungen Taleb Geld.

Als die Sonne sich langsam neigt und hinter dem Hügel verschwinden will, trällern die Frauen laut und trommeln immer schneller auf ihre Teller und Schüsseln, tanzen immer ungehemmter und singen und rufen und klatschen, dass es Nur-Aftab, die auf der Veranda inmitten der Frauen und Mädchen und des ganzen Getöses sitzt, schwindelig wird.

Die Frau des Mullah erhebt sich, streckt die Arme aus, beruhigt die anderen Frauen und Mädchen. Alle werden still. Sieben Mädchen, die wie Nur-Aftab selber unberührt und noch Jungfrauen sind, rühren in dem Topf mit Henna, bis das Pulver sich auflöst. Sie tauchen sieben dünne Holzstäbchen in den Topf mit der roten Paste. Früher mussten es sieben glückliche Jungfrauen sein. Im ganzen Dorf gibt es keine sieben glücklichen Menschen, geschweige denn sieben glückliche Jungfrauen.

Es ist Krieg.

Hauptsache, es sind Jungfrauen.

Sieben nichtglückliche, aber auch nicht unglückliche Jungfrauenhände malen mit sieben dünnen Hennastöckchen Nur-Aftabs Fußsohlen an, ihre Handflächen, den Rücken ihrer Hände, ihr Gesicht, ihren Nacken, ihre Arme, ihre Beine, dass es Nur-Aftab kitzelt, sie in Verzückung versetzt, dass ihre Haut sich zusammenzieht und sie kleine, lustige Pünktchen überall bekommt. Dass sie kichert und lacht und ihre Mutter Tränen in die Augen bekommt, als sie das Glück ihrer Tochter sieht. Mutterfreudentränen. Tränen der Freude. Trauerfreude.

Die Frau des Mullah schiebt, während die sieben nicht-glücklichen, aber auch nicht unglücklichen Jungfrauen Nur-Aftabs Hände und Füße bemalen, die Perlen ihrer Gebetskette zuerst in die eine, dann in die andere Richtung und murmelt unaufhörlich irgendwelche Worte, von denen sie behauptet, dass es die Sure soundso aus dem heiligen Koran sei. Und immer wieder sagt sie, möge das Henna dein Blut abkühlen, denn die Braut soll nicht mit erhitztem Blut in das Haus ihres Mannes gehen, und sie soll nicht mit erhitztem Blut vom Mädchen zur Frau gemacht werden. So haben unsere Ahnen es gemacht, und so machen wir es am heutigen Tage, und möge Gott all seinen Geschöpfen, die sind und waren, die noch kommen werden, schützen und ihnen ein langes Leben schenken.

Hinter dem hellblauen Tor aus Eisen, das aussieht, als habe es schmerzende Wunden, bemalen zum gleichen Zeitpunkt sieben junge Männer, die vermutlich noch keine Frau berührt haben, die Fußsohlen, die Handflächen, die Stirn und den Nacken des jungen Taleb mit rotem Henna. Der Mullah schiebt die Perlen seiner Gebetskette zuerst in die eine, dann in die andere Richtung, murmelt leise vor sich hin, so leise, dass die Taleban ihn nicht hören können, und behauptet, es sei die Sure soundso aus dem heiligen Koran.

Mein Bruder, der älteste Taleb, soll ein Gebet sprechen, bittet der junge Bräutigam und lächelt glücklich.

Der älteste Taleb, der Anführer aller Taleban, die vor soundso langer Zeit ins Dorf gekommen sind, rafft sein Hemd, seine *patu*, seine Hose, den langen Schwanz seines Turbans und was sonst noch für Stoffe er sich umgehängt hat, erhebt sich mit viel Tamtam, setzt sich vor den Bräutigam, bläht sich auf, macht sich wichtig und murmelt leise, damit der Mullah ihn nicht hören kann, in seinen Bart und behauptet, es sei die Sure soundso aus dem heiligen Koran, und mögen der Herrgott und der Prophet, *sallalho-aleihe-wa-aalehi-wa-sallam,* gepriesen seien er und seine Ahnen, dem geliebten Glaubensbruder ein reiches Leben und viele kräftige und gesunde Söhne schenken.

In der Nacht kann Nur-Aftab nicht schlafen. Zum ersten Mal, seit sie denken kann, liegt sie nachts nicht neben ihrer Mutter, ihrer Schwester, ihrem Bruder, einer Freundin aus dem Flüchtlingslager. Sie liegt mutterseelenallein draußen auf der Veranda unter Gottes Himmel, den er in dieser Nacht nur für Nur-Aftab besonders schön gestaltet hat mit Tausenden unendlich schöner Sterne und einem Mond, so schön und lieblich wie nie. Nur-Aftab hält die Hand in das Licht des Mondes und betrachtet die hennaroten Blumen, Ornamente und Worte, die die sieben Jungfrauen und ihre Mutter darauf gemalt und geschrieben haben. Nur-Aftab reckt und streckt sich und weiß, ohne zu wissen, woher sie es weiß, aber sie weiß es genau, dass ihr Geliebter, ihr Held, ihr *pahlevan*, ihr Angebeteter, der morgen ihr Mann werden wird, wie sie unter Gottes Himmel liegt, ebenfalls seine hennagerötete Hand in den Mond hält und ebenfalls weiß, dass sie nicht weit von ihm liegt, sich nach ihm sehnt und an ihn denkt.

Gerade spielt Nur-Aftab mit den *huri*, den Engeln in der dunklen Nacht, die nur sie und sonst keiner sehen kann, gerade summt sie ein kleines, glückliches Lied, als Shirin-Gol sich aus ihren Decken erhebt, zu ihrer Tochter auf die Veranda kommt, sich zu ihr legt, ihr Mädchen in den Arm nimmt und sagt, du hast Glück, dass du einen Mann heiraten wirst, den du liebst und der dich liebt.

Ich weiß, flüstert Nur-Aftab.

Ich wünschte, alles wäre anders gekommen. Ich wünschte, deine Augen hätten den Krieg nicht gesehen, und dein Herz wäre leicht gewesen. Ich wünschte – was weiß ich. Es ist so viel, was ich wünschte.

Ich weiß, sagt Nur-Aftab.

Am nächsten Morgen, in aller Frühe, die Sonne wirft gerade ihr erstes Licht über den Berg, als die sieben nichtglücklichen, aber auch nicht unglücklichen Jungfrauen und ein paar andere glücklichunglückliche, unglückliche und glückliche Frauen wiederkommen. Sie versammeln sich auf der Veranda hinter Shirin-Gols Zimmer, jede hat eine Nähnadel, Faden und Garn dabei, manche haben Perlen mitgebracht, eine Münze, eine Muschel, glitzernde Pailletten. Ein paar von ihnen nähen die Röcke, legen den Stoff in Falten und nähen sie fest. Eine Falte, vier Falten, tausend Falten. Je mehr Falten, desto mehr Glück, Gesundheit und Reichtum. Je mehr Reichtum, desto mehr Söhne. Zwei glücklichunglückliche, trotzdem kichernde Jungfrauen nähen den rechten Ärmel von Nur-Aftabs Hochzeitskleid. Zwei glücklichunglückliche, mit den Augen tanzende Jungfrauen nähen den linken Ärmel von Nur-Aftabs Hochzeitskleid.

Die kleine Veranda zwischen dem Zimmer und dem Mohnfeld ist zu einer Wolke geworden. Zu einer Wolke aus grünen, gelben, roten, orangen Stoffen, die glitzern und glänzen, sich aufbauschen und um die Körper der nähenden Frauen und Jungfrauen legen.

Der junge Bräutigam hat die Stoffe bezahlt, sagen die Frauen. Shirin-Gols Tochter hat Glück, einen so guten Mann zu bekommen, sagen sie. Sie wird es gut haben mit ihm. Er ist reich, er hat eine gute Position, und sein arabischer Sheikh liebt ihn von allen seinen Schülern am meisten. Die Frau des Mullah weiß sogar, dass der Lehrer des Taleb ihn wie einen Sohn behandelt und ihn zu einem seiner Erben gemacht hat.

Die Frauen sitzen zwischen den Stoffen, nähen Nur-Aftabs Hochzeitskleid, trinken Tee, erzählen alles, was sie wissen oder auch nur glauben zu wissen, freuen sich, endlich wieder aus ihren Hütten und Zimmern raus zu dürfen, zusammen zu sitzen, zu reden, zu lachen und einfach nur zusammen zu sein. Wegen dieses großen Glücks, das ihnen zuteil wurde, wegen der wunderschönen Stoffe, des Hochzeitskleids, der Geschichten über den jungen, reichen Taleb geraten die Frauen und Jungfrauen immer wieder in Begeisterung. Manche Frauen wiegen ihre Körper zur Musik hin und her, manche verlieren immer wieder die Beherrschung und ihren Anstand und fangen an zu singen und auf Untertassen und Gläsern einen Rhythmus zu klopfen. Eine von ihnen fängt leise an, eine zweite macht mit, und plötzlich singen, klopfen, lachen alle.

Dabei blicken die Mädchen und Frauen ständig über die Schulter, weil sie fürchten, dass irgendjemand kommen und sie als schlechte Mädchen, als *kharab*, beschimpfen könnte. Weil irgendjemand kommen und sie tanzen sehen könnte. Weil ihr Ruf ruiniert wäre.

Schlechte Mädchen. Leichte Mädchen. Hurenmädchen.

Gute Mädchen sitzen ruhig. Senken den Blick. Wenn sie unbedingt die Augen heben müssen, halten sie sie still. Anständige Mädchen erheben nicht die Stimme. Wenn sie es nicht verhindern können und sprechen müssen, dann tun sie es mit leiser Stimme, und sie benutzen so wenig Worte wie möglich. Gute Mädchen halten den Mund geschlossen, sodass man nicht in ihren Mund hinein und ihre Zunge sehen kann. Anständige Mädchen atmen ruhig, bewegen sich langsam. Anständige Mädchen hüpfen, springen, rennen nicht, um ihr Jungfernhäutchen nicht zu verletzen. Gute, anständige Mädchen machen sich selber, ihrer Mutter und vor allem ihrem Vater keine Schande. Tugendhafte Mädchen sind bedacht auf ihren Ruf. Gute Jungfrauen tanzen nicht auf Hochzeiten. Anständige Mädchen haben immer Angst, trotzdem als unanständig zu gelten.

Gutes Mädchen. Ruhiges Mädchen.

Anständige Jungfrau. Unglückliche Jungfrau.

Ein Stich und noch einer und noch einer. Nicht sprechen, nicht dieses tun, nicht jenes tun, ein Stich und noch einer und noch einer.

Am frühen Nachmittag ist das Kleid fertig. Die Frauen machen ihre Nähnadeln am Stoff ihrer Westen und Kleider fest. Die Nadeln an ihrer Brust sehen aus wie dünne Abzeichen. Jungfrau sowieso bekommt ein Abzeichen für den linken Ärmel. Ein halber linker Ärmel. Eine Nadel an der Brust.

Ein paar Frauen ziehen das bunte, glänzende Hochzeitswolkenkleid Nur-Aftab über den Kopf und zupfen und binden es an ihrem Körper fest.

Wäre man ein Vogel und könnte das Dorf von oben sehen, das Dorf, das aussieht wie ein Mensch, der auf dem Boden liegt, die Beine zusammengepresst und die Arme ausgebreitet hat, dann würde man rechts von da, wo der Bauchnabel wäre, eine kleine grüngelbrotorange Wolke aus Stoff sehen und mittendrin die kleine Nur-Aftab, die aussieht wie eine Prinzessin.

Eine kleine grüngelbrotorange Wolke, die aufgehört hat zu denken, dass sie eines Tages vielleicht Flugzeuge fliegen wird.

Sie ist noch ein Kind, flüstert Shirin-Gol und krallt ihre Hand in den Arm von Azadine.

Sie ist ein kluges Kind, erwidert Azadine. Mit einem großen, wichtigen *kluges* vor Kind.

Hab Vertrauen, sagt Azadine, alles wird gut. Der Junge ist voller Liebe. Er ist anders als andere Männer. Er ist wie ein junger Panther, der angeschossen wurde. Er ist als kleiner Junge ohne Vater und Mutter, mit nichts als Hunger im Bauch und Angst im Herzen, in Pakistan angekommen, ist ins Lager gebracht worden und da in die Hände von fanatischen Männern geraten. In die Hände von Männern, die im Namen der Religion sein Gehirn gewaschen haben und ihn zu dem gemacht haben, was er ist. Wer weiß, sagt Azadine, vielleicht wird er durch die Liebe und Klugheit deiner Tochter seinen Verstand, den man ihm in der *madressa* gestohlen hat, wiederfinden.

Wir werden sehen, sagt Shirin-Gol mehr zu sich selber. Wir werden sehen, was wird.

mutton

Der Bruder des netten Teehausbesitzers hat auf alle seine Spieße frisches Hammelfleisch geschoben. Statt einen Topf hat er gleich zwei mit duftendem Reis aufgesetzt, damit keiner der Gäste hungrig bleiben muss. Irgendjemand hat irgendwoher riesige, dicke, knallrote, saftige Granatäpfel, die blutgleich tropfen, wenn man sie aufschneidet, bekommen und sie in eine Schale gelegt.

Auf der anderen Seite der Straße stehen die Mädchen, halten die Hände vor ihre kichernden Münder, schielen zu den roten Früchten hinüber und wünschen nichts mehr, als dass ihre Brüder den einen oder anderen Granatapfel klauen, sie die roten Körner herauspulen, zwischen ihren Zähnen knacken und den süßsauren Saft ihre Kehlen hinunterlaufen lassen. Keine von ihnen weiß, wer zuerst damit angefangen hat, noch wissen sie, ob das Gerede über die magische Kraft der Frucht stimmt. Doch jetzt, da sie in ihren bunten Kopftüchern und weiten Röcken auf der anderen Straßenseite stehen, kichern, die Münder hinter der Hand verbergen, hinüberschielen und aufheulen, sobald einer der Jungen sich der Schale nähert, wissen alle, der rote, knackige Apfel, der den weiten Weg aus Kandahar bis hierher gefunden hat, ist die Frucht der Liebe. Wem es gelingt, davon zu essen, bevor die jungfräuliche Braut zur Frau gemacht wird, derjenigen wird das Glück zuteil werden, einen gütigen, großzügigen, liebenden und schönen Mann zu bekommen, der stärker und schöner ist als alle Helden in allen Mythen und Märchen.

Irgendjemand hat irgendwoher saftige, frische Pistazien bekommen und sie in eine Schale gelegt. Jemand anderer hat irgendwo Blumen gefunden und sie in eine Schale mit Wasser gelegt. In einem Teller haben die Frauen Henna angerührt, damit die Gäste ihre Finger hineintauchen und sich einen roten Punkt auf die Stirn, auf die Wange, aufs Kinn, auf die Handfläche drücken können. Auf einem Tablett aus Messing liegen die Geschenke und das Geld für das Brautpaar. Früher hätten die Leute Musik gespielt und getanzt, geklatscht, gesungen und gelacht. Die Frauen hätten hinter vorgehaltener Hand, damit man ihre Zungen nicht sieht, geträllert. Heute ist die Freude still, keiner singt, keiner tanzt, keiner trällert, die Gesichter der Frauen sind von Tüchern verdeckt. Sie hocken auf der sandigen Straße hinter einer braunen Plane, getrennt von den Männern und Jungen, schlürfen Tee, atmen den Duft von Fleisch und Reis ein, können es nicht erwarten, davon zu kosten, und lugen hinüber zu den Männern, die auf den Pritschen im Teehaus hocken, Tee schlürfen, Wasserpfeife rauchen, dass das Wasser blubbert und gurgelt, und dabei leise, damit es keiner hört, von besseren Zeiten, von Früher erzählen. Von Zeiten, als sie sich noch keine Zwangsbärte wachsen lassen mussten. Von Zeiten, als der Krieg mit den Russen gerade vorbei war, ihr Kommandant das Dorf gegen andere Mujahedin verteidigte, sie Opium verkauften und auf eine bessere Zukunft hofften. Früher.

Anders als die Männer sind die Frauen sich nicht einig, ob ihr Leben vor der Machtübernahme durch die Taleban besser gewesen ist oder ob es jetzt besser ist, seit die Männer mit den langen Bärten, langen Hemden, schwarzen Turbanen und vielen neuen Verboten und Gesetzen ins Dorf gekommen sind.

Seit die Taleban gekommen sind, sagt die Frau des netten Teehausbesitzers, brauchen wir nachts in unseren Straßen und Höfen und auch im Teehaus keine Wachen mehr aufstellen. Unsere Söhne und Männer können in Ruhe schlafen. Seit die Taleban gekommen sind, ist mein Mann an jedem Abend bei seinen Kindern, und wenn ihr mich fragt – die Frau des netten Teehausbesitzers macht eine Pause, sieht sich um, beugt sich vor und sagt hinter vorgehaltener Hand und etwas leiser –, wenn ihr mich fragt, ist er seitdem sogar etwas zu häufig zu Hause. Wir haben überhaupt keine Ruhe mehr. Dauernd müssen alle hin und her springen und dieses und jenes machen, und dauernd will er, dass ich mich zu ihm lege.

Wenn er so weitermacht, werde ich verlangen, dass er noch eine Frau nimmt, eine junge, die noch bei Kräften ist.

Die Frau vom Schneider ist froh, dass die Taleban im Dorf sind und für Ruhe und Ordnung sorgen, denn seitdem, sagt sie, kann mein Mann alles, was er verdient, in seine eigene Tasche stecken. Kein Kommandant hält die Hand auf, und niemand kassiert irgendwelche Anteile von dem schwer verdienten Geld.

Dafür mussten wir bluten, zischt die Frau des Besitzers der noch immer größten Mohnfelder. Sie haben uns zuerst ein Zehntel und dann zwei Zehntel unserer Felder abgenommen und die gleiche Menge Saat, und mein Mann sagt, dass sie sich damit längst noch nicht zufrieden geben werden.

Unser Kommandant hat doch auch für Ruhe gesorgt, sagt Zuhra, die Schwester der Frau des Herrenschneiders. Ja, es wurde geschossen. Ja, wir mussten Wachen aufstellen, aber immerhin durften wir auf die Straße.

Du durftest auch vorher nicht auf die Straße, schimpft die Frau des Herrenschneiders mit ihrer Schwester und sieht in die Runde, ob auch jede der Frauen gehört hat, was sie längst alle wissen. Die Schwester schimpft weiter, dein Mann hat dich, auch bevor die Taleban ins Dorf gekommen sind, nicht auf die Straße gelassen. Nicht einmal in mein Haus, in das Haus deiner eigenen Schwester, durftest du kommen.

Das ist aber anders, sagt Zuhra, früher war er der einzige Mann, der mir dieses und jenes verboten hat. Heute sind es viele Männer, wildfremde, dreckige, ungebildete Männer dazu.

Das stimmt, sagt die Frau des Besitzers der noch immer größten Mohnfelder, sie sind ungebildet, schrecklich ungebildet. Das hat es in unserer Heimat noch nie gegeben, dass Männer, die weder lesen noch schreiben können und auch sonst nichts gelernt haben, unser Land führen und über unser Volk bestimmen.

Was meinst du zu alledem?, fragt Zuhra die Ärztin, die still neben Shirin-Gol sitzt, die still neben Nur-Aftab sitzt und ihrer Tochter die Hand hält.

Azadine seufzt, überlegt, hebt die Augenbrauen, seufzt noch einmal und sagt, manche von ihnen sind noch halbe Kinder, andere sind halbe Männer. Sie merken, dass sie anders sind als ihre eigenen Landsleute. Manche von ihnen sprechen nicht einmal unsere Sprache richtig. Sie wissen weder, wo Kandahar ist, noch wo die Jahrhunderte alten Buddhastatuen stehen. Sie wissen nicht, dass Mohammad Zahir Shah unser letzter König gewesen ist und Daud Kahn, sein eigen Fleisch und Blut, ihn entmachtet hat. Die Taleban sind Verirrte. Verwirrte und Verlorene.

Du sprichst gut, sagt Zuhra, aber was meinst du nun? Sind sie gut für uns oder sind sie schlecht für uns?

Sie haben gerade erst die Macht übernommen, sagt Azadine, und wissen selber noch nicht so recht, was sie wollen und wie sie das afghanische Volk führen sollen. Die Zukunft wird zeigen, ob sie gut für uns sind oder schlecht.

Zuhra, ihre Schwester, die Frau des Herrenschneiders, die Frau des Mannes, dem noch immer die größten Mohnfelder gehören, die Frau des netten Teehausbesitzers, die zweite Frau des netten Teehausbesitzers, die nie spricht, wenn seine erste Frau in der Nähe ist, und alle anderen Frauen nicken zustimmend und blicken in die Luft, als säße Gott über ihnen und würde ihnen verraten, was die Zukunft ihnen bringen wird. Und eine nach der anderen seufzen sie, ziehen die Augenbrauen hoch, überlegen, beißen sich auf die Unterlippe und sind nicht so glücklich, wie sie an einem Tag wie diesem, an dem eine Hochzeit gefeiert wird, sein könnten und sollten. Selbst Shirin-Gol, die immerhin die Mutter der Braut ist, lacht nicht, ist nicht glücklich, hat nicht einmal ein Lächeln im Gesicht.

Wenn ein Gast kommt, lächeln wir, sagt die Frau des Mullah, damit der Gast kein hässliches, betrübtes oder trauriges

Gesicht sehen muss. Damit er nicht denkt, er sei möglicherweise der Grund für das betrübte Gesicht und für die Trauer. Deshalb lachen wir, wenn ein Gast in unser Haus kommt. Und deshalb lachen wir auch, wenn eine Braut in das Haus ihres Mannes geführt wird. Also, Frauen, seid nicht betrübt. Lacht. Lächelt. Seid fröhlich. Tut es für die Braut.

Gerade weht eine kleine Brise. Gerade wachen die ersten Vögel der Nacht auf und schütteln ihr zartes Gefieder. Gerade verschwindet die Sonne hinter dem Hügel. Gerade steht Nabi breitbeinig mitten auf der sandigen Straße und pinkelt. Gerade denkt Nur-Aftab, dass sie unter den vielen bunten, glänzenden Stoffen, die sich um sie herum aufbauschen, wie eine kleine grüngelbrotorange Wolke aussieht. Gerade denkt sie, dass sie nicht mehr sitzen und schweigen will. Gerade geschieht alles dieses und noch viel mehr, da kommen ein paar Jungen hinter das Tuch gerannt, das vom Teehaus aus zur nächsten Hütte gespannt ist, hinter dem die Frauen und Mädchen hocken, Tee schlürfen und plaudern. Die Jungen hüpfen auf und ab und rufen, der Bräutigam kommt. Der Bräutigam kommt.

Nur-Aftab bleibt der Atem in der Kehle stecken, ihr Herz springt in ihren Hals, sie senkt ihren verschleierten Kopf, krallt ihre Hand in ihren Oberschenkel.

Auf der anderen Seite des Tuches erheben sich die Männer, einer bindet das mit bunten Stofffetzen, Perlen, Blumen und Gebimmel geschmückte Pferd ab. Morad packt die Geschenke, das Geld, ein paar Granatäpfel, ein paar Pistazien und was er sonst noch seiner Tochter und dem Bräutigam mit in die erste gemeinsame Nacht und ihr restliches gemeinsames Leben geben will, zusammen und lädt alles auf den Rücken eines Esels, der dem netten Teehausbesitzer gehört. Der junge Taleb erhebt sich, muss sich an einem der Holzbalken, die das luftige Bastdach des Teehauses stützen, festhalten, weil seine Knie zittern. Er lächelt, senkt den Blick voller Scham, nimmt die Zügel des bunten Pferdes, führt es um das Tuch herum, sieht seine Angebetete, die neben Shirin-Gol auf dem Teppich auf dem Boden hockt.

Ihre bunten Röcke, die vielen bunten Tücher, die ihr Gesicht verdecken, die ihn ihre schönen kohleschwarzen, glänzenden Augen nicht sehen lassen, können nicht verhindern, dass die Liebe, die sie für ihn empfindet, unter den Tüchern hindurchkriecht, durch die Luft fliegt, sich auf sein Herz legt und ihm Zärtlichkeit verspricht, wie er sie nur einmal zuvor in seinem Leben erfahren hat. Aus dem Dunkel seiner Erinnerung, deren Spuren die Jahre verwischt und ausgelöscht haben, erwachen plötzlich Bilder, Gefühle, Gerüche, Farben, Formen, von denen er nicht wusste, dass er sie in sich trägt. Der junge Taleb steht vor dem Berg von bunten und glänzenden Tüchern, und alles, woran er denken kann, ist die Mutterbrust, an der er als kleiner Junge gehangen und sich von ihrer Milch ernährt hat. Er konnte bereits gehen, hatte bereits Schuhe an den Füßen, hatte bereits Zähne, konnte bereits richtige Worte sprechen, da hat er bereits gewusst, ohne zu wissen, woher er wusste, die Wärme der Mutterbrust wird die einzige Erinnerung an die Mutter bleiben, wird ihn immer sein gesamtes restliches Leben danach suchen lassen. Der junge Taleb steht da, in seiner Hand die Zügel des bunten Pferdes, und er weiß, Gott ist bei ihm, hat ihm dieses Mädchen geschenkt, damit er an das Glück seiner Kindertage erinnert wird.

Es ist, als würde er in diesem Moment begreifen, dass sein Ziel weder der Glaube noch die Religion, weder der Prophet noch das heilige Buch gewesen ist. Dieses Mädchen, das Gott ihm geschenkt hat, ist sein Ziel gewesen.

Shirin-Gol und Azadine erheben sich, alle anderen Frauen stehen auf, Nur-Aftab bleibt sitzen, zittert, wankt, fällt beinah um, als der junge Bräutigam auf sie zukommt, sich zu ihr hinunterbeugt, in die bunten, glänzenden Stoffe greift, ihre

Arme findet, ihre Taille findet und seiner Braut auf die Beine hilft. Nur-Aftab stolpert, stützt sich auf ihn, riecht durch ihre Tücher hindurch das Rosenwasser auf seiner Haut, spürt seinen Atem, sieht seine Winterhonigaugen, hört seine Stimme, die leise flüstert, dass nur sie es hören kann, mein Sonnenlicht.

Der junge Taleb führt seine bunte Braut zu dem bunten Pferd, hebt sie, als wäre sie eine Feder, auf den Rücken des Hengstes, weiß, dass er zu Fuß neben ihr gehen sollte, tut es aber nicht und schwingt seinen kräftigen, jungen Körper, als hätte er kein Gewicht, ebenfalls auf das Pferd, sieht die skeptischen, ungläubigen Blicke der Männer nicht, sitzt hinter seiner Braut, presst seine Brust, die vor Glück und Angst zu bersten droht, an ihren zarten, schönen Mädchenrücken. Er wird eins mit ihr, zittert zusammen mit ihr, greift die Zügel, berührt dabei ihren Bauch, dass sie zuckt und noch näher an ihn heranrückt. Er drückt seine Absätze in die Flanken des Pferdes, presst dabei jedes Mal sein Becken und sein steif gewordenes Glied gegen Nur-Aftabs Mädchenhüften, was wegen der vielen Stoffe, die sich wie eine kleine, bunte Wolke vor ihm aufbauschen und ihn gleich mit einhüllen, niemand sieht. Schwindelig vor Erregung und seiner erwachten Lust. Lust, die der junge Taleb bisher nur gekannt hat, wenn er in der *madressa* dicht neben einem anderen Jungen gesessen oder gelegen hat. Lust, von der der Junge dachte, dass sie nur zwischen Jungen und Männern entsteht. Lust, von der er plötzlich weiß, dass sie nie Jungen oder Männern, sondern schon immer seiner Nur-Aftab gegolten hat, selbst als er ihr noch nicht begegnet war.

Der junge Taleb wendet den Kopf des Pferdes in Richtung des hellblauen Tores aus Eisen, das aussieht, als hätte es Wunden, die schmerzen.

Morad, der den kleinen Esel führt, Nasser, der nicht weiß, ob er sich freuen soll, dass seine Schwester nicht mehr in dem kleinen Zimmer schläft und er jetzt mehr Platz hat, oder ob er traurig sein soll, weil er fortan niemanden mehr hat, mit dem er nachts Sterne zählen und Steine werfen kann, die beiden Schneider, der nette Teehausbesitzer, der sich überlegt, ob die Tochter seines Freundes nicht besser seine dritte Frau geworden wäre, als jetzt diesem Taleb zu gehören, die Besitzer der Mohnfelder, der Gouverneur, der Mullah, die anderen Taleban folgen dem Pferd mit dem Brautpaar. Hinter ihnen gehen Shirin-Gol, Azadine, die erste und zweite Frau des netten Teehausbesitzers, die vier Frauen der beiden Schneider, die Frau des Gouverneurs und alle anderen Frauen, deren Männer ihnen gestattet haben, zur Hochzeit zu kommen.

Statt zum hellblauen Tor mit den Wunden zu reiten, lenkt der junge Taleb sein Pferd in die kleine Straße, die rechts abbiegt, und flüstert in Nur-Aftabs Ohr, ich habe uns eine kleine, eigene Hütte gebaut. Sie ist nicht so schön wie das Haus, in dem ich bisher zusammen mit meinen Glaubensbrüdern gelebt habe, aber hier sind wir allein und ungestört.

Nur-Aftab bekommt kaum mit, was der junge Taleb sagt, so sehr zittert sie, so sehr ist sie erhitzt, so sehr schlägt ihr Herz gegen ihre Brust.

Der junge Bräutigam springt vom Pferd, führt es an die Tür der neuen Hütte, hilft seiner Braut, die wie eine kleine, bunte Wolke in seine Arme fällt, hinunter, geleitet sie in die Hütte, nimmt Morad die Geschenke ab, geht hinein, schließt die Tür, steht einfach nur da und sieht die bunte Wolke an, unter der seine junge Braut versteckt ist. Behutsam und ohne Nur-Aftab aus den Augen zu lassen, legt der junge Bräutigam die Geschenke auf den Boden. Er geht zu seiner Braut, nimmt ihr die glänzenden und glitzernden Tücher vom Kopf und vom Gesicht, als würde er eine Zwiebel schälen.

Mit jedem Tuch weniger sieht Nur-Aftab das Gesicht des jungen Taleb klarer und deutlicher, spürt seinen Atem, die Wärme seiner Haut, seine zärtlichen Finger auf ihrem Gesicht. Zum ersten Mal sehen sie sich wirklich in die Augen, ohne Scheu, ohne Angst, Verbotenes zu tun. Zum ersten Mal ist Nur-Aftab allein, ohne ihre Mutter, ihren Vater, ihre Geschwister, mit einem fremden Mann. Zum ersten Mal wird sie in einer anderen Hütte schlafen als Shirin-Gol, Morad, Nasser, Nafass und der kleine Nabi.

Hab keine Angst, flüstert der junge Taleb und küsst sie sanft auf ihre grün und blau angemalten Brautaugen.

Habe ich nicht, erwidert Nur-Aftab mit einer Stimme, die zart und warm ist, die fest und voller Liebe ist.

11. Kapitel

Ein neues Land und ein
Herz aus Papier

Ich habe Angst, sagt Morad. Ich habe Angst vor der Reise, Angst vor der Grenze, vor den Iranern, Angst vor dem Land, vor seinen Menschen.

Dieses Mal darfst du keine Angst haben, sagt Shirin-Gol, denn dieses Mal habe ich Angst. Ich habe Angst vor all den Dingen, die dir Angst machen. Aber noch größere Angst habe ich davor, hier zu bleiben. Ich habe Angst, dass wir das Geld, das der junge Taleb uns für unsere Tochter gegeben hat, aufbrauchen und danach nichts mehr haben werden, von dem wir leben können, und niemanden mehr haben, der uns hilft.

Shirin-Gol sieht ihren Morad an und erinnert sich an das erste Mal, als er vor ihr gestanden hat. Damals, als sie noch Schuhe hatte, Schuhe aus schwarzem Plastik zum Schnüren, damals, als sie noch in die Schule ging, damals, als sie mit ihren Zwillingsbrüdern geschimpft hat, dass sie nicht trödeln sollen. Damals. Damals, als sie sich gebückt hat, um die Schuhe zu schnüren, Blut in ihren Kopf gelaufen ist, sie sich an den See und den Jungen und die verbotenen Blicke und Berührungen erinnert hat, an das unbekannte, verbotene Gefühl. Damals, als sie sich dafür geschämt hat, ein schlechtes Gewissen hatte und gehofft hat, dass ihre Mutter nichts merkt. Damals, als sie ihren blutroten Kopf gehoben und in das Gesicht eines Mannes geblickt hat, der aussah wie jene, die in den Bergen geblieben waren, um zu kämpfen, für … für was eigentlich? Das war Shirin-Gol damals nicht mehr eingefallen.

Wir haben gesagt, wir geben dem Taleb unsere Tochter nur,

weil wir mit dem Geld in den Iran wollen. Lass es uns versuchen, Morad.

Morad schweigt.

Shirin-Gol seufzt und sagt, lass es uns versuchen, wir werden sehen, was wird.

Morad streicht seinen von den Taleban vorgeschriebenen Bart glatt, seufzt und sagt, gut, lass es uns versuchen und sehen, was wird.

Shirin-Gol packt alle Sachen zusammen, die sie tragen können, den Rest bringt sie zu ihrer Tochter Nur-Aftab.

Shirin-Gol, Morad, Nasser, Nafass und Nabi verabschieden sich von Nur-Aftab und ihrem jungen Mann, vom netten Teehausbesitzer, von Azadine, vom Mullah, vom Kommandanten, von allen anderen Frauen, Kindern und Männern im Dorf, mit denen sie sich angefreundet haben, gehen die Straße entlang bis zum Eingang und Ausgang des Dorfes, da, wo die Füße des Menschen wären, wäre man ein Vogel und könnte das Dorf von oben betrachten, da, wo die Taleban ein Seil gespannt, den früheren Radiomechaniker und den früheren Frauenschneider hingesetzt, ihnen eine Kalaschnikow und ein Funkgerät in die Hand gedrückt und befohlen haben, niemanden ins Dorf oder aus dem Dorf gehen zu lassen, es sei denn, sie gestatten es.

Wohin geht ihr?, fragt der frühere Frauenschneider und streicht liebevoll seinen Bart, der so lang ist, dass er ihm bis an den Bauch reicht.

Nasser hält die Hand vor den Mund und kichert, als er den früheren Frauenschneider dabei beobachtet. Seit seine Schwester geheiratet hat und nicht mehr jeden Tag und jede Stunde und Sekunde um ihn herum ist, hat Nasser sich angewöhnt, wie sie hinter vorgehaltener Hand zu kichern. Wie sie den Kopf zwischen die Schultern zu ziehen. Wie sie sich nicht mehr an den Röcken seiner Mutter oder der Hose seines Vaters festzuhalten. Nasser hat sich angewöhnt, wie seine geliebte, vermisste Schwester immerzu den Blick zu senken und auf den Boden zu sehen. So als wenn er damit verhindern könnte, dass sie ganz aus seinem Leben verschwindet.

Nasser lacht wie Nur-Aftab, sagt Shirin-Gol, schluckt ihre Tränen hinunter, streicht dem Jungen liebevoll über den Kopf und küsst ihn.

Nasser ist Nur-Aftab, sagt der kleine Nabi. Ich will meine Schwester, sagt er. Schwester, die plötzlich aus seinem Leben verschwunden ist.

Nasser hat seine Schwester verloren.

Nasser macht Sachen, die Nur-Aftabs Aufgaben gewesen sind. Nasser wäscht dem kleinen Nabi den Hintern, als er mit heruntergelassener Hose vom Pipiloch hinter dem Feld zurückkommt.

Nasser ist Nur-Aftab geworden, ruft der kleine Nabi.

Jetzt steht Nasser auf einem Bein da, halb versteckt hinter seinem Vater, kichert hinter vorgehaltener Hand und sieht eigentlich auf den Boden, schielt aber andererseits den früheren Frauenschneider an, der liebevoll seinen Bart streicht.

Was lachst du?, fragt der Mann und streicht immer weiter über seinen Bart.

Das ewige Streichen und die freundliche Art, wie er fragt, bringen Nasser noch mehr zum Kichern. Er zeigt mit dem Finger auf den Bart des früheren Frauenschneiders und sagt, die Taleban sagen, der Bart muss so lang sein, dass er herausguckt, wenn du ihn mit der Hand umfasst, deiner ist viermal so lang.

Der Mann wedelt mit dem Ende seines langen Bartes, als sei er ein Taschentuch oder eine Fahne, und sagt, sicher ist sicher. Er umarmt Morad und sagt, du wirst uns fehlen, Bruder. Wohin geht ihr?

Wo immer Gottes Wege uns hinführen werden, antwortet Morad und streicht Nasser über seine Kappe, die auf seinem kahl geschorenen Kopf sitzt und glitzert und glänzt.

umarmen inslp

Da, wo die Männer keine Bärte tragen?, fragt der frühere Frauenschneider.

Dahin, und da, wo Frauen sich ohne Schleier und frei bewegen und arbeiten können, sagt das Shirin-Gol-Tuch und lächelt. Ein Lächeln, das niemand sehen kann.

Der frühere Frauenschneider lässt das Seil, mit dem sie den Weg absperren, hinunter, umarmt Morad ein zweites Mal und sagt, Gott sei mit euch, und wenn ihr diesen Platz gefunden habt, diesen Platz, wo die Männer sich keinen Bart wachsen lassen müssen und die Frauen arbeiten können und ihr Gesicht nicht bedecken müssen, dann vergesst uns nicht und betet für uns, dass auch wir den Weg dorthin finden.

Möge Gott euch ein langes und gesundes Leben schenken, sagt Morad und umarmt den früheren Radiomechaniker ebenfalls.

Shirin-Gol, die Kinder und Morad sind schon seit Stunden unterwegs, als Morad in seine Tasche greift und seine Finger etwas spüren, das einer der Männer ihm heimlich zugeschoben haben muss. Es ist ein Klumpen Opium. Shirin-Gol und er rätseln darüber, welcher der Männer es gewesen sein könnte, ihr Schwiegersohn, der junge Taleb, der nette Teehausbesitzer, der frühere Frauenschneider oder der frühere Radiomechaniker?

Wer immer es war, sagt Shirin-Gol, Gott möge ihn und seine Familie beschützen. Das Geld, das wir dafür bekommen werden, wird bis zur Grenze unser Brot und unseren Tee bezahlen.

Nimm du es, sagt Morad, meine Tasche ist kein sicherer Ort dafür, sie könnte ein Loch haben, oder es könnte aus ihr herausfallen.

Nichts an dieser Flucht ist anders als all die anderen Male, als Shirin-Gol von irgendwo nach irgendwo geflohen ist. Tagsüber brennt die Sonne, nachts ist es bitterkalt, die Kinder quengeln, fragen dauernd, wohin gehen wir, wann kommen wir an, warum sind wir nicht in unserem Zimmer geblieben, bis sie schließlich aufgeben, keine Fragen mehr stellen, schweigen und einfach immer weiter gehen.

Shirin-Gol weiß nicht mehr, wie viele Tage und Nächte sie gegangen sind, sie ihre Sachen und die Kinder geschleppt haben. Shirin-Gol weiß nicht mehr, wie viele Male sie gelogen hat, wenn die Posten der Taleban sie gefragt haben. Nein, nicht in den Iran, in die Berge zu meiner Familie, nein, ich kann weder lesen noch schreiben, nein, ich habe nicht gearbeitet, nein, nein, nein, ja, ja, ja. Shirin-Gol weiß nicht mehr, warum sie flieht, wohin sie flieht, von wo sie gekommen ist und wohin sie geht. Vergessen, ausgelöscht. Zurück? Wohin? Die Spuren hat der Wind verweht, die Erinnerung hat die Sonne verbrannt, ausgelöscht, den Willen haben die kalten Nächte zu Eis werden lassen, Eis, das in der Sonne des Tages geschmolzen und zerronnen ist. Verloren.

Weiter? Wohin? Warum? Egal. Einen nackten Fuß vor den nächsten. Der Weg war hungrig, wie ihre Kinder, hat die Schuhe gefressen. Morad hat das Opium wieder an sich genommen und es geraucht. Die Kinder haben ihre Hoffnung verloren, ihren Willen, den Glanz in ihren Augen.

Weiter. Einen nackten Fuß vor den anderen.

Mashad, die erste Stadt im Iran, ist voll. Voll von afghanischen Brüdern und Schwestern, ankommenden und abreisenden. Voll von Hunger, Arbeitslosigkeit, Trauer. Tausende, Millionen Afghanen. Lang lebe der Iran.

Hier ist kein guter Ort für uns, sagt Shirin-Gol. Lass uns weitergehen und sehen, was wird.

Lass uns weitergehen und sehen, was wird, sagt Morad.

Noch mehr Tage, noch mehr Wege, schöne Häuser, kein Krieg, richtige Straßen, Asphalt, keine Ruinen, Schilder, Autos, keine Minen, Busse, Lastwagen, Händler, Läden, Menschen

mit nicht nur Lumpen am Körper, mit Schuhen an den Füßen, Menschen mit Fleisch und Fett auf den Knochen, mit Leben in den Augen, Frauen mit Augen, mit Nasen, mit Mündern, mit Haut, Frauen ohne Tücher über dem Gesicht, eine
neue Welt, eine neue Hoffnung, ein neues Leben, das – das
wievielte? Das soundsovielte.

Isfahan ist gut. Warm, Frieden, eine leere Hütte, nette Nachbarn, die ihre alten Kindersachen und auch welche für Shirin-
Gol und Morad vorbeibringen und schenken. Ein netter Eisverkäufer, der den Kindern rotes, grünes, gelbes, wässriges,
klebriges Willkommenseis schenkt, mit dem sie zuerst gar
nichts anzufangen wissen, das sie einfach nur in ihren Händen
halten, es auf den Boden und die neu geschenkten Kleider
tropfen lassen. Menschen, die Arbeit anbieten, Menschen, die
Essensreste und sogar Geld vorbeibringen. Eine große, blaue
Königsmoschee in einem großen, schönen Königsgarten, viele alte, uralte, prunkvolle, herrliche Paläste, Gärten, der prächtige überdachte Bazar, Arbeit, Schulen, Schulkinder, Schulmädchen, Lehrerinnen, Frauen auf den Straßen, in den Läden,
im Bazar, überall.

Die leere Hütte ist weder groß noch klein, sie hat einem Afghanen gehört, der in die Heimat zurückgeht. Seine Matratzen, Decken, Kissen lässt er zurück, weder für viel noch für
wenig Geld. Die Miete ist nicht niedrig, aber auch nicht hoch.

Shirin-Gol hat Glück, sie kann die Häuser reicher Iraner
putzen. Sie mögen die Afghanin, weil sie sauber, ehrlich und
zuvorkommend ist, weil sie perlengleiche Zähne zeigt, wenn
sie lacht, weil ihre kohleschwarzen Augen voller Güte sind,
weil sie die fremden Kinder voller Liebe in die Arme schließt,
mit sanfter Stimme Trost spendet. Weil sie wie ein Engel ist,
den Gott geschickt hat. Afghanische Engelsfrau, die Gott geschickt hat.

Nasser verkauft gelbes, grünes, rotes Eis für den netten Eisverkäufer, Morad arbeitet auf Baustellen, kann aber nur leichte Arbeit machen, weil er den Eisschrankunfall hatte. Die Kinder gehen in die Schule, sogar Morad lernt lesen und schreiben.

Shirin-Gol träumt davon, wieder bei einer Ärztin zu arbeiten, sie putzt und putzt, wäscht Wäsche, hütet fremde Kinder, stopft die Kleider und Hosen der Iraner, nimmt jede Arbeit an, die Geld bringt, wird irgendwann wieder schwanger, nennt ihre nächsten beiden Kinder Navid und Nassim. Shirin-Gol knüpft einen Teppich, kocht, fegt, wischt, wäscht, geht zum Gemüsehändler ohne Tuch über dem Gesicht, nur mit einem Kopftuch, das ihre Haare bedeckt, geht zum Reisverkäufer, zum Brotbäcker, sitzt in der Gasse vor der Tür ihrer Hütte, redet mit den anderen Frauen und dankt ihrem Gott für das neue Leben, das auch nicht leicht ist, aber hundertmal besser als das in der Heimat. Und sie denkt, dieses Mal wird alles gut. Alles wird gut. Gott ist gütig und gnädig.

Morad bringt jeden Tag ein Lächeln mit in die Hütte, küsst seine Kinder, schenkt seiner Frau ein Lächeln und manchmal eine kleine Berührung, eine kleine Umarmung, wenn die Kinder nicht in der Nähe sind, manchmal sogar einen Kuss, eine große Umarmung und ein großes Lächeln, das nur ihr gehört. Morad zittert nicht mehr, hat keine Angst mehr, findet seinen Stolz wieder, findet seine Ehre wieder, findet den Mann in sich wieder.

In der Nacht schläft er in der Hütte bei seiner Shirin-Gol und den Kindern, spielt mit ihnen, wirft sie in die Luft, dreht sie im Kreis, baut einen Ball aus alten Zeitungen, wirft und fängt ihn, bringt seine Kinder zum Lachen. Am Freitag geht er mit Nasser und Nabi in die Moschee, betet und dankt seinem Gott für alles, was er ihm geschenkt hat, dankt ihm für seine Kinder und seine Shirin-Gol.

Nach der Moschee gehen Shirin-Gol, die Kinder und Morad mit dem Zeitungsball und einer Decke an den Fluss, breiten die Decke aus, dösen, spielen, essen, liegen einfach nur da und blicken in den blauen iranischen Himmel und danken wieder ihrem Gott.

Ich habe mich eingeschrieben, sagt Morad.

Eingeschrieben?, fragt Shirin-Gol, lächelt und zeigt ihre schönen, kräftigen weißen Zähne, die perlengleich strahlen.

Eingeschrieben, antwortet Morad, lächelt und zeigt seine nicht mehr ganz so schönen, nicht mehr so kräftigen, vom vielen Opiumrauchen braun und gelb gewordenen Zähne. Ich habe mich in den Alphabetisierungskurs eingeschrieben. Ich werde lesen und schreiben lernen, damit ich vielleicht irgendwann einen anständigen Beruf bekomme und nicht immer schuften muss wie ein – wie ein was? Wie ein Esel, sagt Morad und lacht und lacht und wischt die Lachtränen aus seinen Augen.

Lachtränen, die Shirin-Gol und Morad im Iran anfangs oft in den Augen haben.

Anfangs, als alles und jeder im Iran gut zu Shirin-Gol und ihrer Familie ist.

Eines Tages kommt Nasser nach Hause und sagt, der nette Eisverkäufer will kein Eis mehr verkaufen. Er wird seinen Eiskarren umbauen, die Eisbehälter in Stauraum verwandeln, die Eisbilder abnehmen und Spielzeug verkaufen. Er will, dass ich ihm bei seinem neuen Geschäft helfe, und er wird mir mehr Geld dafür bezahlen. Anfangs freut Shirin-Gol sich für ihren Sohn und über das Mehrgeld, dann macht sie sich nur noch Sorgen um Nasser.

Nasser ist zwölf, vielleicht auch vierzehn Jahre alt, er ist kein Halbkind mehr, sondern Halbmann. Von nun an fährt er, ob Hitze oder eisige Kälte, Hunderte Kilometer in dem fremden Land, von Isfahan in den Süden an den Hafen zum Persischen Golf nach Bandar-Abbas. Er kauft dort Spielsachen, die in Containern aus Europa, USA oder den arabischen Ländern,

China oder sonst woher kommen. Eigentlich sind sie für Läden und Kaufhäuser bestimmt, manchmal aber fallen beim Ausladen der Schiffe Kartons herunter, manchmal sogar ins Wasser. Manchmal klauen die Arbeiter, die die Schiffsladungen löschen, die Ware und verkaufen sie. Manchmal verkauft der Besitzer der Spielsachen das ganze Zeug direkt am Hafen, damit er keinen Zoll zahlen muss. Jedenfalls kauft Nasser das Spielzeug billig, schleppt es, wer weiß wie, nach Isfahan, und dort verkauft sie der nette, frühere Eisverkäufer, der jetzt noch immer nett ist, aber statt Eis Spielsachen verkauft.

Nasser ist nicht wie die anderen Jungen und Männer, die an den Golf kommen und einfach nur eine Kiste von diesem und eine von jenem aussuchen, bezahlen und mit ihrer Ware wieder verschwinden. Nasser nimmt sich Zeit. Er kniet vor der Ware, hebt vorsichtig die in durchsichtige Folie eingepackten Sachen aus der Kiste, öffnet behutsam mit zwei Fingern, damit er sie nicht kaputtmacht und anschließend wieder benutzen kann, die dünne Folie, betrachtet das Spielzeug mit viel Liebe und Aufmerksamkeit, dreht und wendet es, hält es ins Licht und prüft das Gewicht. Jede einzelne Puppe, jedes Auto, jeden Ball, all die anderen bunten Spielsachen, mit denen Nasser selber in seinem ganzen Leben nicht gespielt hat, prüft er genau, sieht er sich genau an. Er schließt die Augen, tastet wie ein Blinder über die Autos, streicht über die kleinen Minifenster, Minitüren, drückt und presst die Puppen, fühlt den Stoff ihrer Kleider, riecht an ihrem Haar, schüttelt die Bälle und hält sie dabei an sein Ohr, zieht die kleinen, bunten Trommler aus Blech auf und sieht ihnen zu, wie sie trommeln, prüft jedes einzelne Teil, bevor er sein Geld aus der Tasche zieht, die Spielsachen bezahlt und nach Isfahan schleppt.

Der frühere Eisverkäufer, jetzige Spielsachenverkäufer, dekoriert liebevoll seinen früheren Eiskarren, der jetzt ein Spielzeugkarren ist, hängt die Puppen, Autos, Luftballons, Figuren und Tiere aus Plastik, die Mädchenhalsketten und Armreifen aus Kunststoff an das kleine Dach und die Seiten seines Karren und ruft abwechselnd mit Nasser, um die Kinder und die Eltern der Kinder anzulocken.

Schöne neue Spielsachen.

Einzig im gesamten Iran.

Isfahan ist die halbe Welt, unsere Spielsachen kommen aus der ganzen Welt.

Schöne neue Spielsachen.

Das -ie- und das -a- von Spielsachen ziehen sie dabei ganz lang, und es klingt, als würden sie singen. Ein Gesang, der an die Melodie von einem Lied erinnert, das Shirin-Gol abends summt, damit die kleinen Geschwister und wer ihr sonst noch zuhört friedlich einschlafen können und keine bösen Träume haben müssen.

Einmal bringt der große Bruder für seine pakistanische Schwester eine Puppe mit, zweimal so groß wie seine Jungenhand, weiße, saubere Haut, wunderschöne blaue Augen, Haar wie Gold und ein kurzes rosa Kleid, so kurz, dass man die Unterhose und die nackten Beine sehen kann. Nafass starrt die Puppe an, haucht leise, für mich? Drückt das Plastik an ihre Brust, schließt die Augen dabei, riecht das parfümierte Haar, sieht unter den kurzen Rock, verschluckt ihren Atem und ruft, sie braucht ein *tonban*, damit sie sich nicht schämen muss wegen ihrer nackten Beine und weil jeder alles sehen kann. Nafass will und kann nicht glauben, dass es irgendwo auf der Welt Frauen gibt, die Haar aus Gold haben und ihren ganzen Körper nackt herumzeigen.

Shirin-Gol lacht über das Staunen und die Empörung ihrer Tochter, nimmt die weiße Puppe mit der rosa Unterhose und sagt, gut, nähen wir ihr ein *tonban*.

Liebevoll streicht Shirin-Gol ihrem nicht mehr Halbjungensohn, sondern Halbmannsohn über sein volles, glänzendes Haar, zieht ihn zu sich, auch wenn er sich wehrt, weil er schließlich kein kleines Kind mehr ist, zieht ihn neben sich auf den Boden, wo sie hockt, legt den Arm um ihn und sagt, du bist ein wahrer Nasser, ein Begleiter, ein Freund für deine Schwester und deine Mutter.

Irgendwann vor – wie lange ist das her? Shirin-Gol weiß es nicht mehr. Irgendwann jedenfalls ist Shirin-Gol sicher gewesen, ihr Nasser wird die Schule beenden, studieren, einen Beruf lernen, Ingenieur oder Arzt oder sonst was Wichtiges werden, richtiges Geld verdienen, eine Familie gründen und glücklicher sein als sie und Morad. Nasser hat es geliebt zu schreiben, zu rechnen, zu lesen, Fragen zu stellen, Antworten zu suchen. Er hat es geliebt, in der Klasse als Erster von allen anderen Jungen, sogar vor den persischen Jungen, aufzuspringen und für die richtige Antwort die beste Note, eine 20, zu bekommen. Mit stolzer, aufgeblähter Brust, einem Lächeln, das von einem Ohr zum anderen geht, setzt Nasser sich wieder und wartet wie eine Katze, die auf eine Maus lauert, auf die nächste Frage. Ich, ich, ich, Herr Lehrer. Der Lehrer lächelt, deutet mit dem Finger auf ihn, Nasser sammelt sich, schluckt seine Spucke hinunter, während er dabei den Kopf nach vorne schiebt, beantwortet die Frage, lächelt, seine Augen leuchten.

Eines Morgens, als Nasser wie an jedem Morgen als Erster in die Schule kommt mit seinem geschenkten, alten, aber glatt gezogenen Hemd, das er sich artig in die geschenkte, alte, abgewetzte, aber gebügelte Hose steckt, kommt der Lehrer zu ihm, räuspert sich, sieht ihn nicht an, sucht Worte, spricht, als er sie findet, schnell und ohne Pause, dreht sich um und geht. Nasser, sagt er, Nasser, mein lieber, guter Schüler, ich habe Anweisung, keine afghanischen Jungen mehr in den Unterricht zu lassen.

Khalass und *tamam*. Das war's.

Nasser steht noch lange da in seiner alten und gebügelten Hose, dem weißen Hemd, mit seinem Heft und dem Buch in der Hand. Er kann sich nicht rühren, nicht einmal seinen Kopf kann er bewegen, er kann ihn weder wenden noch heben, noch senken, noch zum Spuckerunterschlucken nach vorne schieben. Sein Kopf bleibt genau da, wo er war, als der Herr Lehrer vor ihm gestanden, ihn nicht angesehen und ohne Pause und Komma gesprochen hat. Seine Beine, seine Arme, sein Hals, sein Bauch, sein Kopf, seine Hände, seine Füße, sein Rücken sind hart und fest, steif und tot, wie die Lehmsäulen, die sein Vater und die anderen Männer im Bergdorf für die Wegdächer gebaut haben. Nur seine Augen kann Nasser bewegen. Er sieht die anderen Jungen, die einer nach dem anderen an ihm vorbei und in die Klasse gehen. Er sieht durch das Fenster in den Klassenraum. Er sieht, wie die Jungen sich setzen. Er sieht, wie der Lehrer sein Buch öffnet, hineinsieht, den Kopf hebt, den Mund bewegt, keiner der anderen Jungen sich meldet, einer der Jungen in den Hof hinaussieht, auf dem Nasser festgeklebt ist, ein zweiter Junge hinaussieht, die ganze Klasse. Er sieht, wie der Lehrer hinausblickt und ihm ein Zeichen macht, dass er gehen soll, zum Fenster kommt, es öffnet und ruft, geh nach Hause, es hat keinen Zweck.

Am Abend, als Nasser noch immer nicht wieder zu Hause ist, bindet Shirin-Gol ihr Kopftuch um, fragt bei den Nachbarn, beim Bäcker, beim Eisverkäufer, aber niemand hat Nasser gesehen. Schließlich geht Shirin-Gol in die Schule und findet ihren Sohn. Er steht da, mit seinem weißen Hemd und der gebügelten Hose, sein Heft und sein Buch in der Hand, und hört nicht, als seine Mutter ihn ruft. Shirin-Gol legt den Arm um seine Schulter, nimmt sein Gesicht in die Hände, sieht ihn voller Liebe an, drückt seinen dünnen Körper, der sich anfühlt wie damals, als er halb so groß war wie heute, streicht ihm über den trockenen, steifen Rücken, knetet seine Arme, wiegt ihn hin und her, summt, als würde sie ihn in den Schlaf wiegen, bis Nasser plötzlich zuckt, als würde er aus einem tiefen, tiefen Schlaf erwachen.

Was ist geschehen, mein Liebling, mein großer Sohn, was

haben sie dir angetan?, fragt Shirin-Gol und weiß nicht, warum ihre Worte zittern.

Nasser sieht seine Mutter an mit seinen schönen, dunklen Augen, schiebt seinen Kopf nach vorne, schluckt die Spucke, die seit dem Morgen in seinem Mund gewesen ist, hinunter und sagt, nichts.

Nichts?

Nichts.

Das ist gut, sagt Shirin-Gol, nimmt das Heft und das Buch aus der steifen Hand ihres Sohnes, legt den Arm um seine Schulter und geht mit ihm nach Hause. Den ganzen Weg schweigt Nasser.

Nichts.

Den ganzen Weg und den Abend, den nächsten Tag und übernächsten und die ganze Woche. Er liegt stumm unter seiner Decke, sieht nichts, hört nichts, isst kaum, trinkt kaum. Ist stumm. Stumm.

Nichts.

Als er wieder aufsteht und herumläuft, als er wieder sitzt und lächelt, wenn seine jüngeren Geschwister sich lachend auf ihn stürzen und ihn zu Boden werfen, als er wieder isst und trinkt, legt Shirin-Gol, wie sie es mehrmals an jedem Tag gemacht hat, seit ihr Sohn zu Stein geworden ist, ihre kräftige Hand auf Nassers Rücken und sagt, erzähl mir von dem Nichts. Sprich, damit deine Seele leichter wird.

Nasser hockt auf dem Boden neben seiner Mutter, hat den Kopf seitlich auf sein Knie gelegt, sieht seine Mutter an, sucht in seinem Kopf nach Worten, macht den Mund auf, bekommt sie aber nicht heraus.

Shirin-Gol hört nicht auf, Nassers Rücken zu streichen, sieht ihn einfach immer weiter an, lächelt, küsst ihn, sieht ihn wieder an. Wieder macht Nasser den Mund auf. Und endlich springt ein Laut aus seinem Hals. Er schluckt und sagt, als hätte er nicht die ganze Woche geschwiegen, als wäre er nicht die ganze Woche krank gewesen, als wäre alles so, wie es immer gewesen ist, als wäre da nicht das große Nichts gewesen, sagt der Junge, ich bin kein Afghane.

Kein Afghane.

Anfangs, als Shirin-Gol in den Iran kommt, geht es den Afghanen hier gut. Sehr gut. So gut, dass es keine großen, schweigenden Nichts gibt.

Anfangs, als Shirin-Gol in den Iran kommt, dürfen ihre Kinder in die Schule gehen, und sie brauchen nichts dafür zu bezahlen. Inzwischen brauchen Afghanen für alles eine Genehmigung. Schulgenehmigung, Universitätsgenehmigung, Kaufgenehmigung, Untersuchungsgenehmigung, Arztgenehmigung, Reisegenehmigung, Ausfuhrgenehmigung, Arbeitsgenehmigung, Krankenhausgenehmigung, Genehmigungsgenehmigung.

Genehmigungen, die man nur bekommt, wenn man legal eingereist ist und legale Einreisepapiere vorweisen kann.

Ich weiß nicht, was ich machen soll, sagt Shirin-Gol zu dem iranischen Beamten, der ihr eine Arztgenehmigung ausstellen soll. Was ist eine legale Einreise? Dafür brauche ich Papiere. Wo soll ich die bekommen? Soll ich zu den Russen gehen, den Mujahedin, den Taleban oder wer sonst gerade in meiner Heimat an der Macht ist, zu denen, die uns das Leben zur Hölle machen, und sagen, ihr quält mich so sehr, dass ich jetzt gerne in den Iran fliehen möchte, und dafür möchte ich bitte meine Papiere haben? Wir hatten nicht einmal Schuhe an den Füßen, als wir im Iran angekommen sind.

Der iranische Beamte sieht Shirin-Gol an, sieht die anderen Afghanen in der Schlange hinter ihr, die ebenfalls eine Genehmigung für irgendetwas von ihm wollen, senkt den Blick, haut seinen Genehmigungsstempel auf den Zettel, der vom vielen Halten feucht und labberig geworden ist, und murmelt, wegen euch werde ich noch meinen Arbeitsplatz verlieren.

Gott beschütze dich, und möge er geben, dass du immer eine gute Arbeit hast, mit der du dich und deine Kinder ernähren kannst, und möge er dir ein langes Leben zuteil werden lassen.

Ist schon gut, ist schon gut. Gott beschütze auch dich und deine Kinder, sagt der Mann und winkt den nächsten Afghanen an seinen Tisch.

Glücklich geht Shirin-Gol auf die Straße hinaus, zieht ihr Kopftuch, das ständig rutscht, weiter ins Gesicht, nimmt ihre Kinder an die Hand, wartet, bis der laute Verkehr auf der vierspurigen Straße, der ihr noch immer Angst macht, durchlässig wird, rennt auf die andere Straßenseite, bleibt einen Moment stehen, um ihr Kopftuch noch einmal zurechtzuziehen, da spürt sie plötzlich einen stechenden Schmerz im Rücken, als habe ihr jemand einen Speer zwischen ihr Schulterblatt und die Wirbelsäule gerammt. Im ersten Moment betäubt der Schmerz ihre Sinne, dann kann sie ihre Tränen nicht zurückhalten, sie beißt die Zähne zusammen, geht in die Knie, dreht sich um und sieht etwas weiter weg vier Jungen stehen. Einer von ihnen hat eine Steinschleuder in der Hand. Alle vier sind erschrocken und gucken, als sei ihnen der dreizehnte Prophet erschienen.

Nasser bekommt nicht gleich mit, was mit seiner Mutter los ist. Erst als sie auf dem Bürgersteig am Boden hockt, mit der Hand auf dem Rücken, und zu den vier Jungen hinübersieht, begreift Nasser, dass die Jungen mit ihrer Steinschleuder Shirin-Gol getroffen haben. Blut läuft in Nassers Augen. Er rennt los, rast auf die Jungen zu, rempelt zwei von ihnen gleich um, prügelt wild um sich, trifft den dritten und vierten und die anderen beiden, die sich schnell wieder aufrappeln, und in weniger Zeit als vier *bismi-allah* sind die Jungen abgehauen. Nasser ist grün und blau geschlagen, seine Nase blutet, sein Gesicht ist zerkratzt und seine Hände und Arme auch.

Shirin-Gol umarmt ihren Halbmannsohn, tröstet ihn,

wischt das Blut und die Tränen aus seinem Gesicht, versucht das Blut aus seiner Nase zu stillen, versucht ihre anderen Kinder zu beruhigen, die inzwischen auch alle weinen. Leute versammeln sich, geben ihr Taschentücher aus weichem Papier, geben ihr Geld, trösten sie, eine Frau bietet ihr an, sie mit dem Auto nach Hause zu fahren. Ein Polizist kommt, will Shirin-Gols Adresse und eine Beschreibung von den Jungen. Alle sprechen gleichzeitig, und alles und jeder gerät durcheinander. Ein paar Leute sagen, wahrscheinlich sind das nur freche Jungen, die morgens von ihren Eltern auf die Straße geschickt werden und den ganzen langen Tag sich selber überlassen sind. Ist doch klar, dass die zu Tieren werden und sie nichts als Dummheiten im Kopf haben, wenn keiner auf sie Acht gibt.

Eine andere Frau zieht den Knoten ihres Kopftuches fest und sagt, aber entschuldigen Sie bitte mal, liebe Schwester, in welcher Welt leben Sie denn? Bevor sie weiterspricht, sieht die Frau in die Runde. Natürlich leben die Kinder in unserem Land auf der Straße, und natürlich sind sie sich selber überlassen. Schließlich müssen ihre Väter und Mütter arbeiten, und zwar von früh bis spät, damit sie abends ihren Kindern ein Stück trockenes Brot vorsetzen können.

Ein Mann sagt, wer weiß, was die Afghanen den Kindern angetan haben, vielleicht haben sie sich nur gerächt. Eine Frau, die bisher noch nichts gesagt hat, spricht mit ruhiger Stimme, dass alle anderen aufhören zu reden, um mitzubekommen, was sie sagt. Wahrscheinlich haben die Frau und ihre Kinder gar nichts und niemandem etwas angetan. Wahrscheinlich sind sie einfach nur des Weges gegangen. Aber wie dem auch sei und egal was gewesen ist, ob diese Frau und ihre Kinder etwas getan haben oder nicht, sie sind Gäste in unserem Land, und mit Steinewerfen oder Racheakten löst man keine Probleme.

Die Leute schweigen. Dann, als hätte jemand ihnen ein Zeichen gegeben, fangen sie alle gleichzeitig wieder an zu reden.

Shirin-Gol bedankt sich bei der Frau mit dem Auto, bei der mit den Taschentüchern aus weichem Papier und bei der, die gesagt hat, dass Shirin-Gol Gast in ihrem Land ist und Steinewerfen keine Probleme löst. Dann nimmt Shirin-Gol ihre Kinder an die Hand und geht statt zum Arzt nach Hause.

Immer wieder tastet sie nach der Stelle auf ihrem Rücken, an der sie von dem Stein getroffen wurde, immer wieder streicht sie liebevoll über Nassers Schrammen und Verletzungen und sagt, jetzt siehst du aus wie ein Mujahed, der gerade von der Front gekommen ist.

Ich werde niemals in den Krieg gehen, sagt Nasser. Krieg ist etwas für Dumme. Nur wer nicht lesen und schreiben kann und nichts versteht, glaubt, dass er mit Krieg seine Probleme lösen kann.

Kluges Kind, mein kluger Junge, sagt Shirin-Gol und streicht ihrem Sohn wieder und wieder über den Kopf, den Rücken, drückt ihn an sich, küsst ihn.

Als Morad nach Hause kommt und das verwundete Gesicht seines Sohnes sieht, verliert sein eigenes Gesicht die Farbe und wird weiß, seine Knie werden weich, und er muss sich sofort hinhocken, damit er nicht umfällt wie ein Sack Kartoffeln, der nicht mehr ganz voll ist und deshalb nicht von alleine stehen kann. Morad hockt einfach nur da mit seinem weißen Gesicht und seinen weichen Knien, starrt seinen Jungen an und schweigt.

Shirin-Gol und Nasser erzählen ihm, was geschehen ist. Weder beschweren sie sich, noch jammern sie, es klingt, als redeten sie nicht über etwas, das sie selber erlebt haben, das ihnen selber zugestoßen ist, sondern über etwas, das sie zufällig im Vorbeigehen gesehen und mitbekommen haben.

Und dann hat die eine Frau mir ein Taschentuch aus weichem Papier gegeben und aus ihrer Flasche Wasser darauf geträufelt, damit ich Nasser die Wunden reinigen und damit ich das Blut aus seiner Nase anhalten kann, sagt Shirin-Gol.

Mir hat die Frau auch ein weiches Taschentuch aus Papier in die Hand gedrückt, sagt Nasser, aber ich wollte es nicht beschmutzen. Ich will es lieber aufbewahren. Ich habe es in meine Hosentasche gesteckt. Zum Beweis klopft Nasser auf seine Hosentasche und sieht seinen Vater an, als erwarte er Lob dafür, dass er ein Held gewesen ist und das kostbare Taschentuch aus Papier nicht benutzt hat. Weil sein Vater stumm bleibt, sagt Nasser, irgendwann werde ich es bestimmt dringender brauchen, und dann bin ich froh, dass ich es noch habe.

Noch lange nimmt Nasser das weiche Taschentuch aus Papier immer wieder aus seiner Hosentasche, sieht es sich genau an, faltet es auf und wieder zusammen, legt es über sein Gesicht und lässt es wie eine Wolke auf den Boden schweben. Keines seiner jüngeren Geschwister darf jemals sein weiches Taschentuch aus Papier auch nur berühren, geschweige denn damit spielen.

Seit die iranischen Nachbarinnen gehört haben, dass Shirin-Gol von einem Stein getroffen und ihr ältester Sohn von den Jungen, die sie selber mit der Steinschleuder attackiert haben, verprügelt worden ist, bringen sie ihr noch mehr getragene Kleider, Hosen, Schuhe, die sie selber nicht mehr brauchen, sogar Lebensmittel.

Eine der Frauen bringt einen Umschlag und sagt, ihr Mann habe ihr Geld gegeben, damit Morad das Loch im Dach der Hütte reparieren, die zerbrochenen Fensterscheiben auswechseln und die Hütte winterfest machen kann.

Sogar der Brotbäcker hat Mitleid mit Shirin-Gol und besonders mit Nasser, der noch lange aussieht, als sei er gerade aus der Schlacht gekommen. Und solange Nassers Wunden nicht verheilt sind, schenkt er dem Jungen an jedem Tag ein frisches, heißes Brot aus dem Ofen. Für dich sagt er, einzig und extra für dich gebacken, siehst du das -N-? Das habe ich für dich in den Teig geschrieben.

Nasser liebt die frischen, heißen Brote aus dem Ofen mit

dem -N- darauf, und inzwischen findet er es auch gar nicht mehr so schlimm, verprügelt worden zu sein. Denn seitdem ist seine Welt schöner als jemals zuvor. Nasser muss sich nicht mehr beeilen, wenn er hierhin und dahin und zum Einkaufen oder zur Arbeit geht, jeder hat Mitleid, nette Worte, eine nette Geste, ein Geschenk, ein warmes Brot mit einem -N- für ihn. Manchmal legt er sich zu Hause auf die Matratze, macht sich zu einer kleinen Kugel und sieht einfach nur vor sich hin oder döst. Seine Mutter bringt ihm Tee, streichelt und liebkost ihn. Alle sind nett zu ihm. Alles ist sanft. Papiertaschentuchweich. Alles ist zart, gnädig, fühlt sich an wie früher, als er noch ein kleiner, ein ganz kleiner Junge und alles ganz anders und viel besser war. Früher.

Aber schließlich verheilen Nassers Wunden. Nasser muss wieder rennen und sich beeilen, wenn er von hierhin nach dahin will, wenn er arbeitet oder zum Einkaufen geht, er muss wieder ein großer, vernünftiger Junge sein, bekommt kein frisches, warmes N-Brot mehr aus dem Ofen geschenkt, keine warmen Blicke von den Nachbarn, keine tröstenden Hände auf seinem Kopf, auf seiner Schulter. Er bekommt überhaupt nichts mehr geschenkt, und die Welt von Nasser wird wieder, wie sie gewesen ist, bevor das mit den Steinschleuderjungen und der ungerechten und feigen Viergegeneinenprügelei passiert ist.

Zumindest denkt er das am Anfang. Er denkt, dass seine Welt wieder die alte ist. *strictly speaking* Genau genommen merkt er aber – und nicht nur er, sondern auch seine Geschwister, Morad und Shirin-Gol merken, dass nichts mehr ist, wie es war, und alles anders ist.

Shirin-Gol weiß, es hat weder mit den Steinen noch mit der Steinschleuder zu tun, weder mit gemeinen Jungen, die von ihren Eltern morgens auf die Straße geschickt werden und den ganzen Tag nichts zu tun haben und deshalb andere Menschen ärgern und mit Steinen bewerfen, noch hat es damit etwas zu tun, dass die Jungen zu viert ihren Nasser verprügelt haben. Shirin-Gol weiß, dass alles das nichts damit zu tun hat. Nichts ist mehr, wie es gewesen ist. Alles ist anders. Nicht mehr so warm. Nicht mehr so gutherzig. Die Iraner sind nicht mehr so freundlich.

Anfangs, als Shirin-Gol, ihre Kinder und Morad in den Iran gekommen sind, haben die Besitzer der Geschäfte von den Afghanen das gleiche Geld verlangt wie von Iranern. Inzwischen müssen Afghanen drei- oder viermal so viel bezahlen. Anfangs haben Afghanen beim Brotbäcker oder sonst wo in der Schlange gestanden, und wenn sie an der Reihe waren, haben sie ihr Brot bekommen. Inzwischen schieben manche Geschäftsbesitzer die Afghanen beiseite, wenn sie endlich an der Reihe sind, und sagen, unser Brot ist vom Staat subventioniert, ihr seid keine Iraner, also habt ihr kein Recht auf unser Brot. Anfangs wurden Afghanen nicht für jeden Diebstahl beschuldigt. Anfangs rief kein Iraner irgendeinem Afghanen hässliche, schlimme Worte hinterher. Später gewöhnen sich die Iraner daran, schlimme Worte zu sagen, und die Afghanen gewöhnen sich daran, sie zu hören. Bald ist es, als sei es noch nie anders und schon immer so gewesen. Bald ist es, als seien Afghanen im Iran schon immer beschimpft und beleidigt worden.

Shirin-Gols Nachbarinnen sind nicht mehr so hilfsbereit und mitfühlend wie am Anfang. Keine Besuche. Keine abgetragenen Kleider und Hosen.

Shirin-Gol geht nicht mehr so häufig auf die Straße. Die Kinder spielen nicht mehr so gerne in der Gasse vor der Hütte. Morad bekommt keine Arbeit. Mit einem Krüppel, sagen die Bauleiter, können wir nichts anfangen.

Nasser spricht inzwischen den Isfahaner Dialekt so gut, dass die Leute es ihm glauben, wenn er sagt, ich bin ein Iraner. Sie kaufen ihm alles ab und bezahlen, ohne zu murren. Er steht vor den Leuten mit seinem persischen Haarschnitt, seinen geschenkten persischen, gebügelten Hosen und Hemden, sieht sie mit seinen kohlegleichen, traurigglücklichen Augen an und sagt, mein Vater ist gestorben, und meine Mutter ist alt und krank und lebt auch nicht mehr lang. Kaufen Sie dieses schöne Spielzeug, und helfen Sie einem armen Landsmann, damit er nicht verhungern muss.

Der frühere Eisverkäufer, der jetzige Spielsachenverkäufer, sagt, Gott sieht es bestimmt nicht gerne, wenn du deine Heimat, deinen Vater und deine Mutter verleugnest.

Nasser nickt, widerspricht nicht und sagt, es ist besser so. Mit leiser Stimme, mit gesenktem Kopf, ohne den netten Spielzeugverkäufer anzusehen, murmelt er, es ist besser so.

Anfangs, als sie in den Iran kommen, ist Morad an jedem Tag draußen. Entweder arbeitet er, oder er sucht Arbeit. Später klagt er immer häufiger über Schmerzen, die, wie er sagt, mit den Verletzungen von dem Eisschrankunfall zu tun haben. Ich kann nicht arbeiten, sagt er. Er bleibt liegen und hustet und stöhnt und schläft den ganzen Tag und die ganze Nacht und geht nur noch selten aus der Hütte.

Gehst du nicht mehr zum Geldverdienen?, fragt Nafass.

Ich bin krank, antwortet Morad. Wenn ich wieder gesund bin, gehe ich wieder Geld verdienen.

Warum bist du krank?, fragt seine Tochter.

Morad überlegt und sagt, weil ich einen Unfall hatte.

Was für ein Unfall?

Einen schlimmen.

Wie schlimm?

Sehr schlimm.

Erzähl, erzähl, ruft Nafass, die noch nicht geboren war, als ihr Vater den Eisschrankunfall hatte.

Erzähl, ruft Nasser, der zu klein war und sich nicht mehr daran erinnert, wie sein Vater im pakistanischen Flüchtlingslager in der Ecke der Hütte gesessen und nichts und niemanden mehr gesehen und gehört hat.

Erzähl, ruft Nabi, der noch nicht auf der Welt gewesen ist.

Erzähl, ruft sogar der kleine Navid, der im Iran geboren ist, weder versteht, wo Pakistan ist, noch weiß, was Schmuggler sind, weder versteht, was ein schmaler Pfad ist, noch weiß, was ein Eisschrank ist, weder weiß, warum Männer sich Eisschränke auf den Rücken binden, noch weiß, warum sie damit den Berg hinunterrollen.

Die Kinder sitzen alle mit großen Augen vor ihrem Vater und sind gespannt zu erfahren, welches schreckliche Ereignis schuld daran ist, dass ihr Vater die Hütte nicht mehr verlässt, nicht mehr arbeiten kann, kein Geld mehr verdient, kein Essen mehr nach Hause bringt. Warum alles anders ist als am Anfang, als sie in den Iran gekommen sind. Jedes Wort, jede Geste prägen sie sich ein, um ja nichts auszulassen, wenn sie am nächsten und an allen folgenden Tagen sich gegenseitig und den anderen Kindern wieder und wieder erzählen, warum alles ist, wie es ist.

Mein Vater ist kein Schlappschwanz, sagen Nasser, Nafass und Nabi und erzählen den anderen Kindern in der Gasse die Eisschrankunfallgeschichte ihres Vaters. Kein Schlappschwanz, plappert Navid seinen Geschwistern nach. Er ist krank, sagen Nasser, Nafass und Nabi. Krank, plappert Navid ihnen nach. Er ist mit einem riesigen Eisschrank, der ihm auf den Rücken gebunden war, einen sandigen, schmalen, steilen Pfad entlanggegangen, sagen Nasser, Nafass und Nabi. Er ist abgerutscht und gestürzt, und er hat sich wieder und wieder überschlagen. Mal war er oben, mal der Eisschrank. Bis sie beide im Tal aufgehört haben zu rollen und zu purzeln und liegen geblieben sind. Der Eisschrank war noch immer an ihn geknotet, wie ein Baby auf dem Rücken seiner Mutter. Mein Vater oben, der Eisschrank unter ihm, sagen Nasser, Nafass und Nabi, blähen die Brust auf und kommen sich wichtig vor.

Lügner, sagen die Kinder in der Gasse.

Nafass schreit und tobt, will die Kinder, die ihren Vater einen Lügner nennen, verprügeln und tut es nur nicht, weil Nasser sie am Arm packt und sie in die Hütte schiebt.

Mit Tränen in den Augen steht Nafass, Shirin-Gols pakistanische Tochter, deren Vater der nette Schmuggleranführer ist, mitten in der Hütte. Sie weiß nicht, wohin mit ihrer Wut und ihrer Lust, um sich zu hauen. Sieht ihren kränkelnden, schwachen Vater, der unter seinen Decken liegt, hustet und stöhnt, döst und schnarcht. Nafass macht ihre zierlichen Hände zu Fäusten, haut die Luft und schreit, die Eisschrankunfallgeschichte ist eine Lüge.

Das ist keine Lüge, sagt Shirin-Gol, sieht ihre Tochter an und denkt, mein armes Kind. Wenn du wüsstest. Du hast deine Geburt und dein Leben dem Eisschrankunfall zu verdanken.

Niemand ist so stark und kräftig, einen Eisschrank auf seinem Rücken zu tragen, ruft Nafass.

Doch. Dein Vater war so stark, sagt Shirin-Gol und küsst ihre pakistanische Tochter auf die Stirn.

Er ist schwach, sagt Nafass und ist sicher, dass sie Recht hat. Er könnte nicht mal mich tragen, wenn er wollte, schreit Nafass, dabei bin ich bestimmt viel leichter als ein riesiger Eisschrank.

Früher war dein Vater ein sehr starker Mann, sagt Shirin-Gol. Es stimmt schon, heute hat er nicht mehr so viel Kraft, dafür ist er heute voller Liebe für Nur-Aftab, deine Schwester, die in der Heimat zurückgeblieben ist, für deine Brüder Nasser, Nabi und Navid und für dich.

Warum sehe ich anders aus?, fragt Nafass.

Wie denn?, fragt Shirin-Gol zurück. Wie siehst du denn anders aus?

Meine Haut ist dunkel, und die von Bruder Nabi ist auch dunkel.

Dann müssen wir Nabi und dich also waschen, sagt Shirin-Gol und zieht ihre Tochter auf ihren Schoß.

Nafass liebt dieses Spiel. Das ist kein Dreck, das ist kein

Dreck, ruft sie, spuckt auf ihren Arm und reibt ihre Haut, so fest sie kann. Guck, guck, das ist kein Dreck, ich bin sauber.

Was ist es dann?, fragt Shirin-Gol.

Nafass kichert, zieht den Kopf ein, hält ihre zierlichen Hände vor ihren pakistanischen Mund und sagt, ich bin in Pakistan geboren. Da ist die Sonne so heiß, dass sie die Haut von allen Menschen, die da geboren sind, dunkel macht.

Morad liegt da, sieht Shirin-Gol und seiner dunkelhäutigen pakistanischen Tochter zu, macht die Augen zu Schlitze, durch die er alles nur verschwommen und unscharf sieht. Formen und Farben verschwimmen, werden undeutlich, verlieren ihre Schärfe. Er sagt, wichtig ist, wie die Herzen der Menschen aussehen, nicht, ob sie groß oder klein, dunkel oder hell sind. Wichtig ist, dass ihre Absichten gut sind.

Nafass zeigt mit dem Finger auf ihren Vater und fragt ihre Mutter, ist die Absicht von dem da gut?

Immer, meine Kleine. Die Absicht deines Vater ist immer gut gewesen und ist es heute noch.

Morad schläft bis mittags, wäscht sich nicht, isst nicht, fühlt sich elend, hustet, sitzt und geht krumm wie ein alter Mann, macht die Augen immer wieder zu Schlitze, damit seine Welt die scharfen Konturen verliert, Formen und Farben verschwimmen und undeutlich werden.

Es ist das Opium, sagt Nasser. Das Opium brennt ihm Löcher ins Gehirn.

Woher weißt du, dass er Opium raucht?, fragt Shirin-Gol ihren Sohn.

Ich weiß viel mehr, als du denkst.

Ich weiß.

Warum tut er uns das an?

Das ist nichts, was er uns antut, sagt Shirin-Gol. Er selber leidet am meisten darunter.

Ich weiß.

Morad, du musst wieder zu dir kommen, sagt Shirin-Gol, als die Kinder schlafen. Die paar Toman, die ich mit Wäschewaschen, Kinderhüten und Dienstmädchensein verdiene, reichen weder für unser Essen noch für die Miete.

Was ist mit dem Jungen?, fragt Morad, der verdient doch auch.

Der Junge? Morad, der Junge ist ein Junge, unser Junge, unser Kind, nicht unser Ernährer. Er arbeitet zwölf und mehr Stunden am Tag, er tut, was er kann. Hast du ihn mal gefragt, wie es ihm dabei geht , wenn er quer durchs ganze Land fährt, mutterseelenallein? Hast du dich mal gefragt, warum er seit einem Jahr immerzu dieselbe Hose trägt und keine neue braucht?

Morad schweigt.

Er ist seit über einem Jahr nicht mehr gewachsen, deshalb trägt er dieselbe Hose, deshalb braucht er keine neue, weil er einfach nicht mehr wächst.

Morad schweigt.

Wir haben nicht einmal genügend Geld für *kefin*, in die man uns einwickeln könnte, wenn der Hunger uns tötet und man uns unter die Erde bringen wollte.

Was soll ich machen?, fragt Morad. Es gibt keine Arbeit.

Shirin-Gol schweigt.

Es gibt keine Arbeit, wiederholt Morad. Schon gar nicht für Afghanen. Was soll ich machen?

Was immer, antwortet Shirin-Gol. Was immer du tun kannst, tu es. Mir ist egal, wie du das machst, tu einfach nur irgendetwas, damit ich meinen Kindern wieder etwas Anständiges zu essen geben kann.

Etwas zu essen, denkt Shirin-Gol. Etwas Anständiges. Wie ein anständiges Mädchen. Anständiges Essen, anständiges Mädchen.

Noch vier Tage und vier Nächte schläft Morad, stöhnt und ächzt im Schlaf, hustet und spuckt. Wenn er wach ist, zittert er und zieht den Kopf ein und hockt in seiner Ecke. Bis er sich erhebt, seine stinkende Hose und sein angstschweißgebadetes Hemd auszieht, es eigenhändig in die Seifenlauge taucht und wäscht, vergehen noch einmal vier Tage. Die dritten vier Tage verbringt Morad damit, seinen stoppeligen, mit Weißem aus seinem Mund verklebten Bart zu rasieren, seine Haare zu schneiden, sie zu kämmen, sich die dicken Nägel, mit Schwarzem darunter, zu clippen. Clipp. Clipp. Dicke, hässliche Moradfußnägel, mit Schwarzem darunter, fliegen durch die Luft.

Wieder versammeln sich die Tage und fliegen davon. Wie dreißig Vögel, die auf der Suche nach dem schönsten, herrlichsten aller Vögel, dem Simorgh, sind, versammeln sie sich und fliegen davon.

Und ohne ein Wort zu sagen fliegt auch Morad davon. Er zieht seine eigenhändig frisch gewaschene Hose und sein Hemd an, geht vor die Tür, dreht sich nicht um, blickt die Gasse hinauf und hinunter, geht die Gasse hinunter und ist weg.

Erst am Morgen kommt er zurück, zieht seine nach Rauch stinkende Hose und sein Hemd aus, hängt beides in das offene Fenster, damit die Luft den Gestank von Zigaretten herausnimmt und damit wegfliegt. Wie dreißig Vögel. Über alle Meere, alle Berge, alle Täler.

Morad sieht Shirin-Gol an, sagt noch immer nichts, legt ein Bündel iranischer Geldscheine auf die Fensterbank, legt sich unter seine Decke und sagt, morgen bringe ich noch mehr.

Ohne ein Wort zieht Morad an weiteren vier Abenden seine Hose und sein Hemd an, geht vor die Tür, blickt die Gasse hinauf und hinunter, geht die Gasse hinunter und ist weg. Erst am Morgen kommt er zurück. Viermal hängt er die Hose und das Hemd ins Fenster. Viermal schenkt er den Gestank von Zigaretten der Luft. Viermal legt er ein Bündel iranischer Geldscheine auf die Fensterbank. Viermal sagt er, ich bringe mehr.

Viermal fragt Shirin-Gol, woher kommt das Geld? Und will es eigentlich nicht wissen.

Viermal weiß Morad, dass sie es eigentlich nicht wissen will, und schweigt.

Wenn Menschen in Not sind, tun sie die seltsamsten Dinge, sagt der Verkäufer aus dem *baghalli*, wiegt den Reis, wickelt das Gemüse in altes Zeitungspapier, kassiert mehr Geld von Shirin-Gol, als die Ware wert ist, und sagt, Gott sei mit dir.

Dein Mann ist wieder auf den Beinen, sagt die Nachbarin, das ist gut, dann kann er sich wieder um seine Kinder und seine Frau kümmern. Möge Gott geben, dass er vorsichtig ist bei allem, was er macht.

Als der Vermieter kommt, um die rückständige und erhöhte Miete zu kassieren, sagt er, wenn er so gut Geld verdienen kann, warum hat er damit nicht schon früher angefangen?

Die anderen Kinder rennen hinter Nabi und Navid her und rufen, dein Vater ist ein *ghomarbaz*, sie werfen ihn ins Gefängnis.

Sie sollen meinen Vater nicht ins Gefängnis werfen, sagt Navid, steht vor seiner Mutter, weint und schluchzt, dass Shirin-Gols Herz zu Papier wird und mit einem leisen Ratsch in zwei Stücke zerreißt.

Ein kleines Stück Herz aus Papier und ein großes Stück Herz aus Papier.

Zwei ungleich große Papierherzen.

12. KAPITEL

Etwas Anständiges zu essen für die Kinder
und ein Gefängnis

Morad-in-Not kümmert sich wieder um seine Kinder und seine Frau, sie werfen ihn ins Gefängnis.

Ein Mann hat Morad verraten.

Welcher Mann? Wer ist der Mann? Kennt irgendjemand diesen Mann? Woher kennt Morad ihn? Was hat der Mann verraten? Was hat Morad getan? Warum hat Morad nichts gesagt? Warum wollte Shirin-Gol nichts wissen? Warum wissen die Leute alles und Shirin-Gol nichts? Warum wusste Shirin-Gol nicht, dass Morad Karten spielt? Warum wusste sie nicht, dass Glücksspiel im Iran verboten ist? Besonders für Afghanen, die gewinnen und verraten werden. Schämt der Mann sich jetzt wenigstens dafür, dass er Morad verraten hat? Dass der Vater von fünf Kindern ins Gefängnis geworfen wurde und seine Frau und seine Kinder wieder kein Geld haben und auch noch ihre Würde und ihren guten Ruf verloren haben?

Verloren.

Der Mann hat beim Kartenspielen verloren.

Morad hat beim Kartenspielen gewonnen.

Shirin-Gol hat ihren Mann verloren.

Mutter-ohne-Farbe-im-Gesicht hat die Farbe im Gesicht verloren. Den Ruf verloren. Die Würde verloren.

Manche Menschen verlieren nicht ein einziges Mal in ihrem Leben. Nichts.

Andere verlieren. Immer. Alles.

Manche Menschen werden nicht ein einziges Mal in ihrem Leben ins Gefängnis geworfen.

Morad ist im Gefängnis.

Manche Menschen besuchen in ihrem ganzen Leben niemanden im Gefängnis.

Shirin-Gol besucht Morad im Gefängnis.

Nasser, Nafass, Nabi, Navid, Nassim besuchen Morad im Gefängnis.

Vierzig Tage und Nächte sitzt Morad im Gefängnis.

Viermal besuchen Shirin-Gol, Nasser, Nafass, Nabi, Navid, Nassim Morad.

Du hast gesagt, es ist egal, wie ich es mache, du hast gesagt, ich soll irgendetwas machen, damit du deinen Kindern etwas Anständiges zu essen geben kannst, sagt Morad.

Das *deine* von deine Kinder groß, schwer, kalt.

Shirin-Gol schweigt. Egal wie, etwas Anständiges zu essen für deine Kinder. Das *deine* von deine Kinder groß, schwer und kalt.

Vierzig Tage. Vierzig Nächte. Egal wie, für etwas Anständiges zu essen für deine Kinder. Mit großem *deine.*

Morad kommt zurück, taucht seine Gefängnisgestankhose und sein Gefängnisgestankhemd in Seifenlauge, wäscht beides eigenhändig, hängt beides übers offene Fenster, damit die Luft den letzten Gefängnisgestank herausnimmt und mit ihm wegfliegt, über alle Berge, alle Seen und alle Täler.

In der Nacht steigt Gefängnisgestank aus Morads Mund, aus seinem Haar, aus seiner Haut, breitet sich im ganzen Zimmer aus wie der Dampf im öffentlichen Bad, legt sich auf das Haar von Shirin-Gol, auf ihre Decke, ihr Gesicht, ihre Haut, kriecht in ihre Nase, in ihren Mund, legt sich auf die Jungenhaut von Nasser und Nabi, auf die Pergamenthaut von Navid und Nassim, kriecht durch alle Münder und Nasen, legt sich auf alle Herzen und wird klebrig und grüngelb. Grüngelbes auf dem Asphalt der Hauptstadt, das nicht versinkt. Grüngelbes auf dem Sand vor Shirin-Gols Füßen. Grüngelbes auf der Veranda. Grüngelbes auf sechs Herzen.

Morad wartet nicht auf die Sonne und das erste Licht, das sie durch das Fenster in die Hütte wirft, er zieht seine eigenhändig gewaschene Hose und das Hemd an, geht vor die Tür, blickt hinauf und hinunter in das Dunkel der Gasse, schmeckt beim Schlucken den Geschmack und den Geruch von Gefängnis in seinem Mund, geht die dunkle Gasse hinunter und lässt seinen Gefängnisgestank und die unsichtbaren Flügel seiner kalten Stimme bei Shirin-Gol. Egal wie, etwas Anständiges zu essen für deine Kinder. Mit großem *deine*.

Vielleicht ist Vater tot, sagt Nasser, als Morad nach vierzig Tagen und vierzig Nächten nicht wiederkommt.

Vielleicht hat der Gefängnisgestank ihn erstickt, sagen Nafass und Nabi.

Totgestank, sagen Navid und Nassim. Gestanktod.

Shirin-Gol schweigt.

Eines Nachts, keiner weiß, wie lange er weg gewesen ist, klopft es an der Tür, Morad kommt herein, zieht seine Hose und sein Hemd aus, hängt beides in das offene Fenster und legt sich unter seine Decke.

Du riechst nach Heimat, sagt Shirin-Gol.

Ich war in der Heimat, sagt Morad.

Was hast du dort gemacht?, fragt Shirin-Gol und will es eigentlich nicht wissen.

Morad schweigt, denn er weiß, eigentlich will sie es nicht wissen.

Deine Kinder haben dich vermisst, sagt Shirin-Gol. Das *deine* von deine Kinder groß und dick und schwer.

Morad schweigt.

Deine Frau auch, sagt Shirin-Gol, mit großem *deine* vor deine Frau.

Die Vogeltage versammeln sich und fliegen davon, über alle Meere, alle Berge, alle Täler. Alles ist, wie es vor den Moradgefängnistagen gewesen ist, alles ist anders als vor den Morad-gefängnistagen.

Nasser fährt in den Süden an den Persischen Golf, kauft Spielzeug, womit er selber nie gespielt hat, bringt es nach Isfahan und ruft abwechselnd mit dem Spielsachenverkäufer.

Schöne, neue Spielsachen.

Einzig im gesamten Iran.

Isfahan ist die halbe Welt, unsere Spielsachen kommen aus der ganzen Welt.

Schöne neue Spielsachen.

Das -ie- und das -a- von Spielsachen ziehen sie dabei ganz lang, und es klingt, als würden sie singen. Ein Gesang, der an die Melodie von einem Lied erinnert, das Shirin-Gol abends summt, damit die kleinen Geschwister und wer ihr sonst noch zuhört friedlich einschlafen können und keine bösen Träume haben müssen.

Nasser hört die Melodie nicht mehr, denn er schläft nicht mehr in der Hütte bei seiner Mutter und seinen Geschwistern. In der Hütte, in der sein Gefängnisvater schläft.

Wie an jedem Abend räumt Nasser die Spielsachen in den Bauch des Spielsachenkarren, hängt das Schloss davor, gibt den Schüssel dem Spielsachenverkäufer, doch statt nach Hause zu gehen, breitet er eine Decke auf dem Karren aus, da, wo tagsüber die Puppen mit nackten Beinen und rosa Unterhosen liegen, die Autos, die Trommler und all das andere Spielzeug, mit dem Nasser selber nie gespielt hat. Er legt sich auf die Decke, sieht in den Himmel mit seinen unendlich vielen Sternen, seufzt und schläft ein.

Ich habe nichts dagegen, wenn du auf dem Karren schläfst, sagt der nette Spielsachenverkäufer, im Gegenteil, so kommt keiner auf die Idee, den Karren zu stehlen. Der nette Spielsachenverkäufer lacht, dass ihm der runde Bauch dabei rauf und runter springt. Und wenn jemand den Karren stehlen will, dann muss er dich stehlen. Bauch rauf und runter. Und als der

runde Bauch nicht mehr lacht, sagt der nette Spielsachenverkäufer, aber es ist nicht gut, dass du nicht im Haus deines Vaters schläfst. Nein, mein Junge, das ist nicht gut.

Ich weiß, sagt Nasser, nickt, widerspricht nicht und sagt
nur, es ist besser so. Mit leiser Stimme, mit gesenktem Kopf,
ohne den netten Spielzeugverkäufer anzusehen. Es ist besser
so.

Alles ist, wie es vor den Moradgefängnistagen gewesen ist,
alles ist anders als vor den Moradgefängnistagen.

Nafass, Nabi, Navid, Nassim hüpfen glücklich auf und ab
und können es nicht abwarten, an der Reihe zu sein, bis Morad sie in die Luft wirft und wieder auffängt. Ganz hoch, so
hoch er kann. Wenn sie am höchsten Punkt sind, ganz kurz
bevor sie wieder hinunterfallen, in seine sicheren, kräftigen
Arme, in seine Er-ist-also-doch-stark-Arme, werden die kleinen Bäuche leer, die Luft bleibt weg, die Stimmen verschwinden, die Augen gehen zu, auch wenn sie sich ganz fest vornehmen, sie offen zu halten, sie quietschen, auch wenn sie sich
ganz fest vornehmen, nicht zu quietschen. Nafass, Nabi, Navid, Nassim stürzen sich auf Morad, kitzeln und kneifen ihn,
und alle kreischen und lachen glücklich. Solange Shirin-Gol in
der Hütte ist. Sobald Shirin-Gol die Hütte verlässt, auch wenn
sie nur zum Brotbäcker geht, wollen sie mit. Nafass, Nabi, Navid, Nassim wollen mit. Nafass, Nabi, Navid, Nassim wollen
nicht allein sein mit Morad, von dem keiner weiß, wann er
kommt und geht und geht und kommt und wie lange er
bleibt, wenn er geht, und ob er überhaupt wiederkommt oder
ob der Gefängnisgestank ihn nicht vielleicht doch erstickt.

Totgestank, sagen Navid und Nassim. Gestanktod.

Alles ist, wie es vor den Moradgefängnistagen gewesen ist,
alles ist anders als vor den Moradgefängnistagen.

Shirin-Gol liegt neben ihrem Morad, sehnt sich nach seiner
Hand, nach seiner Wärme, seinem Schutz, seinem Körper,
nicht, weil sie die Frau und er der Mann ist. Mehr, weil sie sei-

nen Schmerz nicht erträgt. Weil sie nicht will, dass er sich ausgeschlossen fühlt. Ausgeschlossen aus *meine* Kinder, *deine* Kinder, *unsere* Kinder. Weil er seine Kraft, sein Vertrauen, seinen Glauben verliert ohne seine Kinder. Das *seine* von seine Kinder groß, voller Bedeutung, voller Liebe.

Morad liegt neben Shirin-Gol, hört ihren Atem, riecht ihre Haut, schließt die Augen, bleibt allein, ohne Kraft, ohne Vertrauen, ohne seine Kinder, ohne seine Frau. Morad allein. Shirin-Gol allein. Beide liegen wach. Beide schweigen.

Morad ist in der Heimat gewesen, hat Opium gekauft, hat es in den Iran geschmuggelt, verkauft es, legt dicke Bündel iranischer Geldscheine auf die Fensterbank. Für etwas Anständiges zu essen für deine Kinder. Deine.

Dieses Mal holt die Polizei Morad zu Hause ab. Dieses Mal kommen die Zockbrüder zu Morad nach Hause. Dieses Mal kommt Morad für sechs Monate hinter Gitter, wird geschlagen, geprügelt. Blau und grün. Grünblaues im Gesicht, auf der Haut, auf den Beinen. Mit einem leisen, dumpfen Knack, dass nur er es hört, bricht seine Rippe. Sein Schädel blutet, seine Finger brechen, mit lautem Knack, dass es auch der Gefängnismann hört. Sein Rücken wird krumm. Seine Seele wird gläsern, fliegt durch die Gitterstäbe über alle Meere, über alle Berge, über alle Täler, fällt zu Boden, bricht. Sein Herz wird aus Papier, reißt und reißt in tausendundein kleine Stücke, mit tausendundeinem kleinen Ratsch. Ratsch, dass nur er es hören kann. Glasseele bricht. Herz aus Papier reißt.

Ein halbes Jahr, sechs Monate nachdem das Papierherz reißt, sechs Monate nachdem die Glasseele bricht, kauft Shirin-Gol Morad frei. Für soundsoviel Toman. Da, wo seine Seele gewesen ist, da, wo sein Herz gewesen ist, ist jetzt alles verklebt. Mit schwarzem, grünem, grünschwarzem Opium.

Soundsoviel Toman für Opiummorad.

Mit nüchternem und klarem Kopf hätte er das Gefängnis nicht überlebt, sagen die Leute. Du musst Gott danken, dafür, dass er ihn nicht getötet hat.

Gott danken. Dankbar sein für Opiummorad mit verklebter Seele. Mit verklebtem Herzen. Grünschwarz verklebt.

Wer ist schuld?

Die Polizei? Der Verräter? Morad? Shirin-Gol? Das *meine* von meine Kinder? Das Herz, das zu Papier geworden ist? Das Kartenspiel? *Passur? Jawwari?* Der Schmuggler? Die pakistanischen Kinder? Die Seele, die zu Glas geworden ist? Der Krieg? Die Russen? Die Mujahedin? Die Sowjetunion? Die USA? Die Taleban? Der Hunger? Etwas Anständiges zu essen?

Der Iran war gut für uns, sagt Shirin-Gol, aber jetzt ist er nicht mehr gut.

Ich weiß, sagt Morad.

Wir müssen gehen, sagt Shirin-Gol.

Ich weiß, sagt Morad.

Hunderttausende, Millionen Afghanen sind wie Shirin-Gol, ihre Kinder und Morad in den Iran geflohen. Geflohen vor den Truppen, Panzern, Flugzeugen, Raketen, Bomben, Minen der Roten Armee. Geflohen vor den Mujahedin und ihrem Bruderkrieg. Geflohen vor Föten, die mit einem Klatsch auf der Straße landen, vor abgeschnittenen Frauenbrüsten, aufgeschlitzten Frauenbäuchen. Geflohen vor Dieben, Wegelagerern, Vergewaltigern. Geflohen vor den Taleban, den Pakistanern und den USA, die sie aufgebaut haben.

Die Iraner kennen selber Krieg und Not, wissen, wie es ist, keinen anderen Weg mehr zu haben, als fliehen zu müssen. Anfangs haben sie die Afghanen herzlich und als Gäste in ihrem Land willkommen geheißen, sie wie Brüder und Schwestern aufgenommen. Sie haben ihnen geholfen, ihnen Sachen, Essen, Platz zum Leben geschenkt. Die Iraner haben den Afghanen mehr gegeben als jedes andere Land der Welt, ohne selber Hilfe zu bekommen, weder aus dem Westen noch von anderen Ländern, noch von den Vereinten Nationen. Die Afghanen mussten nicht in Lagern leben, durften arbeiten, durften über die Grenze einreisen, durften bleiben, solange sie wollten. Ein Jahr ist vergangen, zwei Jahre, viele Jahre, zweiundzwanzig Jahre, bis die Iraner ihre Gäste nicht mehr wollen. Bis im Iran selber alles knapp wird, Arbeit, Geld, Platz, Häuser, Wohnungen, Brot, Schulen, Universitäten. Bis es für die Iraner schwer wird, das immer Knappere, das immer Wenigere mit Fremden zu teilen. Sie könnten die Afghanen einsammeln, an die Grenze karren und rauswerfen. Doch selbst jetzt, da sie nicht teilen können und wollen, unterstützen sie jeden und helfen jedem, der zurückwill, es aber aus eigener Kraft nicht schafft.

Wie Shirin-Gol wollen viele Afghanen zurück, haben aber weder das Geld dazu, noch wollen und können sie unter den Taleban leben. Sie wollen nicht mit Krieg leben, mit Minen leben, mit Hunger und mit all dem anderen.

Shirin-Gol hat Glück, sie ist fleißig und sauber und hat deshalb noch Arbeit. Saubere, fleißige Arbeit. Sie putzt und wischt und wäscht und scheuert das Haus einer iranischen Familie. Von oben nach unten, von rechts nach links, vorne, hinten, zwischen den Ritzen, die Fenster, die Küche, das Badezimmer, die Toilette. Und sie fegt alle Teppiche. Das ist gut, denn dabei darf sie den Fernseher laufen lassen. Mal laufen schöne Lieder, mal spricht jemand kluge Worte. Ein Mann liest mit ernster Miene Nachrichten von einem Zettel, hebt immer wieder den Kopf und sieht Shirin-Gol an, als würde er zu ihr persönlich und sonst zu niemandem sprechen.

Afghanen, die zurück nach Afghanistan wollen, sagt der Mann. Shirin-Gol hört auf zu fegen und nickt. Afghanen, die zurück in ihre Heimat wollen, werden von der Regierung der Islamischen Republik Iran und von den Vereinten Nationen finanziell unterstützt. Dafür hat die Regierung in den Gebieten und Städten, wo besonders viele Afghanen leben, Zentren eingerichtet. Jeder Afghane kann sich in eine Liste eintragen.

Listen. Finanziell unterstützt. Vereinte Nationen. Die Regierung.

Teppich fegen. Krrt, krrt. Der Besen in ihrer Hand ist nicht mehr ganz neu, aber auch noch nicht alt. Das ist gut. Er hat sich an ihre Kraft, an ihren Druck, an ihren Rhythmus, an ihre Größe angepasst. Hat sich am Ende verbogen. Der Besen ist noch so neu, dass er nach Reisig duftet. Krrt, krrt.

Die eine Hand hält den Besen, mit der anderen stützt sie sich auf ihr Knie. Krummer, gerader Rücken. Gebeugt. Ein Fuß vor den anderen. Krrt, krrt. Wie das Leben. Staub vom Anfang des Teppichs in gleichgroßen Reihen, immer schön nach vorne fegen. Mit jeder Reihe wird es mehr Staub. Wie das Leben. Es fängt am Anfang an und hört am Ende auf. Immer schön in Strichrichtung, damit die Wolle sich nicht aufrichtet, der Staub, der sich zwischen der Wolle verkrochen hat, herauskommt. Immer schön eine Reihe nach der anderen, von rechts nach links und links nach rechts und zurück und links nach rechts, gleichgroße Bahnen. Dabei den Besen am Ende von jedem krrt, krrt, nicht in die Luft schwenken, schön flach halten, damit der Staub nicht in die Luft fliegt und sich überall anders hin verteilt. Die letzte Reihe mag Shirin-Gol am liebsten. Den ganzen Staub aus dem ganzen, riesigen Teppich hat sie Korn für Korn, Flocke für Flocke, Krümel für Krümel zusammengefegt, Reihe für Reihe ist es immer mehr geworden, immer grauer, immer körniger, immer flockiger. Manche Körner hat sie am Anfang des riesigen Teppichs bereits kennen gelernt und hat sie den ganzen weiten Weg vom Anfang bis hierher gejagt. Wie das Leben. Es sieht schön aus, wie der ganze, riesige Teppich kunterbunt mit leuchtenden Farben daliegt, strahlt und darauf wartet, dass Shirin-Gol auch die letzte Reihe von Staub, Flocken und Krümeln befreit. Ein Moment voller Genuss. Shirin-Gol richtet sich auf, streckt ihren Rücken, den sie den ganzen, riesigen Teppich lang gebeugt gehalten hat, sagt *bismi-allah*, und krrt, krrt fegt sie mit frischem Rücken die letzte Reihe. Immer mehr Staub. Wie das Leben. Auf die Blechkelle, in den Eimer. *Tamam.* Wie das Leben. Wie das Leben, das wird auch eines Tages *tamam* sein. *Tamam* und *khalass. Tamam* und befreit.

Shirin-Gol schreibt sieben Namen in die Rückkehrerliste. Shirin-Gol, Morad, Nasser, Nafass, Nabi, Navid, Nassim. Sie nimmt ihren hübschen Vereinte-Nationen-Wasserbehälter aus Plastik für die Fahrt entgegen, unterschreibt den Zettel für den Weizen und das Geld, das sie hinter der Grenze bekommen wird, faltet den Zettel, steckt ihn sorgfältig in ihre Rocktasche, packt alles, was sie tragen kann, zusammen, zieht den Kindern die schönsten geschenkten Kleider an, rollt den kleinen, selbst geknüpften Teppich zusammen, berührt ihre Gebetskette, die vor soundsoviel Jahren die Felsenfrau in den Bergen ihr geschenkt hat, sieht in den Himmel, ruft ihren Gott an und bittet ihn, ihr bei der Reise und dem neuen Leben in Afghanistan beizustehen.

Ich will nirgendwohin, sagt Nasser und senkt den Kopf. Ich bleibe hier, im Iran. Ich bin kein Afghane mehr. Ich bin jetzt Iraner.

Wann kommt mein Nasserbruder?, ruft Navid und lächelt dabei.

Gar nicht, antwortet Shirin-Gol sanft. Mit tiefer Stimme. Mit lächelnden Augen und schluckt ihre Träne hinunter.

Gott, der Gnädige. Gibt und nimmt. Einen Bruder. Eine Ecke vor einer Hütte. Eine Heimat. Einen *shahid.* Ein Zelt. Ein Dorf mit neun Hütten auf Beinen und mit langen Schornsteinen, die am Berg kleben. Eine Decke. Ein Mohnfeld. Eine Veranda. Einen Nagel in der Wand zum Sachenaufhängen. Einen

Schlauch aus Plastik. Etwas Anständiges zu essen. Gefängnis-gestank. Opiumgestank. Grüngelbes. Schwarzgrünes. Ein Herz aus Papier. Eine Seele aus Glas. Einen Teppich zum Fegen. Staub, Flocken, Krümel. Krrt, krrt, wie das Leben. Einen hüb-schen Vereinte-Nationen-Wasserbehälter aus Plastik für die Fahrt. Eine Tochter. Einen Sohn. Einen früher lustigen, fre-chen Sohn. Einen jetzt ernsten, ruhigen Sohn, der immer öf-ter alleine losgezogen ist. Einen Sohn, der zum Essen und Schlafen nicht mehr nach Hause gekommen ist. Einen Sohn, der jetzt Iraner ist. Gott gibt. Gott nimmt.

Komm mit, bettelt Shirin-Gol.

Ihr könnt mich zwingen, sagt Nasser, aber im ersten Mo-ment, in dem ihr mich aus den Augen lasst, werde ich abhau-en und hierher zurückkommen. Ich bleibe, sagt er, ich werde nicht nach Afghanistan zurückkehren.

Komm mit, sagt Shirin-Gol, du bist zu jung, du bist ein hal-bes Kind, du kannst nicht alleine hier bleiben, ohne Vater, oh-ne Mutter.

Kann ich, sagt er seelenruhig, sieht seiner Mutter in die Au-gen und steht stockgerade vor ihr. Gerade wie ein Stock.

Er ist kein Halbkind mehr, er ist ein Halbmann.

Gar nicht. Er kommt gar nicht mehr. Keinhalbkindhalb-mann kommt gar nicht mehr.

13. Kapitel

Eine Blume, rot wie Blut,
und eine Königin

Auf den Lastwagen geladen wie Vieh, kommen sechs und hundert andere Namen in die Heimat zurück. Sechs und hundert Namen klettern herunter, berühren den Boden der Heimat.

Morad hockt sich auf die trockene Erde der Heimat, will nicht mehr aufstehen. Die anderen gehen um ihn herum, manche Männer versuchen ihn hochzuheben. Morad will nicht. Wehrt sich mit Händen und Füßen. Andere Männer hocken sich zu ihm. Morad fängt an zu weinen. Weint, weint, weint. Shirin-Gols Herz wird zu Papier und zerreißt. Mit einem Ratsch. Zwei Stück Papierherz. Herz aus Papier.

Weint. Weint. Dass die anderen Männer, die sich zu ihm gesetzt haben, auch anfangen zu weinen.

Shirin-Gol und die anderen Frauen von den anderen Männern und die Kinder von den anderen Männern setzen sich und sehen zu. Manche weinen. Manche nicht.

Morad hockt. Hockt und weint. So lange, bis der Heimatboden um ihn herum nicht mehr trocken und staubig ist. Bis der Sand durch seine Tränen fruchtbar wird und kleine, rote Blumen auf ihm blühen. Für jede Träne, für jeden Tropfen Blut aus seiner Seele eine blutrote Blume.

Rote, blutrote Blumen auf trockenem Heimatboden.

In der Nacht schlafen die sechs Namen in einem Übergangslager, unter einem blauen Zelt aus Plastik, die kleinsten Namen auf dem Teppich, die anderen auf dem nackten Sand der Heimat.

Shirin-Gol ist mehr wach, als dass sie schläft, und Morad schläft gar nicht, macht sich Vorwürfe, kann es nicht aushalten, mit ansehen zu müssen, wie armselig das Leben ist, das er seiner Frau und seinen Kindern bietet, nach all den Jahren, die er sie hin und her geschleppt hat, vom Süden in den Norden, von Pakistan in die Berge, von der Heimat in den Iran und zurück und alles das, nur um am Ende wieder auf Gottes nackter Erde zu schlafen, dafür, dass seine Kinder seit Tagen kein frisches Wasser getrunken und kein warmes Essen bekommen haben.

Wo ist der Unterschied zwischen Heimat und Fremde?, fragen Nafass, Nabi, Navid, Nassim wieder und wieder, bekommen weder von Shirin-Gol noch von Morad eine Antwort. Die vielen Länder, Städte, Berge, Täler, Dörfer, in denen sie gelebt haben, die sie durchquert haben, die sie wieder verlassen mussten, der Sand, die Wüste, die Berge, das ist alles viel zu viel, viel zu groß für die kleinen Seelen der Kinder, die von Mal zu Mal zerbrechlicher, unsicherer, verängstigter werden. Was ist ein Land?, fragen sie. Was bedeutet Heimat? Wo ist mein Zuhause? Was ist eine Grenze? Wo ist sie? Dieser Strich? Dieses Tor? Diese Fahne? Warum gehen wir zurück? Was gibt es dort? Warum gehen wir nicht nirgendwohin? Ist Heimat dort, wo ich geboren bin? Wo mein Vater geboren ist? Dort, wo meine Schwester ist? Dort, wo mein Bruder ist? Ist Heimat dort, wo man mit Steinen nach mir wirft, wo ich verspottet und erniedrigt werde? Dann ist Heimat überall. Dort, wo ich gehungert habe, hungern werde? Dann ist Heimat überall. Dort, wo ich nicht mehr zurecht kommen werde, weil ich anders bin als die, die woanders oder gar nicht weg waren? Dann ist Heimat überall. Aber dann muss ich auch nirgendwohin.

Shirin-Gol kratzt ein Loch in den Boden, legt Nassim in das kühle Loch, zieht Nabi die warme, persische von den Nachbarn geschenkte Hose und den warmen, von den Nachbarn geschenkten roten Pullover aus, zieht ihm das kühle, selbst genähte *shalwar-kamiz* an. Nafass zieht sie das selbst genähte Kleid über.

Nafass, Nabi, Navid schützen mit den Händen ihre Augen vor der gnadenlosen Sonne, blinzeln, stehen einfach nur da, sehen ihre Tuchmutter an. Gott ist böse auf die Menschen, sagt Nafass.

Woher weißt du, dass er böse ist?, fragt das Shirin-Gol-Tuch.

Siehst du es nicht?, ruft Nafass und haut die Luft mit ihrer kleinen Hand. Er hat der Sonne gesagt, sie soll die Erde in einen Brotofen verwandeln. Gott ist böse und hat der Sonne gesagt, sie soll die Erde in einen Brotofen verwandeln.

Gedanken kleben fest. Das Gehirn ist betäubt. Muskeln sind ohne Kraft. Jede Bewegung wird zum Machtspiel zwischen Körper und Willen. Ringsherum kein Baum, kein Strauch, kein Schatten, nur Wüste, Wind und Staub. Und Zelte. Blaue Zelte. Die Farbe von Moscheekuppeln und die der Vereinten Nationen. Nur in den Zelten ist Schatten. Glühendheißer, blaugefärbter Plastikschatten.

Nafass, Nabi und Navid stehen um ihren Vater herum, versuchen, wie sie es schon den ganzen Morgen gemacht haben, mit der einen Hand die gnadenlose Sonne der Heimat wenigstens aus den Augen fern zu halten, die andere strecken sie aus und können es kaum erwarten, das Geld der Heimat, das Morad gerade zu einem miserablen Kurs getauscht hat, in den Händen zu halten. Sachte und bedächtig, mit bebenden Fingern, andächtig wie im Gebet, drückt Morad jedem seiner Kinder einen afghanischen Geldschein in die kleine Hand. Sie starren das Geld an, wundern sich, warum kein Wunder geschieht, sehen argwöhnisch und fragend zu ihrem Vater, dann betrachten sie wieder das Geld, dann sehen sie zur Tuchmutter, wieder zum Vater, wieder betrachten sie die Scheine, drehen sie, halten sie gegen das Licht der Sonne, wedeln damit die schwere Luft, als hätte sich das Wunder, auf das sie warten, darin versteckt, schütteln die Scheine, lassen sie auf den staubigen, heißen Boden fallen, heben sie wieder auf, falten sie, falten sie wieder auseinander, halten sie mal fern, mal nah, wenden, prüfen die Dicke des Papiers.

So sieht Glück aus? Welches der vielen Zeichen, welches Bild, welches Wort darauf sagt mir, dass ab jetzt alles gut wird?

Seit sie aus Isfahan aufgebrochen sind, warten die Kinder ungeduldig auf genau diesen Moment. Immer wieder haben sie sich darauf gefreut. Immer wieder haben die Eltern sie mit dem Versprechen, dass alles gut wird, trotz Müdigkeit, Hoffnungslosigkeit, Erschöpfung auf die Beine bekommen.

Das sieht genauso aus wie das Geld im Iran, sagt Nafass mit dünner Stimme und will gleich weinen. Es ist überhaupt nicht so, wie du gesagt hast.

Alles Lüge, ruft Navid. Gib mir das andere Geld, das iranische Geld. Dieses sieht auch nicht besser aus als das iranische. Gar nicht. Warum sind wir weg aus Isfahan? Ich will zurück. Ich will nach Hause. Ich will dahin zurück, wo mein großer Nasserbruder ist. Ich will dahin, wo ich geboren bin. Los, komm, da ist ein Lastwagen, der mich nach Hause bringt. Ich will an die Ecke zu Agha Mustafa und ein Eis kaufen. Ich will mein eigenes Geld wieder haben.

Mein eigenes Geld. Das *eigene* groß und schwer.

Morad lässt den Kleinen quengeln. Er hat nichts, was er ihm entgegenhalten kann. Navid hat Recht. Hier oder dort, für ihn wird das Leben nie wirklich gut sein.

Komm. Navid nimmt die Hand seines Vaters. Energisch geht Navid los, klammert sich an die große, kräftige Hand seines Vaters und zieht ihn hinter sich her. Es ist, als sei Morad das Kind und Navid der Große, der Vater, der Beschützer, der weiß, was gut und was nicht gut ist, der weiß, welches der richtige und welches der falsche Weg ist.

Morad weiß nicht, wo der Junge diese ganze Energie hernimmt. Gott hat den kleinen Navid so gemacht, sagt er immer wieder. Gott hat den kleinen Navid geschickt, damit Morad nicht mehr alleine ist. Alleine mit seinem ganzen Leid in diesem elenden Leben.

Morad kann nicht anders, er muss lachen, um nicht zu weinen. Der Junge dreht sich zu seinem Vater herum, lacht ebenfalls. Das tut gut. Navids Augen sind voller Liebe, sein Lächeln ist nichts als Gnade. Und als er die Tränen seines Vaters sieht, die Morad endlich aus seinem Hals befreien kann, will Navid auf den Arm seines Vaters. Er küsst ihn auf die Wange, lächelt und strahlt so heftig, dass das glühende Licht der Sonne dagegen blass erscheint. Morads Herz wird voll von Glück. Er drückt den kleinen Navid an sich. So fest er kann. Sein Herz wird frei. Für einen kleinen, winzigen, zerbrechlichen Moment, der schnell wieder verfliegt.

Die Kinder stehen um das Shirin-Gol-Tuch herum, in ihren ausgestreckten Händen das Geld der Heimat, und schweigen. Dreimal das gelobte Land in drei kleinen Kinderhänden. Dreimal Hoffnung. Dreitausend Wünsche. Dreimal so viele Enttäuschungen haben sie bereits gesehen, in ihren kleinen, winzigen Leben. Und soundsoviele werden sie noch sehen.

Sie wissen längst, dass dieses Geld wertlos ist, so wertlos wie das Geld, mit dem der Vater ihnen keine Vergangenheit hat kaufen können. Sie wissen es längst, wollen es aber nicht hören, wollen so lange wie möglich lieber belogen werden, auf ein Wunder hoffen, glauben, dass alles doch noch gut wird.

Shirin-Gol nimmt die Geldscheine, faltet sie und steckt jedem seinen Schein in die Hosentasche. Morad steht daneben, sieht selber aus wie ein Kind, als hätte er auch einen Schein, den Shirin-Gol zusammenfalten und ihm in die Hosentasche stecken sollte.

Die Kinder und Morad gehen auf und ab, bleiben stehen, hocken sich, sehen sich gegenseitig an, stehen auf, gehen wieder ein Stück, kommen zurück, gehen wieder.

Armer Morad, flüstert Shirin-Gol, er weiß, dass er zu den

Menschen gehört, die niemals das richtige Geld haben werden. Er weiß, dass er seinen Kindern niemals das Glück wird kaufen können.

Arme Shirin-Gol, mit wem sprichst du?

Mit Gott, dem Gütigen, dem Gnädigen, dem mit den tausendundein Namen.

Shirin-Gol verwischt ihren Namen, den sie in den Sand gemalt hat, schreibt H-e-i-m-a-t. Verwischt auch das wieder.

Sechs Namen haben auf der Ladefläche des Lastwagens gestanden, haben einen ganzen Tag lang den Staub der Straße geschluckt. Wann sind wir denn nun endlich in der Heimat?, haben die Kinder gefragt.

Heimat. Wenn wir afghanisches Geld in der Hand halten. Dann sind wir in der Heimat, und dann wird alles gut.

Nafass, Nabi, Navid stehen da mit ihrem afghanischen Geld in der Hand. Nichts ist gut. Die Mutter ist ein Tuch geworden. Das Haus ist aus Plastik. Gott hat der Sonne gesagt, sie soll die Erde in einen Brotofen verwandeln.

Was ist gut? Nichts ist gut.

Die Glut der Sonne, der Staub, die vielen Menschen, die schreienden Geldwechsler mit ihren gemeinen, schleimigen Blicken, mit ihren Bündeln persischem Geld, amerikanischen Dollars und dem heiligen Geld der Heimat, die nichts anderes im Sinn haben, als ihre gerade in die Heimat zurückgekehrten Landsleute zu betrügen, zu belügen, auszunehmen. Die krachenden Lastwagen mit ihren Ladeflächen voller staubbedeckter, erschöpfter, verängstigter Menschen, die herunterspringen.

Die Hunderte, Tausende blauer Zelte aus Plastik. Die neuen Herrscher des Landes, die Taleban, in ihren viel zu langen *shalvar-kamiz*, mit ihren schwarzen Turbanen auf dem Kopf und bedrohlichen Stöcken in der Hand. Die schreienden Kinder, schweigenden Frauen, eingeschüchterten und verängstigten Männer, ohne Ehre und Würde. Das Netz vor Shirin-Gols

Augen, an dem ihre langen Wimpern bei jedem Lidschlag hängen bleiben, alles das und noch viel mehr sieht Shirin-Gol nicht mehr. Nur noch die Enttäuschung in den Augen ihrer Kinder.

Gott gütiger, murmelt das Shirin-Gol-Tuch und hebt den Tuchkopf zum Himmel, als säße Gott da oben, genau über ihrem Kopf, und würde nur darauf warten, dass sie mit ihm spricht und ihre Wünsche und Bitten an ihn richtet. Gott gütiger, hab Gnade. Hab Erbarmen. Lass unsere Hoffnung, dass dieses Mal alles gut wird, nicht ohne Grund gewesen sein. Allmächtiger.

Morad und die Kinder gehen auf und ab, bleiben stehen, blicken um sich, kommen zu Shirin-Gol, gehen wieder ein paar Schritte, kommen zurück. Alle kommen immer wieder zurück. In die Heimat. Zu Gott. Zu Shirin-Gol.

Nabi steht vor seiner Mutter, macht die Augen zu Schlitzen, sieht seine Mutter und sieht sie nicht. Würde in Afghanistan kein Krieg toben, würde ein gerechter König herrschen, der einen Sohn hat, einen Prinzen, für den er eine Frau sucht, eine Frau, die er zur Königin machen kann, eine Frau mit Haar wie aus schwarzer Seide, mit Augen wie aus Kohle, mit einer Haut zart wie ein frischer Pfirsich, mit Zähnen weiß wie Perlen, mit Gliedern so zart und kräftig wie die einer Gazelle, mit einer Stimme voll und gütig wie die des Gesanges von tausend *huri*, mit einem Herzen so groß und warm wie das Licht der Sonne, für Nabi wäre seine Mutter diese Frau. Stolze, aufrechte, schöne, arme, gebrochene Königin Shirin-Gol.

Shirin-Gol sitzt im Schneidersitz. Mit aufrechtem Rücken und dennoch weich wie eine Feder, leicht, gelassen, entspannt, stolz, königinnengleich blickt sie über Hunderte, Tausende blauer Zelte aus Plastik, als wäre sie eine Herrscherin, die auf ihr Heer blickt. Nicht eine bereuende, heimkehrende Flüchtlingsfrau mit sechs Kindern, von denen sie ihre älteste Tochter seit Jahren nicht mehr gesehen hat, von denen sie den ältesten Sohn im Iran zurücklassen musste. Nicht eine, deren Kinder in der Fremde geboren sind, nicht wie eine, die zurückkehrt in eine Heimat, die der Krieg zerstört hat. Nabi sieht das schwarze Tuch, schmutzig und staubig von der tagelangen Reise, der stundenlangen Fahrt auf der Ladefläche des Lastwagens, und sieht es nicht. Für ihn ist es die Robe der Königin. Ihr billiger Messingschmuck sind ihre Kronjuwelen. Das Baby in dem kühlen Loch in der Erde ist eine Prinzessin. Das letzte, subventionierte persische Brot, das sie abbricht, ist ihr Festmahl. Das blaue Plastikzelt, unter dem sie sitzt und schwitzt, ist ihr Schloss.

Die Augen ihres Prinzensohnes Nabi glänzen und funkeln, er springt auf, wirft sich in ihre Arme und ruft, meine Königinnenmutter.

Ein Mann hat seine Mutter in die Hölle gejagt, ruft Nafass und kommt aufgeregt ins Zelt gerannt.

Was sagst du da?, fragt Shirin-Gol.

Ihre Familie will sie nicht mehr, da habe ich ihr gesagt, sie soll zu uns kommen und unsere Großmutter werden, weil wir selber keine Großmutter haben.

Was? Natürlich hast du eine Großmutter, sie ist meine Mutter, und morgen werden wir zu ihr fahren.

Dann behalten wir sie eben bis morgen. Bismorgengroßmutter.

Die alte Frau aus dem Nachbarzelt ist von ihrem Schwiegersohn verstoßen worden. Die Vereinten Nationen geben jeder Familie nur acht Sack Weizen, und die Alte ist leider die neunte und ihr Mann die zehnte Person, also bekommen die beiden Alten keinen Weizen, also fällt die Alte ihrer Familie noch mehr zur Last als ohnehin schon, also kann der Sohn sie auch nicht weiter mitschleppen, und sie soll selber sehen, wie sie zurechtkommt.

Bismorgengroßmutter weint und wimmert, dass sie allen

anderen Frauen in den umliegenden Zelten Leid tut, und die Männer schimpfen und wettern, dass der Schwiegersohn keinen Anstand hat. Sie sagen, er hat vergessen, was es heißt, Afghane zu sein, dass er Moral und Glauben verloren hat und dass der verdammte Krieg schuld daran ist, dass die Menschen so geworden sind. Bald reden alle durcheinander und schreien und rufen und heben wütend Arme, schimpfen und fluchen, bis der Beamte Malek kommt, gefolgt von zwei Taleban mit Stöcken in der Hand, und alle wieder ruhig werden. Diejenigen, die Herrn Malek und den zwei Taleban mit den Stöcken am nächsten stehen, zuerst. Die, die am weitesten von ihnen entfernt sind, zuletzt.

Herr Malek steht in der Mitte der aufgebrachten, schweigenden Menge, macht sich wichtig und hält eine lange Rede, bei der er sich ständig in alle Richtungen dreht und wendet, damit ja keiner der Umstehenden eines seiner wichtigen Worte verpasst.

Ihr lasst euch von jedem betrügen, beginnt er seine Ansprache. Von der eigenen Familie, von den Beamten im Iran, die euch registrieren, von den Geldwechslern, von selbst ernannten Anführern, von den Weizenkäufern, und dann kommt ihr zu uns, und wir sollen alles wieder in Ordnung bringen. Am Ende sollen wir für euch wohl auch noch eine Revolution machen und die Regierung abschaffen und eine neue einsetzen.

Ja, das wäre gut, murmelt eine Frau aus dem Hintergrund.

Bismorgengroßmutter hört nicht auf zu weinen. Schluchzend wirft sie sich auf den Boden, schlägt mit ihren alten Fäusten die trockene Erde und ruft immer wieder, was ist unsere Sünde, dass Gott uns dafür bestrafen muss? Je länger die Alte weint, desto mehr andere Frauen, auch junge, können ihre Tränen ebenfalls nicht zurückhalten, und als die Mütter weinen, weinen auch die Kinder und schließlich auch die Väter.

Herr Malek versucht gegen das Weinen und Schluchzen anzukommen, er dreht sich im Kreis und redet und redet, ohne dass ihm noch irgendjemand zuhört. Und plötzlich bleibt ihm selber der Atem in der Kehle stecken. Ein anderer Afghane, der ebenfalls eine blaue UN-Kappe trägt und offenbar einen höheren Rang hat als Malek, steht unerwartet vor ihm.

Anders als Herr Malek ist Amdjad ein ruhiger Mann, mit Augen, die auch dann noch voller Güte lächeln, wenn sie längst die Trauer gesehen und erkannt haben. Seine Stimme ist sanft und ruhig. Er nimmt seine blaue Kappe vom Kopf, sagt seinen Namen und sonst nichts, sieht Malek an, sieht sich in der Runde um, sieht wieder Malek an. Der macht den Mund auf, will gerade anfangen zu reden, da entdeckt Amdjad Bismorgengroßmutter, beugt sich zu ihr herunter, hilft ihr auf die Beine, spricht ruhig und höflich mit ihr. Verzeihung, Mutter, wenn ich Sie anspreche. Ich arbeite für die Vereinten Nationen. Bitte, erzählen Sie. Was ist geschehen? Vielleicht kann ich Ihnen helfen.

Arme Bismorgengroßmutter wirft sich dankbar an Amdjads Schulter und fängt jetzt erst recht an zu weinen. Dann beruhigt sie sich wieder, entschuldigt sich dafür, dass sie ihm zu nahe getreten ist, sagt, Gott wird es mir vergeben, dass ich einen fremden Mann berührt habe. Ich bin eine Greisin, dem Tod geweiht, du bist so jung wie mein Enkel, Gott möge ihn und dich beschützen. Und dann erzählt sie Amdjad, dass ihr Schwiegersohn sie und ihren Mann nicht mehr mitnehmen will, weil sie keinen Weizen bekommen.

Amdjad fächert sich selber und Bismorgengroßmutter mit seiner Kappe Wind zu, kratzt seinen schwitzenden Kopf und weiß nicht, was er sagen soll.

Schließlich geht er mit Bismorgengroßmutter zu ihrem Schwiegersohn, spricht mit ihm, sagt, dass er ihn versteht, dass er weiß, wie er sich fühlt, dass aber auch Bismorgengroßmutter und ihr Mann ihm Leid tun, dass er selber manchmal alles und jeden zurücklassen und am liebsten einfach weglaufen würde. Schließlich geht er mit dem Mann herum, kauft von Shirin-Gol, die einen Teil ihres Weizens nicht mitschleppen will, zwei Säcke, gibt sie dem Mann für seine alten Schwiegereltern und nimmt ihm das heilige Ehrenwort ab, dass er sie mitnehmen und gut behandeln wird. Der Mann schämt sich, sieht zu Boden, beißt sich auf die Lippe, murmelt ein Versprechen, dreht sich herum, hockt sich auf einen der Weizensäcke in seinem Zelt, sieht zu seiner alten Schwiegermutter, weint und schweigt.

Die Leute können nicht lesen und schreiben, sagt Amdjad, sie sind verzweifelt und aufgeregt, verstehen nicht, wenn die Behörden im Iran ihnen erklären, dass sie maximal soundso viele Personen als eine Familie angeben sollen. Bismorgengroßmutter und ihr Mann hätten sich als eine eigene Familie registrieren lassen müssen. So sind Afghanen eben, Familie ist jeder, in dem das gleiche Blut fließt.

Amdjad schlägt seine blaue UN-Kappe immer wieder gegen seinen Oberschenkel, sieht in die Ferne. Schweigt. Schluckt. Schluckt Tränen hinunter.

Warum weinst du?, fragt Nabi seine Mutter und wartet nicht auf ihre Antwort. Du brauchst keine Angst zu haben, wir werden dich niemals verstoßen.

Amdjad kann nicht anders, er muss lachen, dankbar sieht er den Jungen an, setzt seine Kappe auf, verabschiedet sich.

Shirin-Gol kann nicht anders, dankbar sieht sie ihren Sohn an, legt ihm die Hand auf die Brust und lacht dabei, ein schönes, gurgelndes Tränenlachen.

Warum lachst du?, fragt Nabi seine Mutter und wartet nicht auf ihre Antwort. Weil wir dein Lebenslicht sind?, ruft er, legt die Arme um den Hals seiner Königinnenmutter und küsst sie. Jetzt tut es nicht mehr weh, stimmt's? *Mage na?*, mit Isfahaner Dialekt.

Nabis helle Stimme hat ihren fröhlichen Klang verloren, denkt Shirin-Gol. Sie klingt nicht mehr wie ein frischer Bach, der irgendwo in den Bergen des Hindukusch zwischen den Steinen entspringt und sorglos vor sich hin plätschert.

Nabi spielt mit einer schwarzen Locke seiner Mutter, die unter ihrem Tuch hervorgerutscht ist, er sieht sie an und ist überzeugt, dass er mit seinen Fragen und Antworten, seinen Küssen und seiner Liebe, einfach nur, weil er da ist, seiner Mutter das Leben gerettet hat.

Und jetzt gehe ich zurück nach Isfahan, kündigt Nabi an. Und wenn ich da bin, finde ich meinen Nasserbruder und kaufe mir selber und ihm ein Eis.

Komm her, sagt Shirin-Gol sanft. Willst du ohne deine Mutter gehen?

Nabi steht vor seiner Mutter, überlegt, nickt.

Ich werde dich aber nicht gehen lassen. Nirgendwohin. Verstehst du? Du bleibst bei mir, sagt Shirin-Gol und küsst ihren Sohn.

Frauen sind stärker als Männer, sagt Morad und starrt auf seine Füße.

Wer sagt das?, fragt Shirin-Gol, seufzt, dass ihr Körper sich dabei hebt, ihre Brust aus dem Mund des Säuglings rutscht und die kleine Nassim mit Schweißperlen auf ihrer winzigen Stirn sich erschreckt. Shirin-Gol steckt ihre Brust zurück in den Mund der Kleinen, fächert ihr mit dem Zipfel ihres Tuches Luft zu und sagt zu Morad, hör auf zu grübeln. Hör auf, dich und mich und die Kinder zu quälen.

Morad nickt nur, sieht sich um, als würde er etwas suchen, findet nichts, steht noch einen Moment einfach nur da, dann sagt er, ich geh mal.

Wohin?, fragt Nabi.

Nirgendwohin, sagt Morad.

Ich komme mit, rufen Nafass, Nabi und Navid.

Nein, sagt Shirin-Gol, ihr bleibt hier, und zu Morad sagt sie, ohne ihn anzusehen, geh nur.

Ohne ihn anzusehen.

Die Hitze wird zum Ungeheuer. Zum hungrigen Ungeheuer, das es auf das Leben der Menschen abgesehen hat. Gott hat der Sonne gesagt, sie soll die Erde in ein Ungeheuer verwandeln, das die Menschen fressen will.

Shirin-Gol atmet mit offenem Mund, sie zieht ihrem Baby das Hemd aus, kratzt ein neues Loch neben sich in den sandigen Boden und legt die kleine Nassim in das neue Loch.

Nafass, Nabi und Navid verziehen sich in die Ecke des Zeltes, legen sich auf die Weizensäcke und dösen vor sich hin.

Morad verzieht sich in irgendeine Ecke irgendwo im Übergangslager und raucht Opium. Das vierte oder fünfte Mal. Angstopium. Ein ganzes *mesqhal*. 1500 oder 2000 *lak* weniger Geld für das Leben und das Essen seiner Kinder. Seiner Kinder.

Shirin-Gol malt mit dem Finger Buchstaben in den Sand. M-e-i-n-e K-i-n-d-e-r.

Willst du deinen Wasserbehälter verkaufen?, fragen zwei Frauen, die bereits acht oder mehr Plastikwasserbehälter zusammengebunden über der Schulter tragen.

Was wollt ihr mit meinem Wasserbehälter?, fragt Shirin-Gol.

Wir kaufen ihn dir ab, dann brauchst du ihn nicht weiter mit dir herumzuschleppen.

Und was macht ihr dann damit? Ihr habt doch schon so viele.

Wir verkaufen sie im Bazar. Und deinen Weizen kaufen wir auch, wenn du willst.

Nein danke, Schwester, Gott beschütze euch, den Weizen verkaufe ich selber. So viel Geld, wie ich dafür will, könnt ihr mir nicht zahlen, und den Wasserbehälter brauche ich für die Reise zu meinem Vaterhaus.

Gott beschütze dich, und gebe Gott, dass in deinem Vaterhaus alles gut ist und alle gesund sind.

Gott beschütze auch euch, sagt Shirin-Gol.

Wie Shirin-Gol sind auch die beiden Frauen Rückkehrerinnen aus dem Iran, sie sind vor einem Jahr zurückgekommen. Auch sie wollten zurück in ihr Vaterhaus. Die Russen oder sonstwer haben es zerbombt. Der Vater selber ist sonstwo oder tot. Ihre Männer kämpfen sonstwo oder sind ebenfalls tot. So sind sie hier in der Nähe der Grenze hängen geblieben. Sie leben unter Planen aus Plastik und unter Bäumen, ihre Kinder sammeln die Nadeln der Tannen, benutzen sie als Brennholz oder zum darauf Schlafen. Das wenige Geld, das sie gehabt haben, ist längst aufgebraucht. Die Plastikwasserbehälter und der Weizen sind ihre einzige Einnahmequelle. Sie kaufen den neuen Rückkehrern ab, was die nicht mitschleppen wollen oder können, und verkaufen es in der Stadt. Wenn sie Glück haben, kennen die Neuankömmlinge die Preise noch nicht. An manchen Tagen kaufen und verkaufen die Frauen so viel, dass sie sich und ihre Kinder damit satt bekommen.

An manchen Tagen.

Jeden Tag kaufen Kleinhändler den Rückkehrern ihren Weizen ab, es sind ganze Lastwagenladungen voll, die sie zu höheren Preisen in der Stadt wieder verkaufen. Jeden Tag kommen Geldwechsler ins Lager, Medikamentenkäufer, Afghanen, die irgendwann selber aus dem Iran zurückgekommen, hängen geblieben und zu Käufern und Verkäufern geworden sind. Jeder von ihnen erinnert sich an den eigenen, ersten Tag auf heimatlichem Boden. An die Hoffnung, die sie inzwischen begraben haben. Begrabene Hoffnung. Begrabener Wille, neu zu beginnen. Toter Wunsch, dass alles gut wird.

Wenn der eigene Glaubensbruder, der eigene Landsmann vor ihnen steht und sagt, Bruder ich will dir helfen, verkauf mir deinen Weizen, das und das ist der Preis, dann glauben sie ihm. Wenn sie ihm sagen, der Behälter ist nicht mehr wert als soundsoviel, oder das persische Geld ist nicht mehr wert als dasunddas, dann glauben sie ihnen.

Und wer weiß, wie viele von denen, die heute ankommen, im nächsten Jahr selber ihre Hoffnungen begraben haben werden. Selber Plastikkanister und Weizen kaufen und verkaufen. Plastikkanister und Weizen, den die dann neuen Rückkehrer nicht den ganzen weiten Weg ins Ungewisse schleppen wollen. Schließlich gibt auch Shirin-Gol nach, bei dem vierten oder fünften Mann, der ihren Weizen abkaufen will, verhandelt kurz und verkauft ihm einen ihrer Säcke.

Wer soll die alle schleppen?, fragt sie sich selber, weil kein anderer da ist, den sie fragen kann, und steckt das Geld in ihre Rocktasche.

Die Schweißperlen auf der Stirn der kleinen Nassim bekommen Kinder, sitzen nicht mehr still, rennen an ihrer Schläfe herunter. Shirin-Gol hält die Kleine vornüber. Zum Pinkeln und zum Spucken. Weißgelbes, das im Boden versinkt.

Vater hat vorhin auch gekotzt, sagt Nafass, er hat zu viel Opium geraucht.

Woher weißt du, was Opium ist?, fragt Shirin-Gol und wischt Nassim den Mund.

Nafass zuckt die Schultern.

Geht zur Wasserpumpe, sagt Shirin-Gol zu Nafass und Nabi, füllt frisches Wasser in den Behälter und sucht euren Vater.

Ich geh nicht, sagt Nafass, da ist eine Verrückte.

Eine Frau geht am Zelt vorbei, stolpert, fällt beinah, rappelt sich auf, geht weiter, bleibt plötzlich stehen, als sei sie gegen eine Wand aus Glas gestoßen, dreht sich herum, geht in die andere Richtung, haut wieder gegen unsichtbares Glas, bleibt stehen, hockt sich auf den Boden vor Shirin-Gol und spricht. Ohne Verstand, den sie verloren hat, mit Augen, die sie weit aufgerissen hat.

Sie sieht Nafass an und sagt, gib mir mein Geld zurück. Bist du der Wind? Warum hast du mein Geld geklaut? *Salil-shodeh.* Gib es zurück. Der Wind hat mein Geld geklaut.

Glücklich, wer es findet, murmelt Shirin-Gol und reibt das Erbrochene ihres Babys aus ihrem Rock und ihrem Tuch.

Nasser, Nafass und Nabi rennen los, um das Geld der Frau zu suchen. Nabi fragt, wo sie überall gewesen ist, Navid zieht sie hinter sich her, Nafass rennt vor und zurück und fragt jeden, ob er vielleicht das Geld der armen Frau gesehen hat.

Das ist gut, so sind die Kinder wenigstens für eine Weile beschäftigt, denkt Shirin-Gol.

Endlich kommt Morad zurück. Zittert. Den Kopf hat er eingezogen. Die Arme hat er vor der Brust verschränkt. Er schleppt seinen müden Körper ins Zelt, hockt sich, sieht sein krankes Kind, schließt die Augen, sammelt sich, steht wieder auf, sieht dabei aus wie ein alter Mann und sagt mit schwerer, lahmer Zunge, die Leute sagen, irgendwo hier ist ein Arzt, ich bringe sie hin.

Shirin-Gol wickelt die Kleine in ein Tuch, legt sie in Morads Arme, nimmt sie ihm gleich wieder ab, weil er sie fast fallen lässt, drückt Morad auf den Boden. Setz dich, sagt sie, du brauchst selber Hilfe.

Als wäre er nicht da, als könne er sie nicht hören, als würde er sie nicht verstehen, als wäre er nicht bei Sinnen, als wäre er ein kleines, hilfloses Kind, legt sie ihm irgendwelche Sachen unter den Kopf, zieht ihm die Schuhe aus, öffnet ihm den Gürtel, deckt ihn mit irgendetwas zu.

Die kleine Nassim spuckt wieder.

Shirin-Gol gibt Wasser in eine Schale, stützt Morads Kopf, hilft ihm zu trinken, kippt Wasser in ihre Hand, legt ihre feuchte Hand in seinen Nacken, auf die Stirn, auf den Kopf, knetet seine Schultern, hilft ihm, sich zusammenzukauern.

Wie ein Baby. Moradbaby. Zusammengekauert, mit Weißem vor dem Mund.

Die kleine Nassim spuckt wieder.

Shirin-Gol zieht ihre *buqhra* über, nimmt die kleine Nassim, geht hinaus.

Wohin gehst du?, ruft Nafass.

Zum Arzt.

Ich komme mit, sagt Nafass und hängt sich an den Mutterrock. Meine Augen brennen, sagt sie, und tun weh und tränen und müssen schon seit Tagen zum Arzt.

Nassim liegt kraftlos im Arm ihrer Mutter. Die kleinen Babyarme und Beine baumeln leblos an ihrem Körper. Ihr kleiner Babykopf hängt schwer in ihrem Nacken. Sie atmet flach, hat die Augen geschlossen.

Nassimbaby. Moradbaby.

Shirin-Gol rennt, ohne zu wissen, wohin.

Eine Frau sieht das halbtote Nassimbaby auf ihrem Arm und zeigt Shirin-Gol den Weg zum Arzt.

Der Arzt ist kein Arzt. Der Arzt ist unterwegs. Irgendwo zwischen den blauen Zelten ist ein Kind halb tot und braucht seine Hilfe. Der Arzt ist eine Krankenschwester.

Die Arztkrankenschwester misst hohes Fieber bei der halbtoten Nassim, gibt eine Spritze, drückt ein paar Pillen in Shirin-Gols Hand, wendet sich ab und kümmert sich um das nächste Kind, das halb tot in den Armen seines Vaters liegt.

Und was ist mit meinen Augen?, fragt Nafass.

Was ist mit deinen Augen?, fragt die Arztkrankenschwester, ohne Nafass anzusehen.

Sie brennen und tun weh.

Die Arztkrankenschwester sieht Nafass kurz an, dann Shirin-Gol und sagt, da, diese kleine Flasche da, träufele davon zwei Tropfen in ihre Augen, und dann jede Stunde noch mal zwei.

Was sind das für Tropfen?, fragt Shirin-Gol.

Die einzigen, die ich habe, antwortet die Arztkrankenschwester, gibt dem anderen Kind die gleiche Spritze, die sie Nassim gegeben hat, und sagt, und das ist die einzige Spritze, die ich habe.

Und ich bin die einzige Krankenschwester hier, und es gibt

nur einen Arzt, der unterwegs ist, und draußen warten noch andere halbtote Kinder.

Nafass ist glücklich über die Tropfen, glücklich und stolz, und sie fühlt sich wichtig. Damit die Tropfen nicht wieder aus ihren Augen herausspringen, hält sie den ganzen Weg zurück zum Zelt die Augen geschlossen. Zuerst will sie, dass Shirin-Gol sie trägt, sieht aber ein, dass sie dafür zu groß und zu schwer ist, zumal Shirin-Gol ihre halbtote Schwester trägt. Damit sie nicht fällt, krallt sie ihre kleine Hand in Shirin-Gols Rock, weigert sich die Augen zu öffnen, auch als sie stolpert und fast hinfällt.

Erst als Shirin-Gol sagt, da ist Bismorgengroßmutter, öffnet Nafass ihre Augen wieder.

Bismorgengroßmutter sitzt auf ihrem Sack Weizen, neben ihr sitzt ihr Mann, die beiden sehen geradeaus, schweigen, blicken ängstlich auf, wenn jemand an ihnen vorbeigeht, sehen wieder geradeaus, schweigen.

Da ist mein Freund, ruft Nafass und rennt los. Nafassfreund ist ein junger Mann, nicht älter als sechzehn Jahre. Nafassfreund sieht aus wie ein Mädchen, geht wie ein Mädchen, hat die Augenbrauen gezupft wie ein verheiratetes Mädchen, trägt das Haar lang wie ein Mädchen. Nafassfreund hat den kleinen Finger im Mund, lutscht darauf herum, die andere Hand hat er kokett in die Hüfte gestemmt. Beim Gehen schwingt Nafassfreund den Hintern hin und her, her und hin. Nafassfreund zwinkert Nafass zu, geht aber an ihr vorbei. Ich muss arbeiten, sagt er. Hintern hin und her, her und hin. Nafassfreund bleibt vor einem Mann stehen, lächelt, spricht zwei, drei Worte, lutscht auf seinem kleinen Finger herum, wirft den Nafassfreundkopf in den Nacken. Nafassfreundhand berührt die Hand des Mannes, lacht und verschwindet mit ihm in einem blauen Zelt aus Plastik.

Allah-o-akbar, sagt Shirin-Gol, von allen Menschen auf der Welt war das der einzige Freund, den du finden konntest?

Nafass zuckt die Schultern, schließt die Augen, krallt sich in den Mutterrock fest und stolpert neben Shirin-Gol zurück zu ihrem eigenen blauen Zelt aus Plastik.

In den Zelten ringsherum packen alle ihre Taschen, ihre Teppiche und was sie sonst noch aus dem Iran mitgebracht haben. Männer kommen, schleppen die Weizensäcke zu den Bussen, nur Morad bleibt liegen, eingerollt wie ein Baby.

Moradbaby.

Shirin-Gol sieht ihre Weizensäcke, sieht ihre Kinder, sieht ihren Mann auf dem Boden zusammengekauert, hilflos, sieht ihr halbtotes Baby, sieht den Mann aus dem Nachbarzelt, bittet ihn, ihr zu helfen, drückt ihren Kindern die Taschen und den hübschen Vereinte-Nationen-Wasserbehälter aus Plastik für die Fahrt in die Hand. Shirin-Gol hilft Morad auf die Beine, zieht ihre *buqhra* über, schlägt sie vors Gesicht, schleppt sich und Morad zum Bus, steht herum, bis sie an der Reihe ist einzusteigen, schiebt ihre Kinder und Morad die Stufen hinauf, dreht ihren Tuchkopf noch einmal herum, sagt nichts, geht hinein und verschwindet.

14. Kapitel

Ein Vaterhaus, ein Grab
und eine verrückte Bruderfrau

Dabei hat Shirin-Gol sogar noch Glück. Sie hat Weizen. Sie hat einen selbst geknüpften, kleinen Teppich. Sie hat ein paar Rückkehrerdollar. Sie hat einen hübschen Vereinte-Nationen-Wasserbehälter aus Plastik. Sie hat die Kette der Felsenfrau um den Hals. Sie hat dreieinhalb richtige Bücher gelesen. Sie hat in ihren Mädchenjahren von dem Wasser des Sees getrunken. Sie hat Tage, die zu Vögeln geworden und weggeflogen sind. Sie selber, alle ihre Kinder und ihr Mann haben alle, alle Beine und Arme.

Sie hat ein Vaterhaus, in das sie zurückkann.

Es ist geschrumpft. Eine Rakete hat es getroffen, hat einen Teil zerstört. Ihr Vater ist krank und bettlägrig. Ihre Mutter ist nicht mehr da und tot.

Da, wo das Totmuttergrab ist, sind auch andere Gräber.

Märtyrergräber. Jungengräber. Brudergräber. Vatergräber. Mädchengräber. Frauengräber. Schwestergräber. Muttergräber.

Shirin-Gol-Muttergrab.

In den Jungengräbern und Männergräbern stecken lange Stöcke. Die Menschen haben Stofffetzen daran geknotet. Grüne, gelbe, rote, die im Wind flattern. Die Glück bringen sollen. Die böse Geister davon abhalten sollen, die Seelen der Toten zu stören. Die Gott daran erinnern sollen, dass es schon wieder einen Toten mehr gibt in Afghanistan. Für jedes Gebet einen Stofffetzen. Stofffetzengebete flattern im Wind.

In den Märtyrergräbern stecken noch mehr Stöcke. Noch

mehr grüne, noch mehr gelbe, noch mehr rote Fetzen, die im Wind flattern. Noch mehr Stofffetzengebete flattern im Wind.

Stofffetzen, die flüstern. Sprechen. Weinen.

Die Mädchengräber, ohne Stofffetzen.

Die Frauengräber, ohne Stofffetzen.

Neben dem Totmuttergrab liegt ein Afghanarabtoter.

35 000 und mehr Araber haben die USA nach Afghanistan geflogen, haben sie ausgebildet und zu Afghanarab gemacht. Viele von ihnen sind auch nach dem Krieg geblieben. Tot. Tot für den Propheten. Tot für den Koran. Tot für den Islam. Tot für die USA. Tot für den Kapitalismus.

Wessen Prophet? Wessen Koran? Wessen Islam?

Wessen toter Afghanarab?

Afghanen wollten siegen, die Russen aus ihrer Heimat verjagen. Die Araber sind gekommen, um zu kämpfen, um zu sterben. Um Märtyrer zu werden. *Shahid.*

Hat der tote Afghanarab auch eine Mutter? Ist die Mutter vom toten Afghanarab glücklich darüber, dass ihr Sohn ein *shahid* geworden ist? Hat die Mutter vom toten Afghanarab weißes Haar bekommen? Mutter vom Afghanarab-*shahid* mit weißem Haar.

Shirin-Gol hatte eine Mutter mit weißem Haar.

Der soundsovielte *shahid* in Shirin-Gols Leben. Der wievielte? Sie hat aufgehört, sie zu zählen.

Eine Rakete hat sie getötet.

Haben Raketen auch Mütter?

Irgendjemand muss die Raketen doch auf die Welt gebracht haben.

Haben die Männer, die Raketen bauen, auch eine Mutter? Raketenmann mit Mutter.

Haben Raketenmänner Kinder?

Hat Gott eine Mutter? Gottmutter. Irgendjemand muss ihn doch auf die Welt gebracht haben.

Shirin-Gol hockt vor dem Grab ihrer Mutter, will weinen,

hat aber keine Träne für sie. Nicht eine einzige. Stattdessen hat sie tausendundeine Fragen. Tausendundeinen Gedanken. Stattdessen betrachtet sie die Skelette der Tierköpfe auf den Stöcken, die in den Gräbern stecken. Wozu haben die Überlebenden Tierköpfe auf die Stöcke gesteckt? Zum Schutz? Als Omen? Als Symbol? Einfach, weil es schön ist?

Warum haben Mädchen- und Frauengräber keine Stöcke mit Stofffetzen, die im Wind flattern? Für jeden Fetzen ein Wort. Ein Gebet. Warum haben Mädchen- und Frauengräber keine Skelette von Tierköpfen auf Stöcken? Als Omen. Einfach so, weil es schön ist.

Warum bringen Frauen Kinder auf die Welt? *Yek rouz be dardam mikhore*, eines Tages könnten sie mir nützlich sein. Wozu? Dafür, dass sie Krieg machen? Dafür, dass sie Raketen auf Mütter abfeuern?

Komm schnell zur Hütte zurück, ruft Nafass, die Tante ist verrückt geworden.

Warum hat die Rakete nicht die verrückte Bruderfrau getötet?, flüstert Shirin-Gol, küsst einen Stein, berührt ihn mit der Stirn und legt ihn auf das Grab ihrer Totmutter.

Verrückte Bruderfrau sitzt im Schneidersitz auf dem Boden vor dem Baum. Die Beine hat sie um den Stamm geschlungen. Immer wieder haut sie mit der Stirn gegen den Baum. Dumm. Dumm. Stirn an den Baumstamm. Das macht die blutigen Bilder im Kopf kaputt. Blut auf der Stirn. Blut auf dem Baumstamm. Dumm. Dumm.

Shirin-Gol hockt sich neben die Bruderfrau, legt den Arm um ihre Schulter, zieht sie zu sich, drückt sie fest an sich, spürt das Blut von der Stirn der Bruderfrau an ihrem Hals, sagt nichts, hält sie nur, wiegt sie hin und her.

Bruderfrau hat den Verstand verloren, hängt apathisch herum, rauft sich die Haare, kratzt sich blutig, will sich die Augen herausreißen, um nicht sehen zu müssen, wie ihr Mann leidet, ihre Kinder hungern, das Leben zur Hölle geworden ist.

Bruder ist auf eine Mine getreten, hat sein Bein verloren. Sein Bein und sein Kind, das er an der Hand gehalten hat, als er auf die Mine getreten ist. Krüppelbruder hängt herum, hat keine Arbeit, schreit vor Schmerz, will selber tot sein, statt immer wieder zu sehen, wie Fetzen von seinem Bein, zusammen mit Fetzen von seinem Kind, in die Luft fliegen und mit einem Klatsch auf dem Boden landen.

Mit einem Klatsch.

Ein Kinderauge ist noch offen und lächelt. Vaterhand und Kinderhand sind abgerissen, liegen im Dreck, halten sich noch fest.

Die Brudertochter, die hinter ihrem Vater und ihrem Bruder hergegangen ist, ist von der Wucht der Explosion auf den Boden geschleudert worden. Sie steht auf, klopft den Staub von ihrem Kleid mit den früher schönen, heute blassen Blumen, nimmt den Bruderfuß, der noch im Plastikschuh steckt, und will ihn an dem zerfetzten Bruderbein befestigen.

Krüppelbruder schreit seine Kinder an. Schreit seine Frau ohne Verstand an. Krüppelbruder wirft sich nachts auf seine Frau ohne Verstand und schwängert sie. Krüppelbruder schreit. Krüppelbruder stellt seine Kalaschnikow hinter sich an die Wand.

Shirin-Gols Vater hat seine Stimme verloren. Vater hat seinen Blick verloren. Vater hat alles verloren. Sitzt nur noch herum, isst nur, wenn jemand ihn füttert, ihm die Happen in den Mund schiebt wie einem Kind. Vaterkind. Kindvater.

Nafass, Nabi, Navid, Nassim haben Angst. Schrecken nachts hoch.

Morad hockt apathisch in der Ecke, raucht und raucht. Opium. Vier Tage und vier Nächte, dann ist er weg. Verschwunden. Ohne ein letztes Wort. Ohne einen letzten Blick.

Shirin-Gol hat nichts gesehen, nichts gehört, nichts gespürt. Gerade hat sie der kleinen Nassim die Brust gegeben und sie gewaschen, weil sie nach der Muttermilch gleich wieder alles herausgespuckt hat, gerade hat sie der Bruderfrau die Stirn neu verbunden, gerade hat sie den Bruderstumpf, der seit Monaten einfach immer weiter eitert, neu verbunden, gerade hat sie Nafass, Nabi und Navid versprochen, dass alles gut wird, da ist sie ins Zimmer gekommen und hat gesehen, dass Morads Ecke leer ist.

Im Zimmer ist kein warmer Rauch und kein frischer Geruch von Opium. Die leere Moradecke ist kalt.

Shirin-Gol ist weder traurig, noch ist sie glücklich. Sie hockt sich auf den bunten Teppich, gibt Nassim die Brust, sieht die leere Moradecke an und weiß nicht, woher sie weiß, dass er weg ist und nicht mehr wiederkommen wird.

Morad, ihr Mann, der Vater ihrer Kinder. Mit einem großen *ihrer* vor Kinder.

Einerseits ist er nur noch eine Last gewesen. Andererseits ist er, wenn er nüchtern und bei Sinnen ist, ein gerechter und zärtlicher Ehemann. Ein guter und liebevoller Vater für ihre Kinder. *Ihre.*

Einerseits ist er wie eins von ihren Kindern. Sie muss ihn waschen, füttern, trösten. Andererseits ist er ein Mann. Der einzige, offizielle Beschützer. Egal, in welchem Zustand er sich befindet. Hauptsache, er ist ein Mann. Einerseits ist er keine Hilfe. Andererseits lassen die anderen Männer sie in Ruhe, solange er da ist.

Jetzt ist Shirin-Gol alleine. Alleine kümmert sie sich um ihre Kinder, alleine verkauft sie den Weizen, alleine verkauft sie den hübschen Vereinte-Nationen-Wasserbehälter aus Plastik, alleine verkauft sie den Teppich. Für etwas Anständiges zu essen für ihre Kinder. Alleine sagt sie dem Mullah und dem Taleb, dass sie keinen Mann will, dass sie einen Mann hat, der wieder zurückkommen wird. Alleine geht sie in den Bazar. Alleine kümmert sie sich um Krüppelbruder, um Krüppelbruderfrau, um acht Krüppelbruderkinder. Alleine kümmert sie sich um ihren Kindvater. Alleine.

Jeden vierten Tag kommt der Taleb an die Tür und will Shirin-Gol haben. Jeden vierten Tag schickt Shirin-Gol ihn wieder weg.

Bruderfrau, die den Verstand verloren hat, apathisch herumhängt, sich die Haare rauft, sich die Haut blutig kratzt, die Beine um den Baumstamm schlingt und sich die Stirn blutig haut, weil sie die Bilder in ihrem Kopf töten will, sich selber die Augen herausreißen will, um nicht mehr mit ansehen zu müssen, wie ihr Mann leidet, ihre Kinder hungern und das Leben zur Hölle geworden ist. Blutige, verrückte Bruderfrau sagt, geh. Verschwinde. Geh und nimm deine Kinder mit. Geh. Geh. Geh. Damit du das Blut auf der Bruderfraustirn, auf dem Baumstamm nicht mehr sehen musst. Damit der Gestank des Bruderbeinstumpfeiters nicht mehr in deine Haut kriecht. Damit du und deine Kinder nicht verrückt werdet. Damit du und deine Kinder nicht verhungert. Damit wir uns nicht gegenseitig umbringen. Damit. Damit. Damit. Geh.

Vierzig Tage und vierzig Nächte wartet Shirin-Gol. Dann packt sie alle ihre Sachen, die sie schleppen kann, küsst die blutige Bruderfraustirn und geht.

Wo gehen wir hin?, fragt Nafass.

In ein anderes Dorf, sagt Shirin-Gol. In das Dorf, in dem deine große Schwester Nur-Aftab lebt.

Nafass überlegt. Das ist die mit dem grüngelborangeroten, wunderschönsten Wolkenhochzeitskleid der Welt.

Das ist sie, sagt Shirin-Gol.

Wolkenhochzeitskleidschwester, ruft Nafass, da will ich hin. Bekomme ich dann auch ein Wolkenhochzeitskleid?

Wir haben eine Schwester?, fragen Navid und Nassim. Was ist ein Wolkenhochzeitskleid? Bekommen wir auch eins?

Allah sei Dank. Bereits von weitem erkennt Shirin-Gol, das Dorf, das aussieht wie ein Mensch, der auf dem Boden liegt, die Beine fest zusammengepresst und die Arme auseinander gestreckt hat, ist nur zum Teil zerbombt.

Wäre Shirin-Gol ein Vogel, der in den Himmel fliegt und das Dorf von oben betrachtet, würde sie sehen, dass das Haus, in dem ihre Tochter und der junge Taleb leben, ebenfalls nicht zerstört ist.

Zusammen mit den Gesängen aus der Moschee getraut sich zu dieser Stunde auch der Wind wieder auf die Straßen und in die Hütten, in die Felder und Gärten, und er lässt die bunten Köpfe der Mohnblumen tanzen, die den Staub des Tages von ihren zarten Blüten schütteln.

In Afghanistan kennt niemand mehr Gnade, nur noch der Moscheegesangwind, denkt Shirin-Gol, hockt sich unter den Maulbeerbaum, schließt die Augen, befreit ihr Gesicht von der *buqhra* und gibt sich hin. Der Stimme des Muezzin und der des Windes.

Der Wind weiß, wenn die Stimme des Mullah ertönt, schweigen die Waffen. Eine kleine, vergnügte Brise gleitet leise und unauffällig vom Hindukusch hinab, bringt Shirin-Gol und ihren Kindern zur Begrüßung den Geruch von Schnee und das friedliche Gemurmel der Frauen von den Feldern mit hinunter ins Tal.

Shirin-Gol und ihre Kinder hocken in der warmen Abendsonne und warten, halb dösend, halb glücklich, halb voller Angst und Sorge. Sie sitzen einfach nur so herum wie Millionen anderer Frauen und Kinder, die irgendwo in Afghanistan hocken und warten. Warten. Auf das Ende des Krieges. Auf ihre Männer. Auf ihre Söhne. Auf etwas Anständiges zu essen. Auf dieses und jenes.

Der Wind wird eins mit dem Duft der Apfelblüte, dem feinen Staub der Straßen, dem frischen Gras, den Mohnblumen, dem kurzen Frieden, der vollkommenen Ruhe, dem Gesang der Jungen, die ihre Heimat besingen. Der Wind schlüpft durch Shirin-Gols Tücher und Kleider und legt sich auf ihre müde Haut. Mit geschlossenen Augen denkt sie, hier könnte das Paradies sein.

Zusammen mit dem ersten Geklapper der Eselhufe auf der Straße, zusammen mit den ersten Rufen der Männer, zusammen mit den ersten Schüssen der Männer schlägt Shirin-Gol die *buqhra* vors Gesicht, erhebt sich, nimmt Nassim auf den Arm, Navid an die Hand, Nafass und Nabi halten sich an ihrem Rock fest, und sie machen sich auf den Weg hinunter ins Dorf.

Das Seil ist nicht mehr da, es ist eine Schranke geworden. Der frühere Radiomechaniker und der frühere Frauenschneider sind nicht mehr da. An der Schranke hängt das Innenleben von Tonbandkassetten. Konfiszierte Musikkassetten. Die Taleban haben sie zerbrochen, die Bänder herausgerissen und zur Abschreckung wie Trophäen an ihre Schranke gehängt. Musik verboten.

Das Teehaus ist noch da, der nette Teehausbesitzer nicht. Wo ist er?, fragt Shirin-Gol.

Tot, sagt der neue Teehausbesitzer.

Wer wohnt in dem Zimmer hinter dem Teehaus?, fragt Shirin-Gol.

Was geht dich das an?, fragt der neue Teehausbesitzer.

Shirin-Gol geht weiter.

Die Sandstraße hinunter bis kurz vor das hellblaue Tor aus Eisen, das noch mehr Einschusslöcher bekommen hat, die aussehen wie Pickel und Wunden, die schmerzen. Shirin-Gol biegt ein in die kleine Straße, in der ihre Tochter wohnt.

Shirin-Gols Herz rennt in ihrem Körper rauf und runter, von rechts nach links und dann wieder zurück. Es rennt in ihren Hals und will aus ihrem Mund springen, dass sie ihre Stimme verliert. Stimme verloren. Shirin-Gol schiebt Nafass vor.

Ich suche meine Schwester Nur-Aftab, sagt die Kleine und strahlt wie das Licht-der-Sonne.

Hier wohnt keine Nur-Aftab, sagt der Mann und schließt die Holztür.

Shirin-Gols Herz fällt in ihren Bauch, dass die Welt vor ihren Augen ihre Farbe verliert. Farbe verloren. Farbe im Gesicht verloren. Shirin-Gol wird es schwarz vor Augen, der Wind schweigt, die Welt wird Nacht.

Shirin-Gol geht weiter.

Setzt einen Fuß vor den anderen, ohne zu wissen, wie sie es macht, ohne zu wissen, warum, ohne zu wissen, wohin.

Einen Fuß vor den anderen.

Wer seid ihr?, fragt ein Taleb.

Wir sind dieunddie. Wir sind irgendjemand. Eine Frau und ihre Kinder. Ihre Kinder. Wir suchen den Taleb, der denundden Namen hat und in der Hütte daundda gelebt hat.

Ich bin neu hier. Ich kenne keinen Soundso, keinen Taleb mit demunddem Namen.

Wo ist Bahadur?, fragt Shirin-Gol den Jungen, der die Tür öffnet.

Wer?

Bahadur, die vierte Frau des zweitwichtigsten Mujahedinkommandanten, sagt Shirin-Gol.

Der ist erschossen worden. Er war ein Verräter.

Wen hat er verraten? Wer hat ihn erschossen?

Der Junge sieht nach rechts, nach links und flüstert, die Taleban. Die Taleban haben ihn erschossen.

Wo sind seine Frauen?, fragt Shirin-Gol.

Die sind erschossen worden, sagt der Junge.

Und ihre Söhne?

Auch.

Warum?, fragt Shirin-Gol.

Was weiß ich, sagt der Junge.

Shirin-Gol geht weiter.

Wo ist die Ärztin, Azadine?, fragt Shirin-Gol die Frau des Taleb, die jetzt in der Praxis lebt.

Ne pohoegoem, weiß ich nicht, sagt die Frau auf Pashtu.

Shirin-Gol geht weiter.

Das Haus des Mullah ist von einer Rakete getroffen. Halb ist es zerstört, halb steht es noch. Der Mullah ist erschossen worden, die Frau des Mullah lebt.

Wo ist meine Tochter, fragt Shirin-Gol.

Weg, sagt die Frau des toten Mullah.

Wohin?

Wahrscheinlich nach Herat.

Nach Herat? Wann? Warum Herat?

Weil ihr Mann sie dorthin gebracht hat, sagt die Frau des toten Mullah und sieht zu Boden.

Du bist selber Mutter von Töchtern und Söhnen, was ist mit meiner Tochter? Was immer es ist, ich beschwöre dich, sag es mir, fleht Shirin-Gol.

Nur-Aftab und ihr Mann, der junge Taleb, haben ein Kind bekommen. Der Taleb war ein gütiger und gerechter Mann. Er hat es gut gemeint mit deiner Nur-Aftab, und er hat sein Kind mehr geliebt als sein eigenes Leben, sagt die Frau des toten Mullah.

Wo ist meine Tochter?, fragt Shirin-Gol.

Deine Tochter haben sie am Leben gelassen, sagt sie, aber ihn haben sie erschossen. Weil er gerecht war. Weil er sich widersetzt hat. Weil er die Leute gegen die anderen Taleban verteidigt hat. Weil er gesagt hat, das, was die Taleban machen, ist nicht das, was im Koran steht, ist nicht das Gesetz Gottes, ist nicht das Wort des Propheten. Die anderen Taleban haben gesagt, auch ein Taleb kann irren, und haben ihn erschossen. Sie haben den Kommandanten erschossen, meinen Mann, deinen Schwiegersohn und viele andere auch.

Die Frau des toten Mullah sieht wieder auf den Boden und sagt, dann hat ein anderer Taleb deine Tochter zur Frau genommen. Er hat gesagt, sie habe ohnehin von Anfang an ihm und keinem anderen zugestanden.

Grüngelbes. Ein Bündel Geld. Augen, die kalt und bitter sind.

Shirin-Gol hat Geschmack von Galle im Mund. Gallengeschmack.

Wo ist die Ärztin?, fragt Shirin-Gol.

Azadine ist geflohen, sagt die Frau des Mullah. Sie haben ihr verboten zu arbeiten. Sie hat gegen die Taleban gekämpft, sie hat ihnen gesagt, in Kabul und in den anderen Städten und Dörfern gibt es auch Ärztinnen, und kein Taleb und niemand hindert sie daran zu praktizieren. Die Taleban haben gesagt, in den anderen Städten und Dörfern bestimmen andere Taleban. Hier haben wir das Sagen. Eine Zeit lang hat Azadine heimlich Patienten versorgt, bis die Taleban dahinter gekommen sind und ihr auch das verboten haben. Sie haben gesagt, dass sie einen Mann braucht, damit sie nicht mehr so aufsässig ist, damit einer da ist, der auf sie aufpasst. Da hat sie ihre Sachen gepackt und ist in der Nacht heimlich geflohen.

Wohin?

Nach Kabul.

Ich muss nach Herat, sagt Shirin-Gol. Ich will meine Tochter finden.

Allein?

Mit meinen Kindern.

Du wirst Wochen brauchen.

Ich werde gehen.

Ohne Mann?

Ohne Mann.

15. Kapitel

Eine Königin, die das Sagen hatte

Straßen mit Asphalt. Ein Flughafen. Bäume mit langen, dünnen Stacheln wie Nadeln. Seifenduft. Massive, große Paläste und Moscheen, die eine Königin in Auftrag gegeben hat, Gowhar Shad, die Frau des Königs Shah Rokh. Paläste, die alle Kriege überlebt haben. Bis heute.

In der Russenschule hat Fauzieh von Herat erzählt, und Shirin-Gol hat gedacht, eines Tages werde ich dorthin reisen.

Eines Tages.

Damals, als sie noch keine Tochter hatte, die sie zurücklassen, die sie suchen musste.

Damals.

Herat, die Stadt, die einst Hauptstadt eines großen, mächtigen Reiches gewesen ist. Herat, die Stadt des Teymuridenkönigs, des Königs der Tamerlane, des Königs der Künste, die Stadt der großen Bibliothek, der Schule für Miniaturmalerei. Shah Rokh, der vierte Sohn des großen Timur. Der König, dessen Macht bis in den Iran und bis nach Turkestan reichte. Herat, die Stadt des blauen Glases. Blau wie der See, aus dem Shirin-Gol in ihren Mädchenjahren getrunken hat. Wasser läuft kühl ihre Kehle hinunter.

Herat, die Stadt von alledem und noch viel mehr.

Herat, die Stadt, in der 24 000 Menschen gestorben sind in den Tagen, als die Panzer der Russen in die Stadt gerollt kamen.

Herat, heute, die Stadt der Taleban. Taleban mit schwarzen Turbanen. Taleban mit langen *shalva-kamiz*. Taleban mit strengen Regeln, die den Frauen alles verbieten. Nicht allein auf die Straße gehen. Nicht in die Universität gehen. Herat, einst Stadt von Gelehrten, von Königinnen, die das Sagen hatten. Herat, einst Stadt von Dichtern und Poeten. Stadt des Gesanges und Tanzes.

Damals.

Herat, die Stadt, in der heute, wenn überhaupt, Mädchen nur noch heimlich in die Schule gehen.

Herat, die Stadt mit riesigen Türmen, die schief stehen. Die Bomben der Russen, die Raketen der Mujahedin haben sie überlebt. Und die Bomben der USA? Überleben sie die auch?

Herat, die Stadt des Fortschritts, die Heimat für Wissenschaftler und Weise gewesen ist, wird heute beherrscht von rückschrittlichen Despoten, wie Afghanistan sie noch nicht gesehen hat. Den Taleban.

Armes Herat.

Arme Shirin-Gol, auf der Suche nach ihrer Tochter, hockt am Rand einer Straße und weiß nicht, wo sie nach Nur-Aftab suchen soll.

In dem Haus hinter ihr sitzt im ersten Stock der nette Besitzer des Esslokals, sieht Shirin-Gol, tut Verbotenes und bittet den frechen Nabi, seiner Mutter zu sagen, sie soll heraufkommen. Der nette Besitzer möchte seinem Gott gefallen und Shirin-Gol und ihren Kindern Essen geben. Tue eine gute Tat an jedem Tag, den Gott dir schenkt. Ein großes Essen und vier kleine Essen, eine gute Tat.

Das ist Widerstand, sagt Shirin-Gol und befreit ihr Gesicht von der *buqhra*.

Das ist Widerstand, sagt der nette Esslokalbesitzer.

Shirin-Gol, Nafass, Nabi, Navid, Nassim hocken auf Pritschen, essen. Acht Männer sitzen auf anderen Pritschen, beobachten jeden Bissen, den Shirin-Gol in den Mund schiebt. Weder unfreundlich noch freundlich. Unverhohlen. Unumwunden. Gierig. Hungrig.

Sie haben das Recht dazu, sie sind Männer. Shirin-Gol hat sich in verbotene Männerdomäne gewagt. Allein. Ohne Schutz. Ohne Opiummorad.

Wenn die *ssia-ssar* so nackig hier herumläuft, wird sie allerdings Aufmerksamkeit erregen, sagt der eine. Nackig.

Nacktfrau. Nackt-Shirin-Gol.

Sag ihr, sie soll Reis essen, ruft ein anderer, das stärkt. Sag ihr, Fleisch ist gut, das gibt Energie, ruft ein anderer.

Herat ist nicht anders als der Rest des Landes, hier ist es gefährlich für eine Frau ohne männlichen Schutz.

Sollen sie doch rufen, denkt Shirin-Gol, sollen sie doch zusehen, wie ich meine Bissen in den Mund schiebe. Shirin-Gol, Nafass, Nabi, Navid und Nassim stopfen so viel in sich hinein, dass ihre Bäuche voll und fest werden, dass selbst der Atem kaum noch Platz darin findet. Bäuche voller Reis, Fleisch und Gemüse, voller Tee mit Zucker und Brot.

Ein Vogel hängt im Käfig, zwitschert und kreischt. Weder schön noch hässlich. Er kreischt einfach nur.

Er will raus aus seinem Käfig, sagt Nabi.

Wo will er denn hin?, fragt der nette Esslokalbesitzer.

Nabi zuckt die Schultern.

Ein Junge bringt eine Schale zum Händewaschen, stellt sie vor Shirin-Gol ab, berührt ihren nackten Fuß. Versehentlich.

Soll er mich doch berühren, denkt Shirin-Gol und wäscht die Hände.

Vom bodentiefen Fenster, vor dem Shirin-Gol hockt, sieht sie, wie unten in der Straße Männer ihre Läden wieder öffnen. Sie haben gebetet. Gegessen. Geschlafen. Sie haben neben, in, auf ihren Frauen gelegen. Sie haben ihre Hände gewaschen, ihre Füße, ihre Ellenbogen, Wasser hinter die Ohren. Wasser, Wasser, wasche mich. Reinige mich von meinen Sünden. Beten. Vergessen. Gutes tun.

Shirin-Gol schlürft Tee, sieht in die Männerrunde. Widerstand.

Bald ist Ausgangssperre, sagt der nette Esslokalbesitzer. Wo wirst du die Nacht verbringen?

Acht Männer recken die Hälse. Was wird sie antworten, die Nacktfrau mit dem Bauch voll Reis, Fleisch und einer guten Tat?

Der Vogel zwitschert. Laut und leise. Leise und laut.

Er will raus, sagt Nabi und zuckt die Schultern.

Es ist unsicher in der Stadt, sagt der nette Esslokalbesitzer. Vor ein paar Nächten sind die Taleban in ein Haus eingebrochen und haben sich an einer Engländerin vergangen. Einer Ausländerin, die für eine Hilfsorganisation arbeitet. Das hat es in der Geschichte unseres Landes noch nie gegeben.

Eine Ausländerin, die vergewaltigt worden ist.

Shirin-Gol schlürft Tee.

Der Vogel will raus, sagt Nabi.

Ein Vergewaltigertaleb. Eine vergewaltigte Engländerin.

Ich bringe dich zu meiner Schwester, sagt der nette Esslokalbesitzer. Dort seid ihr sicher.

Dort werden wir sicher sein, sagt Shirin-Gol.

Der nette Esslokalbesitzer will nichts für seine gute Tat. Er will einfach nur gut sein.

In schlechten Zeiten müssen gute Menschen noch mehr Gutes tun, damit die Gerechtigkeit nicht stirbt, sagt er.

Der nette Esslokalbesitzer ist in Herat geboren, hat sein gesamtes Leben hier verbracht, nur um zu studieren, war er in Kabul.

Ich habe Rechtswissenschaft studiert, sagt er. 1349, als König Zaher an der Macht war, habe ich begonnen, und 1354, als Daoud an der Macht war, habe ich abgeschlossen. Dann musste ich zum Militärdienst. Ich war Fußsoldat. Wir waren immer nur zu Fuß unterwegs.

Fußsoldat mit Rechtsstudium ist zu Fuß unterwegs. Fußsoldat mit Rechtsstudium bekommt ein Abzeichen.

Ich war in der Russenschule, sagt Shirin-Gol und habe auch

ein Abzeichen bekommen. Die anderen Kinder haben geklatscht.

Ich habe im Finanzministerium gearbeitet und war zuständig für Planung und Programmierung. Ich habe in der Zollabteilung gearbeitet, dann in der Staatsanwaltschaft, zuerst in Kabul, dann in Herat.

Ich war in der Russenschule und habe lesen und schreiben gelernt, sagt Shirin-Gol.

Wer nichts weiß, glaubt Menschen, von denen er vermutet, dass sie mehr verstehen als er selber, sagt der nette Esslokalbesitzer. Wer selber lesen kann, kann sich ein eigenes Urteil bilden und muss nicht glauben, was andere ihm erzählen.

Ich wollte Ärztin werden, sagt Shirin-Gol.

Es gibt nicht viele Frauen wie dich, sagt der nette Esslokalbesitzer. Wo ist dein Mann?

Am Anfang war mein Mann bei mir, aber jetzt schleppe ich mich und meine Kinder allein durchs Leben.

Ich kenne meine Frau, seit wir Kinder waren, sagt der nette Esslokalbesitzer, der für seine Nettigkeit nichts will.

Ich suche mein Kind, sagt Shirin-Gol, meine Tochter, Nur-Aftab, die ich einem Taleb zur Frau gegeben und in der Heimat zurückgelassen habe, damit ich mit dem Geld, was ich für sie bekommen habe, in den Iran fliehen konnte.

Der nette Esslokalbesitzer sagt nichts, nickt nur.

Der Vogel will raus.

Und jetzt bete ich zu Gott, dass sie noch lebt, sagt Shirin-Gol und lächelt, um nicht weinen zu müssen.

Wir haben Glück, sagt der nette Esslokalbesitzer. Jeder, der heute in Afghanistan noch am Leben ist, hat Glück.

Glück, sagt Shirin-Gol und lächelt.

Der Vogel hat auch Glück, sagt Nabi.

Ich habe nie gekämpft, sagt der nette Esslokalbesitzer. Krieg ist keine Lösung.

Es gibt nicht viele Männer wie dich, sagt Shirin-Gol.

In einem Land wie unserem sind Männer, die nicht kämpfen, nicht angesehen, sagt der nette Esslokalbesitzer. Manche halten mich deswegen nicht mal für einen richtigen Mann. Wie jeder Afghane war auch ich gegen die Russen, war auch ich gegen Präsident Taraki, war auch ich gegen seine Regierung, weil er mit den Kommunisten kollaboriert hat. Ich war gegen die Pakistaner, die sie unterstützt haben. Ich war gegen die Amerikaner, die sie unterstützt haben, und ich bin gegen die Taleban. Aber Krieg? Das ist keine Lösung.

Mein Vater hat in den Bergen gekämpft, sagt Shirin-Gol, jetzt sitzt er nur noch in der Ecke herum und ist hilflos wie meine kleine Tochter. Mein Bruder ist auf eine Mine getreten und hat sein Bein verloren. Sein Bein, seine Hand und sein Kind, das er an der Hand geführt hat. Mein anderer Bruder ist ein *shahid*, und wir haben ihn begraben. Ob der Rest meiner Brüder und Schwestern lebt, weiß ich nicht.

Wenn ich ihnen begegnen würde, sagt der nette Esslokalbesitzer, würde ich die Anführer der Mujahedin fragen, warum sie weitergekämpft haben, nachdem sie die Russen vertrieben hatten. Warum sie Kabul in Schutt und Asche gelegt haben. Warum sie Wegegelder kassiert haben. Warum sie sich an Frauen vergangen haben, Frauen ihrer eigenen Glaubensbrüder. Die Leute haben den Mujahedin alles, alles, alles gegeben, ihr Brot und ihr Leben. Ich will sie fragen, ob sie keine Afghanen sind. Ob dieses Land nicht ihre Heimat ist. Und ich würde ihnen sagen, dass ich jeden Tag bereue und bedaure, jeden Tag, an dem ich ihnen geholfen habe. Und ich würde sie fragen, mit welchem Recht wollt ihr noch immer an die Macht? Und ich würde ihnen sagen, dass die Taleban nur aus einem einzigen Grund an die Macht kommen konnten. Nämlich nur weil sie, die Mujahedin, immer weitergekämpft haben.

Shirin-Gol lacht. Die Fahne unseres Landes hat ihre Farbe verloren. Heute ist sie weiß. Davor war sie rotweißschwarz. Und davor war sie rot.

Der nette Esslokalbesitzer lächelt und sagt, rotweißschwarz.

Wir sind wie die Toten, denen der Leichentuchdieb, der *kefin-kesh*, die Leichentücher klaut, sagt der nette Esslokalbesitzer.

Der *kefin-kesh* hat sich nachts zu den Gräbern geschlichen, hat die Geradetoten wieder ausgegraben, hat ihnen die Leichentücher vom Körper gewickelt und sie im Bazar wieder verkauft.

Irgendwann hatten die Toten die Nase voll von dem ganzen Eingewickelt- und Eingegrabenwerden, nur um dann wieder ausgegraben und abgewickelt zu werden. Und wie sie so tot und kalt und nackt in ihren Gräbern lagen, haben sie beschlossen, sich an den Gott der Toten zu wenden und ihn zu bitten, sie von diesem schamlosen *kefin-kesh* zu befreien. Gott der Gerechte hörte sie an, fand, dass sie Recht hatten, und beseitigte den gemeinen Leichtuchdieb.

Die Toten waren glücklich und erleichtert, doch ihre Ruhe sollte nicht von Dauer sein. Der Gehilfe des *kefin-kesh* wurde zum neuen *kefin-kesh*. Er machte es nicht nur seinem Meister und Vorgänger gleich und klaute den Toten die Tücher, sondern hatte eine noch schlimmere Angewohnheit. Nachdem er die Tücher von den Körpern der Toten gewickelt hatte, verging er sich auch noch an den Leichen und befriedigte seine verwerfliche Lust an den nackten Gebeinen.

Damit hatten die Toten nicht gerechnet. Sie bereuten ihren Entschluss zutiefst und baten ihren Gott, ihnen ihren alten *kefin-kesh* zurückzugeben.

So geht es uns Afghanen auch, sagt der nette Esslokalbesitzer. Die Amerikaner, die Briten und die Russen haben sich zwar nach Lust und Laune in unserem Land bedient. An unserem Öl. An unserem Uran. An unserem Gold. An unserem Opium. Sie haben zu ihrem Vorteil Verträge mit Afghanistan abgeschlossen und haben uns benutzt. Und sie werden sich auch in Zukunft nehmen, was immer sie wollen. Wir haben immer unter dem Einfluss der westlichen Welt gelitten und werden es auch in Zukunft tun. Aber was immer die USA und ihre Verbündeten und Freunde mit uns anstellen, es ist besser als das, was ihre gezüchteten Marionetten, die Taleban, die sie uns geschickt haben, mit uns machen.

Die klauen uns nicht nur unser Uran und stecken die Gewinne aus dem Verkauf von Opium in ihre Tasche, sie machen auch noch alles kaputt. Sie zerstören unsere jahrtausendealte Kultur und Tradition. Sie entehren und beleidigen uns.

Der nette Esslokalbesitzer lacht und sagt, und mich werden sie umbringen, weil ich verbotenerweise mit einer *Nichtmahram* hier sitze und offen und unverblümt rede.

Ich hatte einen Traum, sagt Shirin-Gol. Ich habe geträumt, die Bomben, die länger als zwei Jahrzehnte auf unsere Häuser gefallen sind, seien keine Bomben, sondern Bücher. Ich habe geträumt, die Minen, die sie unter unsere Füße gepflanzt haben, seien keine Minen, sondern Weizen und Baumwolle.

Ein schöner Traum, sagt der nette Esslokalbesitzer.

Vier Tage lang sucht Shirin-Gol überall. Fragt jeden. Niemand kennt Nur-Aftab, die Tochter von Shirin-Gol und Morad. Opiummorad.

Niemand kennt den Taleb, der soundso heißt, den zweiten Mann von Nur-Aftab, mit dem sie zwangsverheiratet wurde, nachdem man ihren ersten Mann getötet hat. Niemand kennt den, der Grüngelbes Shirin-Gol vor die Füße gespuckt hat, dass es liegen geblieben ist.

Keiner kennt sie. Keiner hat ihn gesehen.

Bevor die Taleban auf sie aufmerksam werden, bevor sie anfangen können, sie zu belästigen, bevor ihr Geld aufgebraucht ist, bevor sie der Schwester des netten Esslokalbesitzers zur Last wird, bevor, bevor, bevor zieht Shirin-Gol weiter.

Wohin?

Welchen Unterschied macht es?

Keinen. Es macht keinen Unterschied, wohin Shirin-Gol und ihre Kinder weiterziehen.

Das Geld, das der nette Esslokalbesitzer Shirin-Gol geschenkt hat, reicht für die Fahrt nach Kandahar.

Dann also Kandahar. Die Stadt der Granatäpfel. Der rote, knackige Apfel. Die Frucht der Liebe. Mit tausendundein knackigen Körnern. Alle gleich groß. Jedes einzigartig. Süßsauer. Es ist Jahre her, Shirin-Gol erinnert sich genau an die roten, saftigen Körner zwischen ihren Zähnen. Süßsauer. Nur-Aftab in ihrem grüngelbrotorangen Wolkenhochzeitskleid hatte von der Frucht der Liebe gegessen, der Saft hatte ihre Lippen rot gefärbt. Blutgleich war er aus ihrem Mundwinkel gelaufen, war auf ihren Rock getropft. War eine rote Blume in ihrem Mädchenschoß geworden. Rot aus dem Tochtermund, hatte Shirin-Gol gedacht.

Kandahar. Dariush, der König der Achämeniden, wurde von Alexander dem Großen in Kandahar besiegt. Die Sassaniden, die Araber, andere Perserkönige, Türken, der mongolische Dschingis Khan, die Timuriden, die Briten, die Russen und die Amerikaner, die *kefin-kesh* und die Taleban, grüngelb spuckende Männer, der einäugige Mullah Omar, der berühmt-berüchtigte Osama Bin Laden, alle waren oder sind noch hier.

Nur-Aftab nicht.

Keiner kennt sie, keiner hat sie gesehen.

16. Kapitel
Simorgh und das Gerippe
einer Hauptstadt

Salam.

Wa-aleikomo salam, Friede möge auch dir zuteil werden.

Der nette Esslokalbesitzer in Herat hat Shirin-Gol die Adresse seines Bruders und dessen Frau in Kabul gegeben. Wenn mein Bruder, Heratibruder, und seine Frau noch am Leben sind, so Gott will, werden sie dir helfen, hat er gesagt.

Mande nabashi, hoffentlich bist du nicht müde, sagt Heratibruder freundlich, legt nach afghanischer Art die rechte Hand auf sein Herz und neigt den Kopf.

Willkommen in einer Trümmerstadt. In Kabul. Sei unser Gast.

Ich habe in meinen Mädchenjahren hier gelebt, sagt Shirin-Gol. Ich bin in die Russenschule gegangen.

Von der Stadt deiner Mädchenjahre ist nicht mehr viel übrig, sagt Heratibruder. Kabul ist eine Stadt der Toten und Hungernden geworden.

Heratibruder hat Kabul gesehen, als der König noch herrschte, als oben auf dem Berg einmal täglich die Kanone krachte. Heratibruder kennt das friedliche Afghanistan, das nicht von Raketen, von Bomben, von Minen zerstörte Kabul, die Perle des Orients mit ihren blau verzierten Moscheen, Gebäuden und Häusern. Auch er ist hier in die Schule gegangen, er hat studiert und später an der Universität unterrichtet, bis er in den Krieg musste. Gegen die Mujahedin. Er ist desertiert, hat sich den Mujahedin angeschlossen, hat geholfen, die Russen aus seiner Heimat zu vertreiben. Seiner Heimat, die er liebt wie ein schönes Gedicht, wie sein Kind, wie seine Frau, wie sein eigenes Leben.

Jetzt fährt er Taxi.

Heratibruder kennt Afghanistan und Kabul aus einer Zeit, als entlang der asphaltierten Straßen die Blätter der Bäume im Wind tanzten und die jungen Pappeln noch keine Ahnung davon hatten, dass sie in weniger als zwei Dekaden zu Brennholz gemacht werden würden. Heratibruder erinnert sich an die klare, helle Luft, die voll vom lustigen Bimmeln und Klimpern der glücksbringenden Glocken und der Gehänge der Droschken gewesen ist. Er erinnert sich an das sanfte, verträumte Klack, Klack ihrer Holzräder, der Hufe der Pferde. Er hat die Rufe der Händler noch im Ohr, das Lachen und den Gesang der Jungen. Er hört die glasklaren, kräftigen, lächelnden Stimmen, die ihre wunderschöne Heimat besingen. Er sieht bunte Papierdrachen, die im Himmel tanzen, Gott nah sind und nicht wissen, dass es zwanzig Jahre später nach dem Gesetz der Taleban verboten sein wird, selbst gebastelte Papiertiger und Vögel fliegen zulassen.

Spielen verboten.

Warum?

Wer weiß das schon.

Weil die Taleban die Taleban sind. Weil sie alles Mögliche verbieten. Im Namen des Propheten, des Koran, des Islam.

Mädchen und Frauen ist es verboten, auf die Straße und in die Schule zu gehen. Frauen dürfen weder studieren noch arbeiten. Jungen müssen Kappen tragen, die Haare rasieren, dürfen kein Fußball spielen, *wa-al-hamn-do-allah*, Gott dem Großen, Alleinigen sei gedankt. Männer müssen sich den Bart wachsen lassen, dürfen keine westlichen Jacken und Hosen tragen, dürfen nur mit Kopfbedeckung auf die Straße.

Heratibruder erzählt, während Shirin-Gol und er in seinem alten, quietschenden Taxi die holprige, zerlöcherte Straße entlanghumpeln, vorbei an den Wracks von Bussen, Autos, Panzern, vorbei an Menschen, die ihre bettelnde Hand ausstrecken, vorbei an Frauen und Kindern, die auf dem Weg von irgendwo nach nirgendwo sind, vorbei an Bombengräben, Schutthaufen, eingestürzten Häusern, verminten Ruinen. Heratibruder erzählt, dass er damals, als hier alles noch so war, wie es nie mehr sein wird, die Strecke von ihrem Dorf nach Kabul, für die man heute dreizehn und mehr Stunden braucht, in vier oder fünf Stunden gefahren ist.

Kabul war voller Blumen und Freude, sagt er mit Tränen in der Stimme.

Ich weiß, sagt Shirin-Gol und wendet ihren Tuchkopf ab, schweigt und blickt aus dem Autofenster.

Da, wo heute die Skelette und Gerippe der Häuser aus Stein und Lehm ihre nackten, dünnen Hälse in den Himmel recken und keine Antwort von Gott bekommen, warum er alles das hat geschehen lassen, standen früher prächtige alte Bauten mit Rundbögen, Arkaden, Häuser aus Ziegelstein, verziert mit blauem und grünem Mosaik. Die Bazare rochen nicht nach Hunger, nach Lumpen, nach eitrigen Kriegswunden, nach Kindern mit Durchfall, nach Angst, nach Pisse, nach faulem Fleisch, nach abgestandenem, vermodertem Abwasser, es duftete nach Zimt, Kardamom, Kurkuma, Rosenwasser, und aus den bunten Teppichläden drangen Musik und Gesang auf die Straßen. Nachts verwandelte der klare Himmel mit seinen unendlich vielen Sternen und seiner unwirklichen Pracht die Stadt in einen Ort wie aus einem Märchen aus Tausendundeiner Nacht.

Eine Nacht wie die, in der Scheherazade ihren ebenholzfarbenen, elfenhaften Körper zu Füßen ihres Königs legt. Des grausamen, des erbarmungslosen Königs, der die schlechte Angewohnheit hat, jeden Abend ein junges Mädchen zur Braut zu nehmen und sie am Morgen nach der ersten Liebesnacht zu ermorden. Scheherazade stimmt leise, sachte eine kleine Melodie an, schweigt, wartet, bis die Ungeduld ihres

Herrschers ins Unendliche wächst. Alle seine bisherigen Lieb-haberinnen hat der Grausame gleich nach der ersten Nacht umbringen lassen, nicht Scheherazade. Nicht sie. Denn sie hat ihm ein Märchen erzählt. Das Ende hat sie nicht preisgegeben. Der König kniet vor seiner geliebten Scheherazade, bettelt, bittet, ihr das Märchen vom Vorabend weiterzuerzählen, und er schwört bei seinem Gott, ihr Leben abermals zu verscho-nen, ihr Juwelen, Gold und Seide zu Füßen zu legen, wenn sie ihm nur das Ende ihres Märchens schenkt.

Scheherazade lacht süß auf, triumphiert, legt ihren schönen Kopf in den Nacken, spielt mit zarten Fingern die Engel in der Luft, die nur sie und sonst keiner sehen kann, und fährt fort, das Märchen zu erzählen, das sie in der Nacht zuvor unvollen-det gelassen hat, damit der König ihr einen weiteren Tag ihres Lebens schenken muss, wenn er sein Ende hören will.

Tausendundeine Nacht das gleiche Spiel. Ein neues Mär-chen. Das Ende erzählt sie nicht.

Heute, mein König, mein Herrscher und Gebieter, heute bin ich ein Vogel, der schönste aller Vögel. So höre. Auch die-ses Märchen werde ich dir nur einmal und dann keinmal mehr erzählen. Nur dieses eine Mal und kein weiteres Mal wirst du erfahren, was Gott, der Gütige, dessen Barmherzig-keit keinen Anfang hat und kein Ende kennt, was der All-mächtige dir durch mich zu sagen verfügt.

Einer war dort und ein anderer nicht, außer Gott gab es niemanden, und es gab seine Vögel. Dreißig an der Zahl. Eines Tages hörten sie die Kunde von jenem einen Vogel mit dem Namen Simorgh, der irgendwo auf Gottes herrlicher Erde le-ben sollte. Es ist der prächtigste aller Vögel, das klügste und weiseste aller fliegenden Geschöpfe Gottes. Simorghs Anblick, so hatten die Vögel vernommen, ließ Männer und Frauen er-blinden. Niemand konnte seiner Schönheit widerstehen, sei-ner Anmut, seiner Grazie, seiner Stimme, hell und klar, sei-nem Gesang, süß und lieblich.

Die Vögel versammeln sich an ihrem See, besprechen die Angelegenheit und beschließen, auf die Suche zu gehen nach diesem einen, dem schönsten aller Vögel, dem Simorgh, um ihm ihre Ehrerbietung und ihren Respekt zu erweisen.

Sie fliegen über den hohen Berg und alle anderen Berge, ins tiefe Tal und alle anderen Täler, überqueren das Meer und alle anderen Meere, die Wüste und jede Wüste, alle Städte und Länder, sie sehen alle Menschen und alle Tiere, alle Pflanzen und irdischen und himmlischen Wesen, alles Gute und alles Böse, alle Zeiten, alle Wunder, alle Dichter, alle Könige und alles andere, was Gott hat Teil des Lebens und der Erde werden lassen. Nur das eine sehen sie nicht. Simorgh, den Vogel.

Schließlich kehren sie zurück an den Ort, wo sie ihre Reise begonnen haben. Entmutigt und müde. Kraftlos und durstig schöpfen sie Wasser aus ihrem See und erblicken dort, wonach sie all die Jahre gesucht haben und es nicht finden konnten.

Mein Gebieter und König, flüstert Scheherazade mit zarter Stimme, mit der sie den Grausamen ins Land der Liebe verführt. Mein Gebieter und König, nun wollen wir ruhen.

Und das Ende?

Morgen, mein Geliebter. Morgen. Für mein Leben.

Das Ende.

Schließlich kehren die Vögel zurück an den Ort, wo sie ihre Reise begonnen haben. Entmutigt und müde. Kraftlos und durstig schöpfen sie Wasser aus ihrem See, blicken hinein und sehen, wonach sie all die Jahre gesucht haben und es nicht finden konnten.

Im See sehen die dreißig Vögel das Antlitz von Simorgh. Das Antlitz dreißig prachtvoller Vögel, die so schön sind, dass ihr Anblick Männer wie Frauen erblinden lässt.

Simorgh, sagt Gott, das seid ihr, meine geliebten Vögel. Ihr selber. Denn der, wonach ihr in all den Jahren gesucht habt, für den ihr um die ganze Welt geflogen seid, ist niemand anderer als ihr. Dreißig-Vögel, *si-morgh*. Simorgh.

Uns ist es ergangen wie Simorgh, sagen manche Afghanen. Unser Land war das schönste weit und breit. Unsere Erde war fruchtbar. Hätten wir es besser gewusst, hätten wir es richtig gemacht, dann hätte niemand in diesem Land Hunger leiden müssen. Jeder, Bettler wie König, hätte ein Dach über dem Kopf haben können. Unser Leben hätte in Frieden verlaufen können. Wir hätten Ruhe und Einigkeit haben können. Doch manche von uns dachten, es gäbe einen schöneren Ort. Ein schöneres Land. Ein besseres Leben. Mehr Macht. Mehr Schönheit. Größere Herrlichkeit.

Die Geschichte vom Simorgh ist nicht mehr als ein Märchen, sagen andere Afghanen. Wenn wir es hätten schaffen können und sollen, hätten wir es geschafft. Weder die Engländer noch die Russen, noch unsere eigenen Brüder, die uns verraten haben, weder die Mujahedin noch die Amerikaner, weder Osama Bin Laden noch die Taleban hätten auch nur einen Tag ihren Fuß in unser Land setzen können.

Der Frieden unserer Heimat, die Ruhe in Kabul war eine Lüge.

Die Ruhe war aus Glas.

Willst du auf den Berg zur Kanone fahren?, fragt Heratibruder und beantwortet seine Frage selber. Heute schweigt die Kanone, sagt er. Da gibt es nichts mehr zu sehen und zu hören. Früher, zu Zeiten des Königs Zaher Schah, hat der König sie jeden Mittag um zwölf feuern lassen, damit die Gläubigen unter uns daran erinnert wurden, zum Gebet in die Moschee zu gehen. Damit jene, die Arbeit hatten, sich zur Ruhe legten. Damit jene, die keine Arbeit hatten, erinnert wurden, dass sie Arbeit finden müssen. Und alle und jeder daran erinnert wurde, dass es einen König gibt, der in seinem schönen Palast thront und seine schützende Hand über uns hält. Heute gibt es nichts und niemanden, an den wir erinnert werden müssen und wollen. Deshalb schweigt die Kanone.

So fahren Shirin-Gol und Heratibruder nicht auf den Berg zur schweigenden Kanone. Sie fahren weiter durch die Ruinenstadt, wo es zu Zeiten des Königs und seiner krachenden Kanone Kinos gab, Museen, Restaurants, Parkanlagen, flanierende Familien, Frauen mit ihren Kindern an der Hand, Frauen und Männer, die am Kanal entlangspazierten, von einer schöneren Zukunft träumten. Im Kabul von damals, als die Russen noch nicht in Afghanistan eingefallen waren, als die Reichen reich und die Armen arm waren, als die Machthabenden Macht hatten und die Schwachen gehorchten. Als die Menschen noch Träume hatten, als die Blumen noch blühten, die Bäume noch lebten, die Häuser noch Mauern, Dächer, Türen, Fenster hatten. Als auf den Plätzen und Kreuzungen der Stadt Wasserfontänen Wasser hatten und es in der Luft tanzen ließen. Als bunte Lichter die Läden und Stände schmückten. Als von Krieg noch nichts zu spüren war, keiner Angst hatte, jeden Moment auf eine Mine zu treten, keiner Angst hatte, willkürliche Gesetze zu übertreten und jeden Moment verhaftet zu werden. Damals, als Gott noch seine schützende Hand über Afghanistan hielt und die Menschen noch all ihren Stolz und all ihre Würde besaßen. Damals.

Heratibruder kennt ein Afghanistan, in dem er nicht jeden Moment fürchten musste, von Wegelagerern ausgeraubt zu werden. Er war in Kabul zu Zeiten, als er nicht an jeder Ecke von Frauen und Kindern angebettelt wurde, dass es ihm das Herz zerreißt. Er hat das Land gesehen, als es noch keine Einarmigen, Einbeinigen gab. Er kennt das alte Afghanistan und seine Hauptstadt, wie es war und nie mehr sein wird.

Darum beneidet Shirin-Gol ihn.

Shirin-Gol hat gehört, dass es in der Hauptstadt ausländische Hilfsorganisationen gibt, die Weizen und Fett an Witwen verteilen und ihre Kinder gegen die schlimmsten Krankheiten impfen.

Ihre. Ihre Kinder.

Und ihr selber vielleicht eine Arbeit geben. Die Leute sagen, in Kabul soll es Schulen geben, sogar für Mädchen. Heimlich. Aber es gibt sie. Vielleicht kann Shirin-Gol Lehrerin werden. Vielleicht kann sie in der Teppichwerkstatt für Witwen Teppiche knüpfen.

Vielleicht. Vielleicht.

Du bist keine Witwe, sagt ihre Tochter Nafass.

Dein Vater ist nicht da, sagt Shirin-Gol. Wo ist der Unterschied?

Da ist ein Unterschied, sagt Nafass.

Was nützt ein Vater, der nicht da ist?, fragt Shirin-Gol. Was nützt ein Mann, der seine Frau im Stich lässt? Der seine Kinder im Stich lässt? Was soll ich tun? Soll ich zusehen, wie wir einer nach dem anderen sterben?

Sterben. Tot vor Hunger. Hungertod.

Nein, sagt Nafass, ich will leben.

Ja, sagt Shirin-Gol, wir werden sagen, Morad ist tot.

Morad ist tot. Toter Morad.

Welchen Unterschied macht es, ob er lebt oder tot ist?

Gar keinen Unterschied. Gar keinen.

Gut, sagt Nafass, dann werde ich sagen, mein Vater ist tot.

Gut, sagt Shirin-Gol.

Shirin-Gol hat Angst. Angst vor der Hauptstadt. Vor den zerstörten Straßen. Angst vor *tanhai*, alleine. Angst vor vier Kindern ohne Vater. Angst vor Lügen. Angst vor Dieben. Angst vor Männern. Angst vor den Taleban. Angst vor Minen. Angst vor dem Gerippe der Häuser.

Sie erkennt den Kanal. Den Weg zur Russenschule findet sie nicht mehr. Sie erkennt die Bazarstraße. Hier hat Morad sein Taschentuch auf einen Stein gelegt. Hier hat er ihr gesagt, dass er sie heiraten wird. Hier hat sie gesagt, dass es keinen Unterschied macht. Das Zimmer, in dem sie mit Morad gewohnt hat, findet sie nicht mehr. Die Bomben haben es gefressen.

Gesichtslos ziehen Frauen vorbei an Shirin-Gol. Gesichtslos zieht Shirin-Gol vorbei an anderen Frauen. Sie nehmen sich gegenseitig nicht wahr. Nicht als Menschen.

Ein Tuch geht an ihr vorbei, zwei. Ein Tuch spricht mit ihr, bettelt um Geld oder Brot. Fragt, ob sie Arbeit für sie hat. Manchmal hört Shirin-Gol eine Stimme und denkt, die kenne ich. Einmal packt ein Tuch sie am Arm, zieht sie zur Seite, begrüßt sie, umarmt sie, küsst sie. Dann merkt das Tuch, dass es sich getäuscht hat. Das Tuch dachte, eine verlorene Schwester wiedergefunden zu haben.

Vor Shirin-Gols Füßen liegt ein kleiner Junge im Staub. Bis auf einen grauen, staubigen Lumpen, den er sich um die Hüfte gewickelt hat, ist er nackt. Der ganze Mensch ist so voller Staub und Dreck, dass er sich von dem Sand und Schotter der Straße kaum abhebt. Er hat nur noch ein Bein, es ist Haut und Knochen und so verkrüppelt, dass es eher eine Last ist denn eine Hilfe.

Auf derselben Seite, wo dem Jungen das Bein fehlt, hat er keinen Arm. Der andere Arm ist nur ein Stumpf. Er setzt den wunden Stumpf auf, konzentriert sich und zieht seinen Rumpf und den Rest von sich, der noch übrig ist, hinterher.

Shirin-Gol muss sich anstrengen, um in dem Durcheinander aus Haut und Knochen, Lumpen und Dreck das Kind zu sehen. Nur noch entfernt erinnert es an einen Menschen, eher sieht es aus wie ein großes Insekt. Ein Insekt, das schon halb zertrampelt ist, aber noch lebt. Halb tot, halb lebendig liegt es da und zappelt. Und keiner hat Gnade und erlöst es von seinem Halbleben.

Shirin-Gol konzentriert sich auf seine Augen, seine wunderschönen, dunklen, freudig strahlenden Augen, die dem Shirin-Gol-Tuch ein aufrichtiges Lächeln schenken. Das schönste Kinderlächeln der Welt.

Shirin-Gol kauft Brot, hockt sich hin, schlägt ihr Tuch zurück, reißt kleine Stücke vom Brot ab, füttert Insektenjunge.

Insektenjunge hat beim Durchsuchen von Müll eine Spielzeugmine gefunden. Eine Mine, die extra für Kinder gebaut ist. Eine Mine, die aussieht wie Spielzeug. Insektenjunge hat die Dose gesehen, sie war wunderschön, sie hat geglitzert und gefunkelt.

So sehr gefunkelt und geglitzert, dass er nicht widerstehen konnte und er sie unbedingt öffnen musste, um zu sehen, was darin ist. Die Wucht der Explosion war nicht besonders groß, aber sie hat seine Hände, Arme, Lippe in Fetzen gerissen und ihn in die Luft geschleudert. Es war, als würde er fliegen. Und dann, als er auf dem Boden aufgekommen ist, hat es wieder eine Explosion gegeben, dann erinnert er sich an nichts mehr. Die Leute haben später gesagt, dass er auf eine zweite Mine geschleudert worden ist.

Männer gehen vorbei an Shirin-Gol, die auf dem Boden neben Insektenjunge hockt, sehen sie mitleidig an. Frauen unter ihren Tüchern bleiben stehen, schütteln den Kopf, gehen weiter. Andere Tücher tuscheln, streifen Shirin-Gols Arme, ihren Kopf, ihre Wange. Ein Tuch spricht sie an, es hat Hunger, will Brot, will Arbeit. Ein anderes Tuch legt seine Hand auf ihren Rücken, zieht sie zu sich hoch, wischt Tränen aus Shirin-Gols Augen und sagt, zeig keine Schwäche, das ist doch alles, was sie wollen. Wir sollen Schwäche zeigen, damit sie sich stark fühlen. Das Tuch umarmt Shirin-Gol, drückt sie. Es ist eine kräftige Umarmung. Das Tuch besänftigt Shirin-Gols Zittern und Beben.

Shirin-Gol beugt sich zu Insektenjunge hinunter, küsst ihn auf seine halbe Wange, streicht über seinen Kopf, gibt ihm Geld.

Du bist die schönste Frau, die ich je gesehen habe, sagt Insektenjunge.

Shirin-Gol lacht und sagt, und du hast die schönsten Augen, die ich je gesehen habe.

Insektenjunge senkt verschämt den Blick und sagt, ich

möchte dir auch ein Geschenk machen. Ich werde dir eine kleine Geschichte schenken.

Insektenjunge sieht Shirin-Gol in ihr tuchloses Gesicht und erzählt. Ein Mädchen fällt in einen Brunnen. Ein Junge geht vorbei, sieht sie, springt hinterher und rettet das Mädchen. Das Mädchen bedankt sich und fragt, warum hast du das getan? Der Junge sagt, weil mein Leben nichts wert gewesen wäre, hätte ich zugesehen, wie du stirbst. Weil es keinen Unterschied gibt zwischen dir und mir. Weil wir alle Geschöpfe Gottes sind. Weil jedes Mal, wenn einer von uns stirbt, wir alle ein wenig sterben.

Das war ein schönes Märchen, sagt Shirin-Gol. Du bist ein wahrer Märchenerzähler.

Das bin ich, sagt Insektenjunge und lächelt. Das schönste Kinderlächeln der Welt. Ich verdiene mein Geld damit.

Möge Gott dich beschützen, kleiner Märchenerzähler.

Wie heißt du?

Shirin-Gol.

Ich werde dich nie vergessen, Shirin-Gol, sagt Insektenjunge, setzt den wunden Stumpf auf und zieht seinen Rumpf und den Rest von sich, der noch übrig ist, hinterher und verschwindet zwischen den Tüchern und Beinen im Bazar. Und keiner hat Gnade und erlöst ihn von seinem Halbleben.

Shirin-Gol, von Kopf bis Fuß verschleiert, geht weiter durch die Straßen der Stadt ihrer Mädchenjahre. Der Stadt, von der nicht mehr viel übrig ist. Kabul, die Stadt der Toten und Hungernden, der Stinkenden und Insektenjungen.

Auf dem Boden liegen Haare. Männerhaare. Die Taleban haben Männer öffentlich geschoren.

An der Laterne hängen die Gedärme von Tonbändern. Musik verboten.

Am Baum hängt ein Toter. Einer hängt am Baum. Die Taleban haben ihn aufgehängt. Zur Abschreckung. Ein Toter, zur Abschreckung für die Halbtoten.

In den Ecken lungern Frauen. Sie riechen nach Hunger. Wimmern. Betteln. Kabul, die Stadt mit den vierzigtausend Witwen. Shirin-Gol ist keine Witwe. Shirin-Gol hat Morad. Opiummorad.

In den Ruinen suchen Kinder mit Säcken auf den kleinen Rücken nach Brennbarem, nach Essbarem. Shirin-Gol sieht auf ihre Füße. Sie will nicht sehen, wenn eines von ihnen eine Mine findet.

Kabul, die Stadt der hungrigen Minen, die darauf lauern, eines der fünfzigtausend hungernden Straßenkinder zu verschlingen, zu zerfetzen, zu zerstückeln.

Shirin-Gol geht durch die Straßen der Stadt ihrer Mädchenjahre. Vorbei am stinkenden Kanal. Vorbei an Müden und Erschöpften. An Hungernden. An Halbtoten.

Vorbei am Stadion.

Zuerst haben die Taleban Fußball verboten. Statt zum Spiel sollten die Männer freitags zum Beten ins Stadion kommen, und sie sollten die Reden der selbst ernannten Herrscher hören. Und sie sollten zusehen. Zur Abschreckung. Dem Handabhacken. Dem Steinigen. Dem Kopfeinschlagen. Dem Beinabhacken. Im Namen des Propheten, des Koran, des Islam.

Die Männer sind nicht gekommen. Dann haben die Taleban Fußball wieder erlaubt, damit die Männer wieder ins Stadion kommen. Jetzt ist Fußballgucken Pflicht. Applaus ist verboten. *Allah-o-akbar* und *la-elaha-el-allah* ist Pflicht. Am Anfang und am Ende ist Beten Pflicht. In der Halbzeit von Fußball ohne Applaus, mit *allah-o-akbar* und *la-elaha-el-allah*, hacken die Taleban Beine ab. Hände ab. Erschießen Frauen. Männer. Mädchen. Jungen. Steinigen Menschen. Menschensteinigen. Zerschmettern Köpfe. Kopfzerschmettern, dass das Kopfblut auf das Hemd des Henkers springt.

Heute ist Aisha dran. Aisha. Schöne, kleine Aisha.

Zwei Taleban haben die Tuchfrau auf einen Esel gesetzt, weil sie nicht mehr gehen kann. Aisha. Es ist, als wäre unter dem Tuch nichts und niemand. Es ist in sich zusammengefallen. Aisha die Hure hat ihre Knochen verloren, sagt der Taleb, der heute den Henker spielen darf, lacht und spuckt aus. Grüngelbes.

Möge Gott dich beschützen, hat ihre Mutter gesagt, als sie das Mädchen aus ihrem Körper gezogen und ihr zum Schutz den Namen der Prophetenfrau gegeben hat. Für ein langes Leben. Für ein gesundes Leben. Für ein freies Leben. *Sallalho-aleihe-wa-aalehi-wa-sallam.*

Aisha. Die zweite von vierzehn und mehr Frauen des Propheten. *Sallalho-aleihe-wa-aalehi-wa-sallam.* Aisha war sechs Jahre alt. Sechs, als der Prophet im Hause seines Gönners und Freundes Abu Bakr dessen Tochter Aisha sieht und den Mann in sich spürt. Männliche Prophetenlust. Abu Bakr versteht und verspricht dem Propheten, ihm seine Tochter zur Frau zu geben, sobald sie das Alter der Geschlechtsreife erreicht. Reifes Geschlecht von Aisha. Drei Jahre später, Aisha ist neun Jahre alt, da nimmt der Prophet sie in Medina zur Frau.

Aisha ist neun. Neun kleine Mädchenjahre.

Der Prophet ist fünfzig. Fünfzig große Prophetenjahre.

Mütter nennen ihre Töchter Aisha, damit der Prophet sich an seine Lieblingsfrau erinnert und die Töchter beschützt.

Aisha die Hure sitzt auf dem Esel, sieht durch das Netz vor ihren Augen die Männer. Netzmänner.

Hungerhure, die ihre Knochen verloren hat, sieht Netzmänner.

Aisha kann das Zittern nicht anhalten. Aisha hat den Geschmack von Tod im Mund. Trocken klebt die Zunge fest. Schwer wie Blei stinkt es aus ihrem Rachen, dass es ihr übel wird. Ihr Bauch ist eine leere Höhle. Das Kind ist weg. Ihr Tuch klebt an ihre Angstschweißhaut. Beim Atmen zieht sie es in den Mund. In ihrem Kopf hört Aisha nur noch das Pochen, das Hämmern ihres eigenen Herzens und das erste Weinen ihres Kindes, das sie gestern aus ihrem Körper gezogen hat.

Wo ist mein Kind?, denkt Aisha. Warum hat Gott es mir geschenkt?, denkt Aisha. Sieht Gott zu?, denkt Aisha. Wo ist er?, denkt Aisha. Der Alleinige. Der Einzige. Der mit den tausend Namen.

Diese Frau hat die Gesetze Gottes gebrochen, schreit der Taleb in der Mitte des Spielfeldes. Sie hat gesündigt. Sie hat ihren Körper verkauft. Sie hat Schande über uns und unseren Propheten gebracht.

Die Taleban sind gnädig, sie haben mit dem Töten gewartet, bis die schwangere Aisha ihr Kind auf die Welt gebracht hat. Die Taleban sind gerecht. Sie töten keine Schwangeren. Aisha kniet auf dem Boden. Vor ihrem Henker. Sieht die Henkerhand, die den Stein hält. Henkerhand holt aus. Kommt näher. Näher. Aisha schlägt ihr Tuch zurück.

Sieh mich an, flüstert sie. Aisha blickt in das Gesicht ihres Henkers.

Das ist Widerstand.

Steinhand bleibt in der Luft stehen. Der Henker spuckt Grüngelbes. Holt erneut aus. Schlägt.

Steinhand kracht gegen Aishas Hurenkopf.

Zweimal. Viermal.

Mit lautem Knack.

Aishes Kopfblut wäscht die Hurenschande und das Grüngelbe aus dem Henkermund in den Boden ihrer Heimat.

Schande waschen. Gelbgrünes waschen.

Allah-o-akbar und *la-elaha-el-allah* ist Pflicht.

Fußballmänner kommen zurück aufs Spielfeld.

Erst das eine, dann das andere Spiel.

Die Zuschauer haben die Köpfe gesenkt. Weder das eine noch das andere Spiel wollen sie sehen.

Fußballmänner lassen sich zu Boden fallen. Mimen verletzte Knie und Gelenke. Verletzte Herzen zeigen sie nicht. Auch ihre Scham und ihren Ekel zeigen sie nicht.

Das wäre Widerstand.

Die Spieler machen einen Bogen um das Blut aus Aishas Kopf. Opferblut. Kopfblut. Heiliger Boden. Blutgetränkter Boden. Blutboden.

Taleban stehen mit schwingenden Stöcken am Spielrand. Weiterspielen. Im Namen des Propheten.

Allah-o-akbar.

Taleban stehen mit Stöcken im Publikum. Hier geblieben. Kopf hoch. Zusehen.

Allah-o-akbar. Allah-o-akbar. Allah-o-akbar.

Alle sind da. Nur einer ist nicht da. Der Alleinige. Der Einzige. Der mit den tausend Namen.

Shirin-Gol geht durch die Straßen der Stadt ihrer Mädchenjahre.

Die Toten wünschen sich ihren alten *kefin-kesh* zurück.

Simorgh sieht in den See. Simorgh sieht sein Spiegelbild.

Das ist Widerstand.

Bilder sind im Taleban-Afghanistan verboten.

Warum?

Wer weiß das schon.

Weil die Taleban die Taleban sind.

Araber haben die Stadt übernommen. Sie lassen alles weiß streichen. Alle Fassaden, alle Mauern, alle Hütten, Läden, Gebäude. Weiß für Frieden. Weiß für Reinheit. Weiß für Unschuld.

Arabertaleb zerrt einen kleinen Jungen in seinen glänzenden, funkelnden Geländewagen. Der Kleine schreit, wehrt sich, zappelt, strampelt, weint.

Shirin-Gol schreit, was macht ihr mit ihm?

Der Araber greift sich in den Schritt, wiegt seine Eier und seinen Schwanz. Geifert, lacht, fährt ab.

Shirin-Gol bleibt stehen.

Der Junge war so klein oder so groß wie Sarvar aus dem Mohndorf hinter dem hellblauen Tor mit den Pickeln, der bei den Taleban gelebt hat. Sarvar, der kleine Junge, der alles Mögliche für die Taleban macht, weil sie nett zu ihm sind und ihm zu essen geben. Kleiner Junge von der Straße, der ins Auto gezerrt wird, kleiner Junge hinter dem Tor, der zu essen bekommt. Was wird aus diesen Kindern, wenn sie keine Kinder mehr sind?, denkt Shirin-Gol.

Tshe hal dari, wie geht es dir?

Tashak-kor, danke.

Zwei Frauen, zwei Freundinnen, zwei Schwestern halten sich in den Armen. Schweigend.

Shirin-Gol hat Azadine gefunden.

Azadine behandelt Frauen. Offiziell im Krankenhaus und heimlich zu Hause.

Heimlich.

Azadines Haus ist voller Frauen. Andere Ärztinnen. Eine Landwirtin. Eine Biologin. Lehrerinnen. Eine Ingenieurin. Krankenschwestern. Frauen, die lesen können. Frauen, die nicht lesen können. Heimliche Frauen. Sie versammeln sich im Haus von Azadine. Nach dem Gesetz der Taleban ist das verboten. Die Frauen tun es dennoch. Das ist Widerstand.

Sie helfen sich gegenseitig, Arbeit zu finden. Geld zu verdienen. Einen Platz zu finden, wo sie und ihre Kinder leben können. Sie helfen anderen Frauen, sich und ihre Kinder durchs Leben zu schleppen. Das ist Widerstand.

Sie haben uns alles genommen, sagt die Biologin. Alles. Unsere kleinen Rechte, die wir gerade den Herrschenden abgetrotzt hatten. Sie haben unsere Arbeit genommen, unsere Kinder, unsere Männer, Väter und Mütter, unsere Häuser, unsere Felder, unsere Heimat, unsere Ehre, unseren Stolz. Sogar unsere Träume. Aber wir haben etwas, das sie uns nicht nehmen können.

Mir ist nichts mehr geblieben, sagt Shirin-Gol, gar nichts. Ich habe nichts mehr, was irgendjemand mir nehmen könnte. Nur noch mein Leben und das meiner Kinder.

Unsere Hoffnung, sagt die Biologin, unsere Hoffnung können sie uns nicht nehmen.

Können sie nicht?, fragt Shirin-Gol.

Können sie nicht, sagt die Biologin. Nicht, solange wir zusammenhalten. Nicht, solange wir uns gegenseitig und anderen Frauen helfen. Nicht, solange wir atmen und leben.

Ich wusste nicht, dass es Frauen wie euch in unserem Land gibt, sagt Shirin-Gol. Ihr habt die Schule abgeschlossen, ihr habt studiert, ihr könnt gut denken, ihr könnt gut reden, ihr könnt euch austauschen. Ich war die meiste Zeit meines Lebens allein.

Azadine umarmt Shirin-Gol, lacht und sagt, warte nur, du wirst es selber sehen. Wir gehören alle zusammen, wir teilen jede Freude und jedes Leid. Jetzt bist du nicht mehr allein.

Alleinsein ist ein großer Feind der Mädchen und Frauen in Afghanistan, sagt die Biologin und schenkt Shirin-Gol ein Lächeln. Jetzt bist du nicht mehr allein.

Frauen, egal in welchem Land sie leben, egal welche Sprache sie sprechen, egal welche Religion sie haben, müssen zusammenhalten und der Unterdrückung und dem Unsinn, den die Männer verbreiten, widerstehen, sagt die Lehrerin.

Aber wir haben doch die Männer zu dem gemacht, was sie sind, sagt eine Krankenschwester. Schließlich erziehen wir Frauen unsere Söhne, die zu Männern werden.

Wir stehen unter dem Druck unserer Männer und fürchten uns vor ihnen, sagt eine Frau, die nicht lesen kann.

Das wird sich ändern, sagt die Biologin und hebt stolz den Kopf. Ja, sagt sie, ich bin überzeugt davon, wir werden mit unserer Arbeit Erfolg haben. Wir haben vor drei Jahren begonnen, heute haben immerhin fünfhundert Frauen mit unserer Hilfe Arbeit gefunden. Das reicht noch nicht, aber es ist ein Anfang.

Egal wo wir leben und wie wir leben, egal wie schwierig es ist, sagt Azadine, wir müssen kämpfen.

Das ist Widerstand, sagt Shirin-Gol.

Das ist Widerstand, sagt Azadine und lacht.

In Afghanistan gibt es nicht viele Frauen wie euch, sagt Shirin-Gol.

Es werden immer mehr, sagt Azadine und lacht. Und alle anderen Frauen lachen auch, bis sie Tränen in den Augen haben. Freudentränen. Trauerfreuden.

An diesem Nachmittag wissen Shirin-Gol und Azadine noch nichts von dem, was wenig später in ihrer Heimat geschehen wird. Die Ärztinnen, die Landwirtin, die Biologin, die Lehrerinnen, die Ingenieurin, die Krankenschwestern, die Frauen, die lesen können, die Frauen, die nicht lesen können, die Frauen, die sich in Azadines Haus versammelt haben, wissen noch nicht, dass in weniger als einem Jahr die Amerikaner und Europäer ihnen im Kampf gegen die Taleban endlich zu Hilfe kommen werden. An diesem Nachmittag glauben die Frauen zum soundsovielten Mal voller Hoffnung, die ihnen niemand nehmen kann, an eine bessere Zukunft. An diesem Nachmittag wissen sie noch nichts von den vielen Freunden, die sie im fernen Amerika und Europa haben. Sie wissen noch nicht, dass Bekämpfung von Terrorismus nur mit Bomben und Raketen möglich ist.

Die Frauen wissen an diesem Nachmittag noch nicht, dass bald wieder Bomben auf sie, auf Kabul, auf alle anderen Städte, auf ihr Land geworfen werden.

An diesem Nachmittag wissen sie nicht, dass die Amerikaner zu ihrer Befreiung kommen werden. Dass viele von ihnen zum soundsovielten Mal in ihrem Leben alles zurücklassen und fliehen müssen.

Sie wissen an diesem Nachmittag noch nicht, dass ein paar von ihnen einige Monate später tot sein werden. Getroffen von Bomben der Amerikaner, die gekommen sind, sie zu befreien.

17. Kapitel

Ein Opiummorad und ein Waisenhaus

Weder fragt sie ihn, warum er sie allein gelassen hat, noch wo er die ganze Zeit gewesen ist. Sie fragt ihn auch nicht, wie er sie gefunden hat. Sie gibt ihm einfach nur einen Tee und fragt, ob er müde ist. Dann schickt Shirin-Gol Nafass los, frisches Brot für ihren Vater zu besorgen.

Morad braucht noch immer jeden Tag Opium. Er ist unfähig zu arbeiten. Zudem darf er keinen Fuß vor die Tür setzen, weil er sich in einem Anfall von Wahnsinn den Bart rasiert hat und die Taleban ihn dafür ins Gefängnis werfen werden.

Shirin-Gol ist weder glücklich über Morads Rückkehr, noch ist sie unglücklich. Inzwischen kommt sie mit dem täglichen Nicht-auf-die-Straße-gehen-Dürfen und Von-Kopf-bis-Fuß-verschleiert-sein-Müssen zurecht. Sie hat gelernt, mit dem von den Taleban erlassenen Arbeitsverbot für Frauen umzugehen und dabei trotzdem sich und vier Kinder zu ernähren. Und sie wird es auch schaffen, jetzt, da Opiummorad wieder bei seiner Familie ist, ihn zu ernähren. Wenn es sein muss, wird sie es auch schaffen, sein Opium zu bezahlen. Auch wenn sie noch nicht weiß, wie sie alles das schaffen will. Aber irgendwie hat sie es immer geschafft.

Shirin-Gol hat mit Hilfe von Azadine und ihren neuen Freundinnen eine bezahlte Stelle als Putzfrau bekommen. Die Ausländerin arbeitet für eine amerikanische Hilfsorganisation in Afghanistan und ist froh darüber, dass Shirin-Gol bei ihr arbeitet, denn sie ist ihr einziger persönlicher Kontakt zu Afghanen. Heimlicher Kontakt.

Shirin-Gol mag die Ausländerin und ist ihr nicht nur dankbar für die Arbeit, sondern auch für den Mut, den die Amerikanerin aufbringt. Denn genauso wie die Taleban Ausländern verbieten, die Häuser von Afghanen zu betreten, ist es nach dem Gesetz der Taleban Afghaninnen verboten, in die Häuser von Ausländern zu gehen. Ganz abgesehen davon, dass es Frauen, außer wenn sie Ärztinnen und Krankenschwestern sind, ohnehin verboten ist zu arbeiten.

Shirin-Gol bringt ihre Kinder mit in das Haus der Ausländerin, setzt sie in den schönen Garten auf die Wiese, sieht immer wieder nach ihnen und ist froh, dass ihre Kinder zwischen den Blumen und Büschen und Bäumen etwas Ruhe haben, herumrennen können, ohne Angst haben zu müssen, auf eine Mine zu treten. Shirin-Gol ist froh, dass ihre Kinder und sie selber jeden Tag etwas Anständiges zu essen bekommen.

Shirin-Gol ist froh, in die Augen einer Frau sehen zu können, die aus einer freien Welt kommt und alles hat, was sie zum Leben und zum Glücklichsein braucht.

Die Ausländerin ist eine gute, fleißige und kluge Frau. Und sie versteht es zu leben.

Alle paar Wochen stellt sie zu ihrem eigenen einen zweiten Koch ein, lässt ein königliches Mahl zubereiten und lädt ihre ausländischen Freundinnen und Freunde ein, die in Kabul für andere Hilfsorganisationen arbeiten.

Zusammen mit dem lustigen Gärtner trägt Shirin-Gol die Teppiche hinaus in den Garten. Sie verteilen sie unter die Bäume, legen Kissen und kleine Sitzmatratzen darauf. Zwischen die Büsche und Blumen steckt Shirin-Gol Kerzen und dünne Stäbe, die, wenn man sie anzündet, wunderbaren Duft verbreiten.

Den ganzen Abend lang gibt es zu essen. Nach Lust und Laune darf sich jeder von den Köstlichkeiten bedienen. Den ganzen Abend gibt es verschiedenste Getränke, von denen manche stinken, aber den Gästen scheinbar dennoch schmecken. Den ganzen Abend rauchen nicht nur die Männer, sondern auch die Frauen Zigaretten. Auch daran gewöhnt Shirin-Gol sich schon bald, auch wenn sie Frauen, die nicht rauchen, hübscher findet.

Das erste Mal wusste Shirin-Gol nicht so recht, was sie davon halten sollte, dass fremde Frauen und Männer sich umarmen, nebeneinander sitzen, die Köpfe zusammenstecken, sogar den einen oder anderen Kuss austauschen. Ständig hat Shirin-Gol versucht wegzusehen. Doch wo immer ihr Blick hinfiel, saßen leicht bekleidete Frauen dicht neben Männern, die sie unverhohlen ansahen, ihre Hand hielten, zärtlich zu ihnen waren. Nicht einmal ihr eigener Mann Morad hat jemals Shirin-Gols Hand so lange in seiner gehalten und sie liebkost und gestreichelt, mit ihr gespielt und ihr dabei zärtlich in die Augen gesehen, gelächelt, einen liebevollen, kleinen Kuss gestohlen. Der Gott der Ausländer muss ein guter und ein freier Gott sein, denkt Shirin-Gol, der den Menschen erlaubt, alles dieses zu tun, ohne sie dafür zu bestrafen.

Shirin-Gol liebt es, dem lustigen Gärtner, dem traurigen Fahrer und den anderen Afghanen zuzusehen, wie sie mit ihren Tabletts von Gast zu Gast gehen und fragen, *Saheb, excuse me*, noch eine Fischschnitte? *Saheb, excuse me*, noch ein Stück Huhn? *Saheb, excuse me*, noch einen Drink? *Saheb, excuse me*, noch ein Coke? Coke aus Pakistan.

Saheb hier, *saheb* da. Wie im letzten Jahrhundert zu Zeiten der englischen Kolonialherren.

Saheb, der Besitzer. *Excuse me*.

Die Lords bleiben heute lieber in England, und die neuen *sahebs* kommen aus der ganzen Welt. Sie arbeiten für die UN, für das Rote Kreuz oder für Nichtregierungsorganisationen. Sie sind jung, haben kaum Geld, sind esoterisch, demokratisch, pluderhosig, alternativ, abenteuerlustig, hilfsbereit, aufopfernd. Die meisten *sahebs* sind in ihrer eigenen Heimat nicht mehr zurechtgekommen oder wollten raus aus ihrem geregelten, sicheren, langweiligen, sinnentleerten Alltag.

Saheb, noch ein Coke?

Am nächsten Morgen ist Nafass die Erste, die auf den Beinen ist. Schon am Abend vorher hat sie sich einen leeren Karton beiseite gestellt. Noch bevor die Hähne in den Nachbargärten zum ersten Mal krähen, schleicht Nafass in den Garten und krabbelt zwischen die Büsche, sieht hinter die Bäume und in den Blumenbeeten nach, sammelt die leeren Dosen in ihren Karton und fühlt sich reich wie eine Königin, als sie sieht, wie viele es sind. Im Bazar wird sie so viel Geld dafür bekommen, dass sie sich vielleicht endlich einen großen Traum erfüllen und ein paar gebrauchte Schuhe aus Gummi kaufen kann, damit ihre Füße trocken und warm sind. Vielleicht kann sie sogar ein Paar für sich kaufen und noch ein Paar für ihre kleine Schwester Nassim. Zwei Paar Stiefel aus Gummi für einen ganzen Karton voll leerer Cokedosen. *Saheb, excuse me.*

Shirin-Gol liest die Kippen der stinkenden Zigaretten auf, die die *sahebs* ins Blumenbeet, auf die Wiese, auf die Wege geworfen haben. Sie sammelt die Kissen ein, auf denen die *sahebs* gesessen und gelegen haben. Und sie freut sich bereits darauf, ihren Freundinnen von den Frauen zu berichten, die mutig und frei sind. Die ihre Haut zeigen. Die in der Öffentlichkeit mit Männern sprechen, sie anfassen, sich selber anfassen lassen und was sonst noch machen. Shirin-Gol wird ihren Freundinnen erzählen, dass sie in die Augen von Frauen gesehen hat, die in ihrem Leben alles haben, was man braucht, um glücklich und zufrieden zu sein. Sie wird ihren Freundinnen sagen, dass sie neue Hoffnung geschöpft hat. Solange es irgendwo auf der Welt Frauen gibt, die ohne Hunger sind, die frei sind, solange besteht auch für Shirin-Gol und ihre Freundinnen Hoffnung.

Nach den stinkenden Zigarettenkippen in den Blumenbeeten kommen die Teller dran. Mit wertvollem Fett beschmierte

Teller, Brotreste, Fleischreste, Reisreste. Gutes Essen für ein paar Tage. Für Shirin-Gol, die Kinder und Morad, für den lustigen Gärtner, den traurigen Fahrer und die anderen Afghanen, die für die Ausländerin arbeiten.

Der lustige Gärtner räumt die Kissen, Sitzmatratzen und Teppiche wieder ins Haus, hat dabei ständig ein Lächeln im Gesicht und sagt, solange wir arbeiten, müssen wir weder an den Krieg denken, noch an die Minen, noch an das ganze andere Elend in unserer Heimat. Kommt, Kinder, packt mit an. Das hilft. Ein Kissen, zwei Kissen, wer kann drei tragen?

Ich, ich, ruft Navid.

Ich, ich, ruft Nafass.

Stolzer, aufrechter, lustiger Gärtner mit seinen vielen Muskeln packt die Kinder samt Kissen und trägt sie ins Haus. Ach, da guck an, das sind gar keine Kissen, das sind Kinder.

Nafass, Nabi, Navid, Nassim lachen, dass Shirin-Gol Tränen in den Augen hat. Freudentränen.

Jetzt kommt der beste Teil unserer Arbeit, ruft der lustige Gärtner.

Nafass, Nabi, Navid, Nassim klatschen in die Hände, springen auf und ab. Wasser. Wasser. Plastikschlauchwasser.

Der lustige Gärtner liebt seinen Plastikschlauch, schon bei der Vorstellung, dass er gleich mit dem Wasser den ganzen Staub und Dreck wegspülen wird, lässt ihn in Verzückung geraten. Sein Rücken, seine Muskeln entspannen sich, während er zum Wasserhahn geht, ihn aufdreht, nicht zu viel. Nicht zu viel Druck. Auf die richtige Dosierung kommt es an. Wasser. Wasser. Sauberes, frisches Wasser.

Nafass, Nabi, Navid, Nassim hocken in einer Reihe, mucksmäuschenstill, sehen dem lustigen Gärtner zu, als würde er ein Märchen erzählen, als würde er ein Kunststück vorführen.

Seht her, sagt der lustige Gärtner, das Wasser macht genau das, was ich will. Seht her. Es folgt meinen Anweisungen. Absolute Kontrolle.

Mit Zeigefinger und Daumen presst er die Schlauchöffnung zusammen. Als wäre das Wasser ein Fächer, kommt es kraftvoll aus dem Schlauch und wäscht alles weg, worauf der lustige Gärtner zielt. Mit einem *bismi-allah* schiebt er alles vor sich her und spült es ins Beet. Alles. Staub. Sand. Asche. Sünden.

Nur die Sünden der Taleban bleiben.

Shirin-Gol wird erwischt. Sie darf nicht mehr bei der Amerikanerin arbeiten.

Shirin-Gol wird erwischt. Sie darf nicht mehr in der heimlichen Schule, der *homeschool*, unterrichten.

Shirin-Gol wird erwischt, sie darf nicht mehr im Bazar ihren selbst geknüpften Teppich verkaufen.

Azadine wird erwischt, die Taleban stecken sie ins Gefängnis.

Die Biologin hält es nicht mehr aus. Sie packt ihre Kinder und alles was sie schleppen kann und flieht.

Die Krankenschwester muss heiraten. Ihr Mann lässt sie nicht mehr aus dem Haus.

Die Amerikanerin hat eine neue Stelle in einem anderen Land der Welt, wo auch Krieg ist.

Shirin-Gol hockt an der Ecke im Bazar, denkt, dann gibt es also auch andere Länder mit Krieg, streckt ihre Hand unter ihrem Tuch hervor und bettelt. Das darf sie. Das ist keine Arbeit. Das dulden die Taleban. Weil sie nicht selber für Shirin-Gol und die restlichen soundsoviel zigtausend Bettelfrauen aufkommen wollen. Betteln erlaubt.

Shirin-Gol ist dankbar. Immerhin muss sie ihren Körper nicht verkaufen.

Ihre Kinder sind eine große Hilfe. Nabi, der freche Nabi, putzt Schuhe, die kleine Nassim verbrennt Weihrauch in einer alten Cokedose und bekommt Geld von Passanten, für die sie ein kleines Gebet aufsagt.

Gott der Gütige möge dich beschützen, vor allem Unheil, allen Krankheiten, allem Leid. *Al-hamn-do-allah.* Navid sucht im Müll alles Brennbare und verkauft es. Nafass hat bereits einen kleinen Brustansatz, ihre Hüften sind rund, sie hat das Alter der Geschlechtsreife erreicht. Nafass ist neun, vielleicht auch zehn oder elf, jedenfalls zu alt, um auf die Straße zu gehen. Shirin-Gol hat ihr verboten, auch nur einen Fuß vor die Tür zu setzen. Die Gefahr, dass ein Taleb oder irgendein anderer Kerl sie sieht und zur Frau haben will, ist zu groß.

Nafass hockt den ganzen Tag in der Skeletthütte, neben Opiummorad, starrt vor sich in die Luft, wartet, bis ihre Mutter und ihre Geschwister zurückkommen.

Eines Tages kommt Nabi in die Skeletthütte und hat einen schwarzen Turban um den Kopf gewickelt.

Ich will Taleb werden, verkündet er stolz, dann ziehe ich in den Krieg und verteidige meine Heimat und meine Religion gegen die Gottlosen und die Feinde des Propheten und des Islam.

Am ersten Tag redet Shirin-Gol ihm gut zu, er soll den Schwachsinn lassen. Am zweiten droht sie ihm, ihn vor die Tür zu setzen, wenn er nicht damit aufhört. Am dritten haut sie ihn grün und blau.

Nafass wirft sich auf ihre Mutter, befreit ihren Bruder aus den verrückten Klauen der Mutter und schreit, was erwartest du? Er ist den ganzen Tag da draußen. Den ganzen Tag über hört er den Mist, den die Taleban lauthals mit ihren Megaphonen aus den Moscheen plärren. Er ist doch noch ein Kind. Wundert es dich, dass er glaubt, was sie ihm erzählen?

Shirin-Gol sieht ihre Tochter an, ihre kleine Nafass, die selber noch ein Kind ist, und weiß nicht, was sie sagen soll.

Nabi drückt sich an seine große Schwester, weint, ist glücklich, dass sie zu ihm hält, ist unglücklich über die ungerechte Mutter. Ist glücklichunglücklich.

Shirin-Gol hockt in der Ecke, sieht Opiummorad in der anderen Ecke. Hasst ihn. Hasst sich. Hasst die Taleban. Hasst den Hunger. Hasst die Lumpen an den Körpern ihrer ausgemergelten Kinder. Hasst den Gestank, der wie eine Wolke alles und jeden einhüllt. Hasst alles. Hasst jeden.

Was ist das nur für ein Gott?, fragt Shirin-Gol. Warum befreit er mich nicht von diesem Leben und holt mich zu sich?

Nafass schleudert ihrer Mutter hasserfüllte Blicke zu, lacht sie aus und fragt, warum soll er dich zu sich holen? Was soll Gott schon von jemandem wie dir haben wollen? Der ist froh, wenn er dich nicht sehen muss.

Was weißt du schon von Gott?, fragt Shirin-Gol mit Geschmack von Hass im Mund.

Gott.

Am nächsten Abend kommen Nabi, Navid, Nassim vom Schuheputzen, Abfallaufsammeln, Weihrauchanzünden, Betteln in die Skeletthütte zurück. Shirin-Gol liegt auf dem Boden mit zwei roten Armreifen an jedem Handgelenk. Blutarmreifen.

Shirin-Gol hat sich die Pulsadern aufgeschnitten.

Nafass, Nabi, Navid, Nassim hocken vor ihrer Mutter.

Nassim taucht ihren Finger ins Mutterblut, malt sich ein Blutarmband aufs Gelenk.

Nafass reißt Stofffetzen auseinander, wickelt sie um die Mutterhandgelenke. Mutter ist verrückt geworden, sagt sie zu ihren Geschwistern.

Vier Tage und vier Nächte liegt Shirin-Gol da, mit Stofffetzen um die Handgelenke.

Dann macht sie die Augen auf, sieht ihre Tochter Nafass, die vor ihr hockt und den Schweiß von der Mutterstirn wischt.

Shirin-Gol lächelt Nafass an. Es war schön, sagt sie, ich habe ihn gesehen.

Wen?, fragt die Tochter.

Gott.

Shirin-Gol liegt wach. Die ganze Nacht. Weder weint sie, noch jammert sie, noch klagt sie. Liegt einfach nur wach. Noch bevor die Sonne ihr Licht in die Skeletthütte wirft, erhebt sie sich, klettert über den schlafenden Opiummorad, weckt ihre Kinder und sagt, gehen wir.

Wohin gehen wir?

Irgendwohin.

Wir haben Angst.

Ich auch.

Wo sind wir?, fragt Nafass.

Shirin-Gol schweigt.

Was ist das für ein Haus?, fragt Nabi.

Shirin-Gol schweigt.

Hier stinkt es nach Scheiße, sagt Nabi.

Shirin-Gol schweigt.

Ihre Kinder werden es gut haben bei uns, sagt der Taleb. Sobald wir wieder Geld von einer ausländischen Hilfsorganisation bekommen, werden wir für die Jungen Leibesübungen und Sport einführen, sagt der junge Taleb, der vor der blauen *buqhra* hockt, unter der Shirin-Gol froh ist, ihr Gesicht verstecken zu können.

Der Taleb ist zwanzig, vielleicht auch dreiundzwanzig Jahre alt. Sein Hemd und seine Perlenzähne sind blütenweiß. Sein Turban, sein langer Bart und sein langes, glänzendes Haar sind pechschwarz.

Er ist ein schöner Mann, denkt Shirin-Gol und fragt, was ist mit den Mädchen?

Sport ist eine freie Körperbetätigung, sagt der schöne Taleb, für Mädchen ist das zu gefährlich. Der Islam gebietet, Mädchen, die in der Pubertät sind, sollen sich nicht heftig bewegen. Sie sollen nicht springen oder rennen, damit ihrem Körper kein Schaden zugefügt wird. Schließlich können sie durch heftige Bewegungen ihre Jungfernschaft verlieren oder vielleicht nicht mehr schwanger werden. Und dann werden sie auch keinen Mann finden.

Shirin-Gol kann nicht glauben, dass ein Taleb vor ihr sitzt, ein fremder Mann, und über die Jungfernschaft der Mädchen, ihrer Töchter, mit ihr spricht. *custody, care*

Werden sie lesen und schreiben lernen?, fragt Shirin-Gol.

Das göttliche Gesetz der Sharia ist unser Gesetz, nach dem wir die Kinder erziehen, die in unsere Obhut gegeben werden, sagt der Taleb ungeduldig und klingelt mit einer Glocke, die auf dem Tisch steht, nach dem alten Diener mit krummem Rücken, drückt ihm den Zettel mit den vier Namen der Neuankömmlinge in die Hand und schickt ihn wieder hinaus.

Ein Zettel mit vier Namen. Nafass. Nabi. Navid. Nassim. Die Kinder der Shirin-Gol.

Du warst in der Russenschule, sagt der Taleb und schiebt die Perlen seiner Gebetskette wütend hin und her.

Shirin-Gol schweigt.

Ich habe weder Chemie noch Biologie gelernt, sagt der Taleb, alles was ich gelernt habe, sind die Worte Gottes. Der Taleb sieht das Shirin-Gol-Tuch an, bohrt seinen kajalschwarz bemalten Mandelaugenblick durch den blauen, löchrigen Stoff und sagt, aber deswegen bin ich kein Wilder. Es ist deine Entscheidung. Entweder du lässt deine Kinder hier, oder du nimmst sie wieder mit.

Ich lasse sie hier, sagt Shirin-Gol.

Der Taleb klingelt abermals nach dem alten Krummrückendiener. Bring die Kinder dieser *ssia-ssar* in den Speisesaal, befiehlt er.

Krummrückendiener wartet vor der Tür, bis Shirin-Gol hinauskommt, sagt nichts, winkt nur, Shirin-Gol soll ihm folgen.

Weiter hinten, als sie die dunklen, langen Flure entlanggehen, an den Zimmern ohne Türen und Fenster vorbeikommen, als sie an dem Gestank von Scheiße und den Lachen von

Pisse vorbeikommen, als sie an Kinderaugen vorbeikommen, die tot vor sich hinstarren, als sie an alledem und noch viel mehr vorbeikommen, sagt Krummrückendiener, wenigstens werden deine Kinder hier satt werden.

Im Speisesaal dürfen nur Nabi und Navid essen.

Die Mädchen müssen in ihren Zimmern essen. Mädchen machen alles in ihren Zimmern. Schlafen, trinken, essen, leben.

Von morgens bis abends. Von abends bis morgens.

In jedem Zimmer zwanzig und mehr Mädchen.

Das ganze Jahr, Sommer wie Winter. Im Namen des Propheten, des Koran, des Islam.

Mädchen dürfen weder in den Hof noch auf das Flachdach. Sie dürfen weder in den Speisesaal noch in den Innenhof.

Warum?

Weil Mädchen Mädchen sind.

Wenigstens werden sie hier satt.

Gottes Schutz sei mit dir, sagen Nafass, Nabi, Navid, Nassim.

Gottes Schutz sei mit euch, sagt Shirin-Gol.

Wo sind die Kinder?, fragt Opiummorad durch seine Opiumwolke hindurch.

Im Waisenhaus, sagt Shirin-Gol. Wenigstens werden sie dort satt.

Shirin-Gol sitzt an der Ecke vom Bazar, streckt die Hand unter ihrer blauen, zerfetzten *buqhra* hervor, fällt um, bleibt liegen.

Shirin-Gol rührt sich nicht mehr.

Nur noch ihr Blut. Nur noch ihr Blut rührt sich. Kommt aus ihrem Bauch. Spült das Baby heraus. Färbt ihre blaue, zerfetzte *buqhra* rot.

Die Toten wünschen sich ihren alten *kefin-kesh* zurück.

Simorgh sieht in den See. Simorgh sieht sein Spiegelbild.

Shirin-Gol geht zu einer ausländischen Hilfsorganisation.

Ich brauche Hilfe, sagt sie.

Der Übersetzer übersetzt.

Dir steht keine Hilfe zu.

Shirin-Gol ist weder enttäuscht, noch wundert sie sich. Sie versteht.

Abgehärtete, professionelle Helfer, die Einzelschicksale wie das von Shirin-Gol nicht sehen. Nicht sehen können. Nicht sehen dürfen. Sie würden selber zugrunde gehen. Damit wäre niemandem geholfen.

Bei den Hilfsorganisationen geht es um soundsoviel Tonnen Weizen, soundsoviel hunderttausend Dollar Zuschüsse, Einzugsgebiete von soundsoviel tausend Familien. Sie haben Recht, denkt Shirin-Gol, das Große, das Ganze, die Masse ist ihre Mission. Alles andere wäre ineffektiv, ungerecht, nicht richtig. Abends sitzen sie in ihren Häusern aus Stein, für die sie Dollarmiete zahlen, und weinen dort ihre Tränen, leise, damit es keiner sieht. Shirin-Gol hat es gesehen, als sie für die Amerikanerin gearbeitet hat. Und am nächsten Morgen ist sie wieder raus, zu ihren Tonnen und Massen und Weizen und Geberländern und Nehmerland. Afghanistan.

Shirin-Gol hockt vor der Frau und zeigt ihre Pulsadern. Die frischen Narben. Zeigt ihren ausgemergelten, hungernden Knochenkörper.

Die Ausländerin glaubt ihr ihre Not, gibt ihr einen Zettel. Der Mann, der den Zettel nimmt, gibt Shirin-Gol Weizen. Für den Weizen bekommt Shirin-Gol im Bazar Geld.

Shirin-Gol holt ihre Kinder aus dem Waisenhaus.

Nafass, Navid, Nabi, Nassim halten sich an der Hand, stehen vor ihrer Mutter.

Tshe hal dari, wie geht es dir?

Tashak-kor, danke.

18. KAPITEL

Eine Lumpenfrau und ein bisschen Ziegenmilch

Lumpen-Shirin-Gol mit ihren aufgeschlitzten Pulsadern und ihrem Fehlgeburtbauch, Nafass, Nabi, Navid, Nassim und Opiummorad haben nichts, was sie zusammenraffen müssen.

Sie brechen auf.

Lumpen-Shirin-Gol weiß nicht, ob sie noch eine Flucht durchstehen werden. Lumpen-Shirin-Gol weiß nicht, ob die Gerüchte stimmen, dass der freche Zwilling im Norden leben soll. Lumpen-Shirin-Gol weiß nicht, ob sie die Front wird durchqueren können. Lumpen-Shirin-Gol weiß alles das und alles andere auch nicht.

Wer weiß überhaupt irgendetwas in diesem von Gott vergessenen Land?

Am vierten Tag ist es Gott wieder einmal zum Weinen zumute. Er kommt nach Afghanistan, sieht Lumpen-Shirin-Gol, erkennt sie kaum wieder, hört ihre Gebete und schickt eine Karawane der Nomaden vorbei, die Lumpen-Shirin-Gol, ihre Kinder und Opiummorad aufnehmen.

Nafass, Nabi, Navid, Nassim helfen beim Schafetreiben und Melken, beim Kamelkot-, Schafkot-, Eselkotaufsammeln, den sie trocknen und zum Feuermachen nutzen. Nafass, Nabi, Navid, Nassim tragen Lämmchen und Babys, knoten Amulette aus Fäden. Vier Farben. Rot, weiß, grün, schwarz. Nafass, Nabi, Navid, Nassim singen laute Lieder, rennen, treiben Schafe zusammen. Shirin-Gol wechselt ihren schwarzen Rock gegen bunte Nomadenröcke. Rot, weiß, grün, schwarz. Sie öffnet ihre Zöpfe, flechtet viele dünne Zöpfe, die sie über ihre Stirn bindet, hängt klimpernden Messingschmuck um ihren Hals, trinkt Ziegenmilch, schießt mit dem Gewehr, lernt Minen zu entschärfen, reitet auf dem Pferd, schlägt mit einem großen Stein Pflöcke in den Boden.

Vierzig Tage durchqueren Shirin-Gol und ihre Kinder die Wüste, steigen über Berge und wandern durch Täler. Sie essen und schlafen gut, sind zufrieden, und Nafass, Nabi, Navid und Nassim lachen sogar. Sie durchqueren die Front, wandern durch Eis und Schnee, steigen die Berge des Hindukusch hinauf und kommen schließlich nach Faizabad.

19. Kapitel
Zwei Brüder, der Norden und eine Süße Großmutter

Shirin-Gols Kommandantenbruder kämpft in den Bergen, im Norden des Landes, gegen die Taleban. Er ist ein geachteter Mann und weit und breit der beste Reiter des *bozkeshi*-Spiels. Das Spiel, in dem die Männer auf ihren Pferden um den Kadaver eines Schafes kämpfen. Das Spiel, das Jahrhunderte alt ist. Das Spiel, das der König erfunden hat zur Stärkung, zur Vorbereitung auf den Krieg für seine Männer.

Kommandantenbruder weiß nicht mehr, wie viele Feinde er getötet hat. Wie viele Russen. Wie viele von Saudi-Arabien, Pakistan und den USA bezahlte, arabische und pakistanische Söldner. Und er zählt auch seine toten Taleban nicht. Er weiß nur, was immer er getan hat, hat er für die Heimat getan. Für seine Kinder und dafür, dass sie eine bessere Zukunft haben. Für die Freiheit. Für seinen Herrgott. Für den Propheten. Im Namen des Koran.

Gerade hatte sein Leben angefangen, gerade hat er den Koran gelernt, gerade hat er gelernt, das Feld mit dem Ochsen zu pflügen, gerade hat er unter seinem Kinn den ersten Flaum entdeckt, gerade war er Halbjungehalbmann geworden, gerade hat er gedacht, bald bin ich ein ganzer Mann, da sind die Russen in sein Dorf eingefallen. Der Bruder musste zusammen mit dem Vater und anderen Brüdern in die Berge. Zehn Jahre. Zehn Jahre haben sie Widerstand geleistet, bis sie die Russen aus ihrer Heimat verjagt haben. Dann haben sie gegen andere Gruppen der Mujahedin um die Macht gekämpft. Soundsoviel Jahre später sind die Taleban gekommen und haben

die kriegsmüden Mujahedin immer weiter in den Norden ver-
drängt. Wieder haben verfeindete Gruppen der Mujahedin
sich zusammengeschlossen. Zur Nordallianz.

Irgendwann ist Shirin-Gols Bruder selber zum Kommandanten ernannt worden mit dem Auftrag, den Berg Soundso
gegen Übergriffe des Feindes zu schützen. Im Namen der Heimat, der Freiheit, der Nordallianz, des Propheten, des Koran,
des Islam.

Irgendwann ist ein junger Mann in die Berge gekommen,
hat sich beim Kommandantenbruder vorgestellt und gesagt,
meine Lehrer haben mir einen Turban um den Kopf gebunden, haben gesagt, ich bin ein Taleb, haben mich zusammen
mit anderen Taleban losgeschickt, haben gesagt, ich soll die
Heimat befreien, die Mujahedin töten. Ich aber bin geflohen,
jetzt bin ich hier und will die Taleban töten.

Das ist ein guter und kluger Wunsch, sagt der Kommandant, umarmt den Überläufer, drückt ihn an sein Herz und
spürt, wie es sticht. Er versteht nicht, warum Tränen in seinen
Augen schwimmen.

Es vergehen soundsoviel Tage, bis der Kommandantenbruder den Stich und die Tränen versteht. Der Überläufer ist einer seiner jüngeren Brüder. Sein leibhaftiger Bruder. Der Sohn
seines Vaters. Der freche Zwilling.

Der Feind? Das sind die Taleban. Die afghanischen Taleban.
Die pakistanischen Taleban. Die arabischen Taleban. Feind ist
gelegentlich aber auch der andere Kommandant, der seinen
Machtbereich ausweiten will.

Wie lange er noch kämpfen wird, weiß der Kommandantenbruder nicht. Der freche Zwilling wird so lange kämpfen,
wie der Kommandantenbruder kämpft. So lange, wie es nötig
ist. So lange, wie es eben dauern wird. Was soll er auch sonst
machen? Die Felder sind vermint. Die Dörfer sind zerstört.
Was soll er auch sonst machen?

Der freche Zwilling hat noch nicht geheiratet. Der Kommandantenbruder hat zwei Frauen. Die beiden Frauen und elf Kinder des Kommandantenbruders sind zufrieden mit ihrem Leben.

Irgendwann sind Shirin-Gols Tochter Nur-Aftab und ihre beiden Kinder in die Berge zum Kommandantenbruder gekommen. Auch um sie hat er sich gekümmert. Er hat sie einem seiner jungen Kämpfer zur Frau gegeben, und so Gott will, wird sie ihm schon bald einen Jungen gebären.

Und jetzt hat Gott auch Shirin-Gol den Weg in den Norden gewiesen. Shirin-Gol, Nafass, Nabi, Navid, Nassim und Morad, der nicht mehr so viel, aber noch immer Opium raucht. Halbopiummorad.

Endlich sind wir wieder zusammen, sagt der Kommandantenbruder und sieht seine Schwester an, die er seit soundsoviel Jahren nicht mehr gesehen hat.

Gerade nimmt Shirin-Gol ihr Kopftuch ab, löst ihre Zöpfe, lehnt ihren müden Rücken gegen das Kissen, gerade schlürft sie heißen Zuckertee, gerade läuft das erste Kind von Nur-Aftab, das erste Enkelkind von Shirin-Gol, von rechts nach links und das zweite Kind von Nur-Aftab, das zweite Enkelkind von Shirin-Gol, von links nach rechts, die beiden krachen mit den Köpfen aneinander, fallen um, fangen an zu schreien, sehen beide Hilfe suchend zu ihrer Großmutter Shirin-Gol, da stößt Nur-Aftab einen Schrei aus, krümmt sich vor Schmerz, sieht zu ihrer Mutter, legt sich auf den Boden und sagt, es ist soweit.

Shirin-Gol knotet ihr Haar zusammen, zieht ihr Kopftuch über, bindet es fest, holt aus der Nische neben der Tür die Sichel, hält sie ins Feuer, taucht sie in kochendes Wasser, schlägt die Röcke ihrer Tochter zurück, schiebt einen Finger in die Tochtermutteröffnung, spürt die kleine, weiche Nase des Kindes, die Ohren, den Mund, legt ihre Finger um den winzigen, rutschigen Babykopf und zieht das dritte Kind ihrer Tochter heraus.

Möge Gott dich nie allein lassen, sagt Shirin-Gol, legt die Nabelschnur des Jungen über die Sichel, schneidet sie durch. Mit einem *bismi-allah*.

Shirin-Gol küsst das Kind auf die Stirn und sagt, möge der Herrgott dir Glück schenken. Immer genügend zu essen. Zufriedenheit.

Shirin-Gol legt ihren dritten Enkel, den sie aus dem Körper ihrer ersten Tochter gezogen hat, in die Arme seiner Mutter und sagt, möge Allah geben, dass du dein Leben in Frieden und Ruhe leben kannst. Möge er geben, dass deine Heimat Afghanistan endlich frei ist.

Shirin-Gol nimmt ihr Kopftuch ab, streicht ihr weißes Haar zurück, schlürft den Rest ihres Zuckertees und fragt ihre Tochter, wie soll er heißen?

Shir-Del, wie mein erster Mann, den sie getötet haben, sagt Nur-Aftab und küsst ihren Sohn auf die Stirn.

Shir-Del. Löwenherz. Das ist ein schöner Name, sagt Shirin-Gol.

Dein Haar hat seine Farbe verloren, sagt Nur-Aftab, es ist weiß geworden. Du bist eine *bibi* geworden.

Eine *bibi*. Eine Großmutter.

Süße Großmutter.

Bibi-Shirin.

Danke

Afghanistan, der Hindukusch, die Wüste, die Flüsse, die Berge und Täler, Kabul, Mazare-Sharif, Herat, Faizabad, Baharak, Jalalabad, Kandahar, Sorubi … die Menschen Afghanistans haben mein Leben verändert. Ich verdanke und schulde euch viel. Sehr viel. Danke, meine afghanischen Freundinnen und Freunde.

Möge eine Zeit kommen, in der ich eure Namen mit all dem Stolz, dem Respekt und der Liebe, die ich für euch empfinde, nennen kann, ohne euch damit in Gefahr zu bringen.

Ich danke denen, die es mir wieder und wieder ermöglicht haben, in dieses wundervolle Land zu reisen. Allen voran Inge von Bönninghausen und Jürgen Thebrath, meinen Redakteuren im WDR. Trotz Krieg und obwohl nicht einmal sicher war, ob ich meine Kamera würde ins Land bringen und auspacken, geschweige denn filmen können, haben sie mich ziehen lassen und mir all ihr Vertrauen geschenkt.

Ich danke Helmut Grosse und Albrecht Reinhard, meinen Redakteuren vom ARD Weltspiegel, und Heinz Deiters und Birgit Keller-Reddemann vom Kinderweltspiegel, die mich immer wieder haben ziehen lassen. Danke Maria Dickmeis für die Hingabe. Danke allen Cutterinnen und Kameramännern, die meine Filme zu dem gemacht haben, was sie sind. Danke Friedhelm Maye, dem Produktionsleiter, der es möglich gemacht hat.

Uli Fischer, dir verdanke ich manche Orte, Menschen und Freunde in Afghanistan. Uli Fischer ist auch einer von denen, die das Land unter dem Hindukusch nicht mehr loslässt. Er sieht selber aus wie ein Afghane, wenn er in seine *shalvar kamiz* schlüpft. Einmal hat er gesagt, in meinem nächsten Leben werde ich Afghane, hoffentlich ist der Krieg dann vorbei.

Ich danke Abed Najib, der mich das erste Mal zu Ahmad Shah Massoud brachte, dem charismatischen Warlord, der zwei Tage vor dem unmenschlichen Anschlag auf das World Trade Center einem hinterhältigen Attentat zum Opfer fiel und getötet wurde.

Ich danke Rita Grießhaber, Gerd Poppe, Claudia Roth, Angelika Graf, die ich auf ihrer Reise durch Afghanistan begleiten durfte.

Ich danke Mullah Sowieso, der viele Gesetze für mich gebrochen, mich beschützt und gewarnt hat und eigentlich nur Taleb geworden ist, weil er dachte, wenn er dazugehört, kann er die Taleban ändern. Möge er rechtzeitig ausgestiegen sein und dem Frieden in seiner Heimat dienen.

Ich danke Malalai und ihrem Bruder, die mir das Leben gerettet haben.

Ich danke Rahmat, der mich davor beschützt hat, auf eine Mine zu treten.

Ich danke Ulla Nölle und Tine dafür, dass ich eure Schulen sehen durfte, in denen auch Frauen arbeiten und Mädchen lernen dürfen.

Ich danke Fatane, du hast den Mädchen ihre Träume wiedergegeben.

Ich danke der Deutschen Welthungerhilfe; Ellen Heinrich, die nicht locker gelassen hat, bis ich vor zwei Jahren neben meinen Filmen angefangen habe, Geschichten für mein Buch zu sammeln; Erhard Bauer, Robert Godin, die zu mir gehalten haben; Ingeborg Schäuble, Vorstandsvorsitzende der Welthungerhilfe, die nichts unversucht lässt, Afghanistan populär zu machen. Mein spezieller Dank gilt den afghanischen Freunden, die mich bekocht, beschützt und gefahren haben, und immer wieder und ganz besonders und allen voran danke ich meinen Freunden Anita und Richard für eure Freundschaft, eure Liebe, euren Beistand. Ohne euch wäre vieles nicht möglich gewesen.

Ich danke meinen Freunden bei den Vereinten Nationen und anderen Hilfsorganisationen, die mich immer wieder und wieder unterstützt und in meinem Vorhaben bestärkt haben.

Ich danke meiner Freundin Eli Holst, die mich mit dem weltbesten Agenten bekannt gemacht hat.

Für das Kraftgeben danke ich Joachim Jessen von der Agentur Thomas Schlück und allen Mitarbeitern.

Ich danke allen C. Bertelsfrauen und -männern, stellvertretend Margit Schönberger und Helga Mahmoud, die mich pampern, wickeln und waschen; Klaus Eck, der vor dem 11. September, als Afghanistan noch kein Thema war, mein Buch gekauft und damit einmal mehr bewiesen hat, dass auch Männer mit dem Bauch denken können; Claudia Vidoni, meiner gnadenlos guten Lektorin, die mich von Irrwegen abgehalten und alles getan hat, damit ich meiner Sprache und meinem Rhythmus treu bleibe.

Samantha und Rahela, danke für alles, was ich von euch gelernt habe. Sollte es ihn tatsächlich geben, möge Gott euch und euren Lieben und allen Frauen, Kindern und Männern, denen ihr euer Leben gewidmet habt, ein langes und gesundes Leben in Frieden schenken.

Karla Schefter, danke für die andere Art zu helfen und für das andere Afghanistan.

Mary-jan, danke für deinen Mut und deine Liebe. Mögest du bald wieder nach Afghanistan zurückkehren.

Ich danke Rüdiger König, der wie kein anderer westlicher Diplomat Afghanistan und seine Menschen verstanden und immer und an erster Stelle ihre Interessen gesehen hat.

Danke Irene Salimi, der Caretakerin der ehemaligen Deutschen Botschaft, für die Kontakte zu den Taleban, den gepanzerten Wagen und die weiße Tischdecke.

Ich danke meinen Freunden in New York, die nach dem 11. September 2001 allem zum Trotz in die Moschee gegangen sind und mit der Aktion www.ourgriefisnotacryforwar.org für eine friedliche Lösung in Afghanistan kämpfen.

Ich verneige mich vor den Eltern, Angehörigen und Freunden der Opfer des 11. September, die in einem Achttagesmarsch von Washington nach New York gezogen sind, um ihrem Willen nach Frieden Ausdruck zu verleihen. Um für Frieden und dem Ende der Bombardierungen in Afghanistan zu demonstrieren, bei denen mehr und mehr unschuldige Menschen sterben. Es zerreißt mir das Herz, wenn ich an den Schmerz, den sie in sich tragen, denke. Möge es ihr letzter sein.

Danke Arundhati Roy, dass du mich immer wieder erinnerst, Mut lohnt sich.

Danke Shirin Neshat für deine Freundschaft, die mir Flügel macht.

Roland Suzo Richter und Peter Herrmann, danke für die Inspiration und dafür, dass ihr an meine Landsleute und mich geglaubt habt.

Danke Sonija Mikich, von dir habe ich gelernt, groß zu denken.

Danke Adrienne Göhler, von dir habe ich gelernt, dass es sich lohnt, mir selber und dem, woran ich glaube, treu zu bleiben.

Danke Jürgen Domian für deine Freundschaft, mit der du mich immer erinnerst, woher ich komme.

Danke Brigitte Leeser, du hast meine Seele gerettet.

Danke Thomas Leeser und Rebecca van de Sand für Ava, für die Inspiration und für die New Yorker Sonntagsfrühstücke.

Ich danke meinen Eltern, meinem Bruder Arian, seiner Frau Karin und ihrem Sohn Tarek, meinem Bruder Omid und seinem Sohn Julian einfach, weil ihr immer für mich da seid. Von euch habe ich gelernt, alles zu hinterfragen und meine eigene Wahrheit zu finden.

Danke Großcousin Bahram Beyzai, ohne dich wäre all das und auch nichts anderes entstanden.

Arman, du bist zu früh von uns gegangen.

Madjid, bleib am Leben.

Danke Biggi Müller für Deinen Mut und fürs Beispielsein.

Tom Schlessinger und Keith Cunningham, danke für die Infizierung mit dem richtigen Virus.

Danke Judith Weston für die Innenansichten.

Jean Houston, danke für die Helden mit den tausend Gesichtern.

Danke Julia Cameron für den richtigen Weg.

Ohne Freunde ist das Leben nicht lebenswert. Danke Angel für den Engel, Teresa für die Moschee, Gail für den »Quilt«, Persheng, Dicki und Marie, Arde, Farhad, Birgit, Anita, Lucia, Karin.

Danke Uli für die Jahre, die Wege, und überhaupt.

Ashkan und Kim, danke für Euch und Ananda und Jaya.

Danke Uli Tobinsky für so vieles, die Jahre, die Wege und für alles.

Ich danke meiner Familie, meinen Freunden und den Menschen in meiner Heimat, dem Iran. Von euch habe ich gelernt, dass es auch für Länder, die Gott vergessen hat, in die er nur noch kommt, um zu weinen, eine Zukunft gibt.

Und ich danke allen, die ich hier nicht nennen kann, die aber trotzdem wichtig für mich, mein Leben und meine Arbeit sind. Ihr wisst schon:

Everything is part of everything.